GIANNI C

PC DA ZERO

GUIDA FACILE E PRATICA PER USARE

IL COMPUTER

WWW.PCDAZERO.IT

Titolo: PC da Zero - Guida facile e pratica per usare il computer - Autore: Gianni Crestani

SOMMARIO

INTRODUZIONE... 7

Chi sono ?...7

Ringraziamenti..8

Commenti dal sito pcdazero.it..8

Disclaimer.. 11

PARTIRE DA ZERO.. 13

Passo 1.1 - Hardware e Software.. 14

Passo 1.2 - Conoscere l'Hardware...................................... 19

USARE IL SISTEMA OPERATIVO WINDOWS XP.................... 25

Passo 2.1 - Imparare ad usare il sistema operativo.............26

Passo 2.2 - Avere il controllo delle finestre........................ 31

Passo 2.3 - Creare e rinominare cartelle e file....................35

Passo 2.4 - Gestire file e cartelle.......................................39

Passo 2.5 - Spostare, copiare ed eliminare file...................44

Passo 2.6 - Personalizzare il desktop - sfondo e screen saver...................52

Passo 2.7 - Scaricare, aggiungere e rimuovere un programma................... 58

Passo 2.8 - Mettere ordine nel desktop...............................65

Passo 2.9 - Trovare un documento o un file.........................69

Passo 2.10 - Pulitura e Scandisk del disco fisso................ 75

Passo 2.11 - La deframmentazione del disco fisso..............79

Passo 2.12 - Usare i comandi rapidi da tastiera...................83

Passo 2.13 - Personalizzare il pulsante START...................86

Passo 2.14 - Personalizzare - icone, data, ora, e audio.......89

SCRIVERE TESTI CON WORD.. 93

Passo 3.1 - Conoscere la finestra del programma................ 94

Passo 3.2 - Conoscere la tastiera..97

Passo 3.3 - Salvare, chiudere ed aprire i documenti........... 102

Passo 3.4 - Selezionare e formattare il testo......................105

Passo 3.5 - Copiare, incollare, cambiare le dimensioni e lo stile del testo........108

Titolo: PC da Zero - Guida facile e pratica per usare il computer - Autore: Gianni Crestani

Passo 3.6 - Tagliare, incollare, colorare ed impostare elenchi puntati e num.. 111

Passo 3.7 - Inserire e controllare le immagini...114

CALCOLARE ED ARCHIVIARE CON EXCEL................................. 117

Passo 4.1 - Conoscere il foglio di lavoro.. 118

Passo 4.2 - Spostarsi tra le celle e fissare i dati... 120

Passo 4.3 - Creare formule e allargare colonne.. 123

Passo 4.4 - Primi esercizi con excel... 128

Passo 4.5 - Modificare contenuto e formato..130

Passo 4.6 - Riempire automaticamente le celle... 133

Passo 4.7 - Creare grafici con excel... 138

Passo 4.8 - Personalizzare lo sfondo dei grafici... 142

Passo 4.9 - Creare un modello fattura excel.. 149

Passo 4.10 - Creare modelli per archiviare dati.. 156

Passo 4.11 - La stampa e l'anteprima di stampa.. 163

Passo 4.12 - Ridurre il numero di pagine stampate... 167

Passo 4.13 - Scegliere quanto e cosa stampare... 171

Passo 4.14 - Comandi rapidi da tastiera..173

IL DATABASE ACCESS.. 177

Passo 5.1 - Il database Access..178

Passo 5.2 - Creare tabelle...181

Passo 5.3 - Creare maschere...184

CREARE PRESENTAZIONI CON POWERPOINT................................. 189

Passo 6.1 - Creare una diapositiva con un'immagine e lo sfondo...................... 190

Passo 6.2 - Inserire e cancellare diapositive. Impostare la transizione............. 198

Passo 6.3 - Creare una animazione...204

NAVIGARE IN INTERNET.. 209

Passo 7.1 - Internet cos'è e a cosa serve...210

Passo 7.2 - Primi passi con Internet..213

Passo 7.3 - Velocità, tipi e costi di connessione..215

Passo 7.4 - Come creare la prima connessione.. 218

Passo 7.5 - Cosa sono i collegamenti ipertestuali e come scaricare file............. 220

Titolo: PC da Zero - Guida facile e pratica per usare il computer - Autore: Gianni Crestani

Passo 7.6 - Memorizzare indirizzi e impostare la pagina iniziale..................227

Passo 7.7 - Consultare pagine web, senza essere collegati.........................231

Passo 7.8 - Stampare pagine e immagini dal web..................................237

Passo 7.9 - Conoscere la barra degli strumenti..................................243

Passo 7.10 - Giocare online..247

Passo 7.11 - Eliminare le tracce... 254

Passo 7.12 - Reperire informazioni su Internet................................256

Passo 7.13 - Internet Explorer 7...259

Passo 7.14 - Mozilla Firefox 2...265

LA POSTA ELETTRONICA... 267

Passo 8.1 - Creare una email personale gratis.................................268

Passo 8.2 - Ricevere ed inviare messaggi......................................272

Passo 8.3 - Ricevere ed inviare messaggi con Nuovo Yahoo...................... 278

Passo 8.4 - Introduzione ad Outlook Express..................................283

Passo 8.5 - Recuperare i parametri per configurare la posta elettronica......... 285

Passo 8.6 - Configurare la posta elettronica in Outlook Express.................. 290

Passo 8.7 - Personalizzare Outlook Express.................................... 296

Passo 8.8 - Inviare una semplice email..301

Passo 8.9 - Leggere, rispondere, eliminare.................................... 305

Passo 8.10 - Inserire immagini, foto e allegati................................ 309

Passo 8.11 - La rubrica di Outlook Express.................................... 311

Passo 8.12 - Inviare un messaggio a più indirizzi.............................315

6

INTRODUZIONE

Chi sono ?

Sono **Gianni Crestani**, una persona a cui piace insegnare.

Insegnare informatica, soprattutto.

Ho insegnato per circa cinque anni presso una Scuola di Informatica.

La maggior parte dei miei alunni sapevano zero o poco più di zero di computer.

Da questa mia esperienza è nato il sito **www.pcdazero.it** dal quale ho tratto questo libro.

Le lezioni contenute in questo libro, possono essere raggiunte e lette, direttamente dalla pagina **http://www.pcdazero.it/sommariobase.php**.

Non meravigliatevi delle cose banali che insegno o se vado troppo nel dettaglio.

Considerare mai nulla per scontato non fa solo parte della mia tecnica di insegnamento, ma è sempre stata la mia filosofia di vita.

La nascita del sito pcdazero.it (e di questo libro) deriva quindi, dalla mia passione all'insegnamento.

Ho potuto in questo modo, estendere questa mia "arte".

Dalle poche centinaia di alunni a cui potevo insegnare in ambito regionale, sono passato alle centinaia di migliaia di visitatori situati in ogni parte del mondo, che consultano il mio sito.

Nato nell'aprile 2004, **www.pcdazero.it** ha superato le 500.000 visite con più di 3.000.000 di pagine viste.

Questa è la prima edizione del libro. Conto sul tuo aiuto caro lettore. Se trovi qualche errore o se hai qualche consiglio da suggerire per migliorare questo libro, non esitare a scrivermi all'indirizzo di posta elettronica info@pcdazero.it.

Maggio 2007 – *Gianni Crestani*

Titolo: PC da Zero - Guida facile e pratica per usare il computer - Autore: Gianni Crestani

Ringraziamenti

Dedico questo mio libro a mia moglie Nicoletta e a mia figlia Diana per avere avuto una lodevole pazienza !

Ringrazio tutti i visitatori del sito **pcdazero.it** che con i loro commenti hanno incentivato la mia dedizione a questo lavoro certosino.

Ringrazio Daniele Barillà che mi ha dato l'input per creare questa opera.

Ringrazio il sito www.jpergrafando.it per aver concesso la pubblicazione delle loro simpaticissime immagini in questo libro.

Commenti dal sito pcdazero.it

Qui di seguito elenco alcuni commenti che dei visitatori del sito pcdazero.it hanno lasciato:

Sei veramente forte, finalmente nonostante i miei 64 anni, ho incominciato a capire qualcosa. Sei un mito. Ciao – Mario

Voi siete quello che cercavo e che ormai pensavo non esistesse, consultando riviste ed altri siti. Spiegate con semplicità ciò che in apparenza sembra complicato. Grazie di vero cuore. - Enzo

Complimenti fin'ora non ero riuscita a capire excel, ma ora sì grazie a voi – Maria

Ma é davvero fantastico!!! Finalmente una persona che riesce a farsi capire!! Grazie grazie GRAZIE!!! - Rita

Devo dire che grazie alla lezione su excel sono riuscita a superare un esame difficilissimo per me!! Complimenti davvero per la professionalità – Marghe

Un valido supporto per il cinquantenne che ogni tanto annaspa tra una finestra e l'altra – Marco

Io so usare bene il computer, ma questo sito mi ha fatto conoscere ancora cose nuove grazie...io lo consiglierei a tutti quelli che vogliono imparare ad usare il computer!! – Matteo

Sei bravissimo! Sono una docente di laboratorio di informatica gestionale e da quando ho scoperto il tuo sito, ne faccio quotidianamente uso, almeno

Titolo: PC da Zero - Guida facile e pratica per usare il computer - Autore: Gianni Crestani

per quanto riguarda le basi fondamentali dell'informatica. Ti ringrazio per il lavoro che mi risparmi! - Tatta

Sito veramente bello, utile, interessante! Anche come insegnante l'ho visitato più volte e l'ho fatto presente a qualche collega. Apprezzamenti e complimenti a un autore davvero dinamico e creativo. Grazie ancora! Francesca

Quando ho comprato il pc ero spaventata perché non sapevo fare niente. Voi mi avete aiutata moltissimo. E' bello costatare che c'è ancora chi ha un pensiero per gli altri! Grazie. – Moony66

Eccezionale !!! Un valido supporto anche per chi è un po' più esperto. Complimenti – Giuseppe

E' veramente utile avere a disposizione pagine come queste.. complimenti davvero e grazie – Romeo

Complimenti a questo sito che ti permette di imparare molte cose importanti sul computer...grazie – Angelo

Le lezioni mi sono state di grande aiuto, spero che continuate ad aiutare chi come me è poco pratico. Grazie infinite. – Roberto

Grazie per tutte le spiegazioni che mettete a disposizione di tutti quelli poco inoltrati nella materia pc, un saluto – Delio

Per me che sto iniziando da zero proprio come il nome tuo sito, ho trovato il medesimo molto interessante e pratico, non mancherò di chiederti qualche consiglio in futuro. – Armando

Sono stato da sempre appassionato di informatica, ci lavoro, e sono in possesso della patente europea, ma il Vs. sito lo visito sempre , quando posso. E' magnifico! – Nuccio

Il mio nome e Carlo ho 56 anni, vorrei imparare ad usare il PC. Frequento un corso da euro 2.450,00 + o -.

Ma il Vs. PCdaZERO.it ? Veramente è un piacere studiare, pur avendo una testa dura ma dura dura dura dura. Tantissimi ringraziamenti. – Carlo

Grazie mille per il sito. Sapevo già usare il computer, ma ho trovato molte istruzioni utili per abbreviare il lavoro ed avere buoni risultati. Grazie! – Carmen

Il sito è di valore e qualità offrendo a tanti, come me, la possibilità di

Titolo: PC da Zero - Guida facile e pratica per usare il computer - Autore: Gianni Crestani

migliorare continuamente le proprie conoscenze informatiche.

E' piacevole e semplice seguire le lezioni, i corsi, gli aggiornamenti etc.

Continua così. Auguri vivissimi e fervidi complimenti! - Vito

Grazie di esistere – Carlo

Complimenti per il sito che ha creato (fantastico, stupendo, meraviglioso e fenomenale), mi è servito molto!! – Lorenzo

Grazie grazie grazie!!! Questo sito è veramente ottimo, costruito bene, operativo, semplice da usare e veloce e mi ha tolto un sacco di dubbi. Grazie. – Monica

E' un buon sito molto chiaro e pulito, insegna veramente a chi vuole apprendere l'uso del PC. Grazie – Ecce

Ciao! Di lavoro faccio il sistemista, quindi di imparare ad usare il pc proprio non ne ho bisogno... Però mi è parso doveroso lasciare i miei complimenti all'autore del sito! Complimenti sinceri per lo sforzo profuso! – Lorenzo

Ciao Gianni, mi unisco ai complimenti per il buon sito che hai realizzato, di facile accesso alle lezioni e comprensibili anche per chi deve iniziare.. – Alfea

Ciao Gianni, sei stato rapido ed esauriente. Sono già all'opera con i miei testi dove inserisco rapidamente le foto. Grazie per il tuo aiuto e complimenti di nuovo per il sito così ben fatto. Saluti. – Luciano

Posso solo ringraziarti per avermi dato l'opportunità di imparare le cose più semplici, che per me, equivale come fossi un esperto della materia. Sei molto bravo. Grazie ancora.- G.07

Conosco il sito, veramente ottimo. Altri aggettivi non ne trovo. – Gigio

E' un sito molto utile e fatto bene, proprio per chi, come me, è un autodidatta del pc. Bravo. Grazie. L'ho consigliato anche ai miei amici che ne sono entusiasti! - Gabriella

Devo insegnare ad un corso base di computer, e questo sito mi è stato molto utile, per avere quelle informazioni che mi servivano... ho trovato molto materiale... – Martina

Io devo insegnare in un corso per l'utilizzo di Word e ti ringrazio per tutto il materiale che ho trovato in questo sito davvero ottimo! Ciao e Grazie – Emeli

Titolo: PC da Zero - Guida facile e pratica per usare il computer - Autore: Gianni Crestani

Disclaimer

Il materiale e le indicazioni/lezioni presenti in questo libro, e in quelli indicati nei link, non è garantito sicuro e privo di errori al 100%, in quanto viene proposto "così com'è".

Pertanto, l'autore del sito non si assume alcuna responsabilità per problemi o danni eventualmente causati da tale materiale, indicazioni/lezioni.

Tutti i marchi che compaiono in questo libro, sono coperti dal Copyright internazionale dei rispettivi proprietari.

Titolo: PC da Zero - Guida facile e pratica per usare il computer - Autore: Gianni Crestani

12

PARTIRE DA ZERO

Segui queste lezioni per capire come è composto un computer e per conoscere alcuni termini informatici.

WWW.JPErGRAFANDO.IT

Titolo: PC da Zero - Guida facile e pratica per usare il computer - Autore: Gianni Crestani

Passo 1.1 - Hardware e Software

IL COMPUTER

Esistono principalmente due tipi di computer di uso comune.

IL *PC, PERSONAL COMPUTER*

è un computer che viene posato su un tavolo e che per la sua considerevole mole ed accessori a seguito, non viene spesso spostato da un tavolo all'altro.

IL *NOTEBOOK* O *LAPTOP*

è un computer portatile che, dato il suo peso leggero ed il suo minimo ingombro, si può tranquillamente portare con se in ogni momento ed usarlo in ogni luogo, grazie alla sua alimentazione a batteria.

COM'E' COMPOSTO IL PC

Il computer è composto essenzialmente da due componenti:
l'*HARDWARE* ed il *SOFTWARE*.

COS'E' L'HARDWARE

L'Hardware sono le componenti fisiche del computer, quelle che posso toccare con mano. Vediamo ora quali sono le principali componenti hardware.

Il *MONITOR* è lo schermo che sta di fronte ai tuoi occhi, e che osservi con grande interesse!

La **TASTIERA**

è l'elemento che sta sopra il tuo tavolo, composto da numerosi tasti.

Il MOUSE

è quella "scatoletta" che molto probabilmente stai maneggiando con la mano a fianco della tastiera.

14

// TOUCHPAD

Se stai usando un Notebook, molto probabilmente
stai maneggiando il touchpad invece del mouse.

// CASE

è quella scatola dove sono collegati con dei fili il Monitor
la Tastiera, il Mouse, la Stampante ed altro.

All'interno del case ci sono i fondamentali componenti del
computer, il vero Hardware.

Nel Notebook non esiste il case, i componenti si trovano
sotto (all'interno) la tastiera.

LA TASTIERA

La Tastiera serve per digitare le istruzioni che il computer deve elaborare.

IL MOUSE

Il Mouse sposta il puntatore sullo schermo.

Premendo i suoi pulsanti vengono trasmessi dei comandi al computer.

IL MONITOR

Il Monitor visualizza le istruzioni che vengono fornite al computer e visualizza
il risultato delle elaborazioni richieste.

COS'E' IL SOFTWARE

Il Software è la parte *INTANGIBILE*, che non si può toccare con mano.

Sono più in generale delle *ISTRUZIONI* che vengono fornite al computer.

Sono come i suoni (linguaggio) che noi usiamo per parlare con i nostri simili.

Sono i *PROGRAMMI* (*APPLICAZIONI*) che fanno funzionare l'hardware e
che permettono di tradurre le istruzioni che noi forniamo al computer in un
formato ad esso comprensibile.

Titolo: PC da Zero - Guida facile e pratica per usare il computer - Autore: Gianni Crestani

COSA TI VENDONO, QUANDO ACQUISTI UN COMPUTER

Quando acquisti un computer, ti viene venduto l'hardware:

- il case (la scatola) con i suoi componenti interni (che poi vedremo quali sono);
- il monitor (è opzionale, se già lo possiedi, puoi fare a meno di acquistarlo);
- la tastiera ed il mouse (anch'essi sono opzionali).

Se acquisti un notebook tutti gli elementi sopra elencati sono compresi in un unico blocco (il mouse è sostituito dal touchpad che ha le stesse funzioni).

Il software che ti viene venduto è opzionale. Generalmente, però, ti viene venduto insieme all'hardware, come minimo, un *SISTEMA OPERATIVO* che ti permetta di essere operativo fin da subito, dal primo momento che lo accendi (altrimenti senza il sistema operativo vedresti lo schermo nero e delle parole poco comprensibili).

IL SISTEMA OPERATIVO

WINDOWS è il sistema operativo più diffuso.

UNIX e *LINUX* sono sistemi operativi economici (sono addirittura gratuiti).

WINDOWS, MANDRAKE, RED-HAT, SUSE

Windows è un sistema operativo (S.O.) a *INTERFACCIA GRAFICA* (*G.U.I.*). Ovvero ti permette di dialogare con il computer in modo facile e comprensibile.

Anche le versioni grafiche di Linux (*MANDRAKE*, *RED-HAT*, *SUSE* , ecc.) si basano su un'interfaccia grafica semplice ed intuitiva.

WINDOWS XP - WINDOWS VISTA

XP è una delle ultime versioni di Windows.

E' principalmente su questo sistema operativo che su questo libro inizierai imparare ad usare il computer.

VISTA è la nuova versione di Windows.

Titolo: PC da Zero - Guida facile e pratica per usare il computer - Autore: Gianni Crestani

I PROGRAMMI INTEGRATI A WINDOWS XP

BLOCCO NOTE, CALCOLATRICE, WORDPAD, PAINT , giochi vari, *INTERNET EXPLORER, OUTLOOK EXPRESS, Lettore CD* e tanti altri, sono alcuni programmi che vengono installati insieme al sistema operativo Windows (apro un'altra parentesi - anche con il sistema operativo LINUX vengono installati programmi di svariato tipo e, sono molti, ma molti di più e di ottima qualità).

PROGRAMMI OPZIONALI

WORD, EXCEL, POWERPOINT, ACCESS sono programmi opzionali che generalmente vengono venduti a parte.

Quindi, non affannarti.

Se non li trovi nel tuo computer, avrai due alternative:

1 - Acquistare il *Pacchetto Office* che comprende appunto, i programmi sopradescritti (spesa prevista: qualche centinaio di euro);

2 - Installare il programma *OPENOFFICE* gratuitamente.

WORD e WRITER

Word e *Writer* sono programmi di *ELABORAZIONE TESTI* con i quali si possono creare lettere, volantini e libri completi di immagini.

EXCEL e CALC

Excel e *Calc* sono programmi di calcolo (*FOGLI DI CALCOLO*) che permettono di eseguire calcoli, gestire le spese, creare grafici, archiviare numeri telefonici, libri, cd, ricette.

INTERNET EXPLORER, MOZILLA FIREFOX, OPERA

Internet Explorer, Mozilla Firefox e *Opera*, sono anch'essi programmi. Servono per *navigare* in Internet.

Se stai usando il sistema operativo Windows, sicuramente hai già nel tuo PC, Internet Explorer.

Titolo: PC da Zero - Guida facile e pratica per usare il computer - Autore: Gianni Crestani

OUTLOOK EXPRESS, FOXMAIL, EUDORA

Nel tuo PC, se hai il sistema operativo Windows,

troverai sicuramente il programma *Outlook Express*.

Serve per ricevere e spedire messaggi di **POSTA ELETTRONICA.**

Foxmail ed *Eudora* sono programmi alternativi, per gestire la posta

elettronica.

FRONTPAGE, NVU

Frontpage e *NVU* sono alcuni tra i molti programmi che servono per

COSTRUIRE PAGINE WEB.

POWERPOINT e IMPRESS

Powerpoint ed *Impress* servono per creare delle **PRESENTAZIONI**

ANIMATE (album fotografici, tesi di laurea, prodotti e servizi commerciali).

Titolo: PC da Zero - Guida facile e pratica per usare il computer - Autore: Gianni Crestani

Passo 1.2 - Conoscere l'Hardware

COM'E' COMPOSTO IL PC

Nel Passo 1.1 hai visto che il computer è
composto essenzialmente da due
componenti:
l'**HARDWARE** ed il **SOFTWARE**.

FACCIAMO UN PARAGONE

Se vogliamo fare un paragone,
l'**HARDWARE** è una stanza o un
UFFICIO VUOTO,
il **SISTEMA OPERATIVO** è l'**ARREDAMENTO** - armadio, scaffali, scrivania
(sono quelle cose che ti permettono di mantenere ordine).
I **PROGRAMMI** o **APPLICAZIONI** sono gli **attrezzi** che vengono usati
comunemente in ufficio - macchina da scrivere, calcolatrice, tavola da
disegno, proiettore diapositive.

A COSA SERVONO I PROGRAMMI

I programmi servono per creare:
documenti di testo, fogli di calcolo, immagini, disegni, musica, diapositive, e
tanto altro.

I FILE

Tutte queste creazioni, vengono archiviate nel computer sotto forma di **FILE**.

L'ARCHIVIAZIONE

Il sistema operativo si occupa di archiviare questi file (leggi *fail*).

"IL MOTORE"

L'hardware può anche essere paragonato ad un motore ...

LE COMPONENTI

... e alcune componenti di questo "motore" sono

19

la *MEMORIA RAM* e le *UNITA' DISCO.*

LA MEMORIA RAM

La RAM è un'area di memoria temporanea che è attiva mentre il computer è acceso.

La memoria di un computer si misura in termini di *byte*, *Kilobyte*, *Megabyte*, *Gigabyte*.

LE UNITA' DI MISURA DELLE UNITA' DISCO

Questa è una tabella che al momento potrebbe risultare di difficile comprensione. Quando ne saprai qualcosina in più, potrai ritornare a consultarla con più disinvoltura !

Tabella delle unità di misura delle unità disco

unità di misura	simbolo	equivale a ...	ovvero a
byte	B	8 bit	un carattere alfanumerico
kilobyte	kB	1024 byte = 2^{10} byte	un terzo di pagina di testo
megabyte	MB	1024 kilobyte 1 048 576 byte = 2^{20} byte	circa 300 pagine di testo
gigabyte	GB	1024 megabyte 1 048 576 kilobyte 1 073 741 824 byte = 2^{30} byte	circa 300 000 pagine di testo
terabyte	TB	1024 gigabyte 1 048 576 megabyte = 2^{40} byte	circa 300 milioni di pagine di testo

LE UNITA' DISCO

Le unità disco servono per memorizzare le informazioni anche quando il computer è spento.

COME LE MEMORIE LAVORANO MENTRE CREI FILE

La memoria *RAM* memorizza i dati in modo *TEMPORANEO*,
mentre le *Unità Disco* li memorizzano in modo *PERMANENTE*.
Quando lavori con il computer la memoria RAM memorizza autonomamente

20

i dati che vengono inseriti.

In seguito, dovrai dare dei comandi al computer, affinché memorizzi in modo permanente i dati, sotto forma di file, sulle unità disco.

LE UNITA' DISCO

Il *DISCO FISSO* o *HARD-DISK*, il *FLOPPY DISK*, il *CD-ROM* sono alcune delle unità disco, nelle quali potrai memorizzare i tuoi lavori che creerai con il computer.

IL DISCO FISSO o HARD-DISK

Il disco fisso si trova all'interno del PC ed ha una capacità variabile di 10, 20, 50, 100 gigabyte (questa capacità viene superata in continuazione per la continua evoluzione della tecnologia informatica).

LETTORE FLOPPY-DISK

Il *LETTORE FLOPPY-DISK* è un apposito contenitore nel quale viene inserito il floppy-disk e serve per leggerne il contenuto e/o memorizzare file.

FLOPPY-DISK

Il floppy disk è un dischetto (con l'involucro a forma quadrata!) nel quale e' possibile (mediante il lettore floppy-disk) memorizzare e leggere i file.

Viene facilmente rimosso, permettendo così dl passare i dati da un computer all'altro.

Ha una capacità di circa 1,44 megabyte.

LETTORE CD

Il *LETTORE CD* è un apposito contenitore nel quale viene inserito il cd-rom e serve solamente per leggerne il contenuto.

21

MASTERIZZATORE CD

Il **MASTERIZZATORE** è un apposito contenitore che oltre ad avere le stesse funzioni del lettore cd-rom, può anche memorizzare dati nel CD.

CD-R e CD-RW

Il CD-R è un dischetto (come un cd musicale) nel quale è possibile memorizzare e leggere i file.

Ha una capacità di circa 650 MB (equivalente a circa 450 floppy disk).

Nel CD-R si possono memorizzare i dati una sola volta.

Il CD-RW è un CD riscrivibile (si può cancellare e riscrivere dati).

LA SCHEDA MADRE

All'interno del case troviamo la **SCHEDA MADRE** che è la base sulla quale vengono inseriti tutti i componenti interni.

IL PROCESSORE

Il **PROCESSORE** è il vero cervello del computer, dove vengono elaborate le informazioni.

La sua velocità è calcolata in **HERTZ**.

Un computer che ha un processore di 2000 megahertz equivalenti a 2 gigahertz, significa che è in grado di eseguire 2 miliardi di operazioni al secondo.

LA SCHEDA VIDEO

La **SCHEDA VIDEO** è un'altra componente che viene istallata sulla scheda madre e che permette di visualizzare le informazioni sul monitor (senza scheda video il monitor non può essere collegato al computer-case).

LA SCHEDA AUDIO

Analogamente alla scheda video, la **SCHEDA AUDIO** ci permette di ascoltare suoni che vengono emessi dal PC.

Titolo: PC da Zero - Guida facile e pratica per usare il computer - Autore: Gianni Crestani

LE PORTE DEL PC

Situate generalmente nel retro del case, le porte del pc, servono per collegare tutte le **PERIFERICHE** del computer.

LE PERIFERICHE

MONITOR, TASTIERA, MOUSE, **STAMPANTE, SCANNER, MODEM** sono esempi di periferiche (e vengono collegate mediante cavi al PC).

STAMPANTE

La stampante serve per stampare su carta le immagini o testi che vedi sul monitor.

SCANNER

Viceversa lo scanner visualizza sul monitor un'immagine stampata su carta.

IL MODEM

Il modem permette di collegare il PC alla rete telefonica e quindi di comunicare con gli altri PC connessi alla rete telefonica (in sostanza è una componente fondamentale che ti permette di navigare in internet).

Titolo: PC da Zero - Guida facile e pratica per usare il computer - Autore: Gianni Crestani

Titolo: PC da Zero - Guida facile e pratica per usare il computer - Autore: Gianni Crestani

USARE IL SISTEMA OPERATIVO
WINDOWS XP

In queste lezioni imparerai ad usare il sistema operativo.

Le lezioni saranno eseguite sul sistema operativo Windows XP.

Ti ricordo comunque, che non esiste solo il sistema operativo Windows.

Unix e Linux sono altri sistemi operativi e perdipiù gratuiti.

Titolo: PC da Zero - Guida facile e pratica per usare il computer - Autore: Gianni Crestani

Passo 2.1 - Imparare ad usare il sistema operativo

IL DESKTOP

La prima schermata (immagine) che vedi sul tuo monitor, dopo aver acceso il PC (e dopo il caricamento del sistema operativo) è il *DESKTOP* .

Questo è il punto di partenza per accedere a tutte le risorse del PC.

LE ICONE

Quelle piccole immagini che si trovano nel desktop sono chiamate ICONE.

Le icone servono per aprire i programmi (o applicazioni).

LA BARRA DELLE APPLICAZIONI

In fondo al desktop c'è una striscia detta *BARRA DELLE APPLICAZIONI* .

Essa contiene i collegamenti di alcune applicazioni (o programmi) e visualizza le applicazioni che si stanno usando.

IL PULSANTE START

A sinistra della barra delle applicazioni trovi il pulsante START che è il punto di partenza per accedere a tutte le risorse del computer.

IL PUNTATORE

Quella freccina che si trova sul desktop è il *PUNTATORE* del mouse.

INPUT E OUTPUT

Sposta il mouse a destra e a sinistra, in alto ed in basso, vedi che il puntatore si muove.

Bene, hai eseguito il tuo primo comando.

Hai informato il computer che volevi spostare il puntatore tramite il mouse, e il computer tramite il monitor ha eseguito il comando.

L'inserimento di informazioni nel PC viene detto *INPUT*, mentre l'uscita di informazioni dal pc viene detto *OUTPUT*. Il mouse quindi è un oggetto di input e il monitor è un oggetto di output.

Titolo: PC da Zero - Guida facile e pratica per usare il computer - Autore: Gianni Crestani

CLICCARE

Oltre a spostare il mouse, puoi impartire comandi con i tasti del mouse.

Il tasto principale (salvo diverse impostazioni) è il tasto sinistro, mentre il tasto destro è il tasto secondario.

Cliccare, significa che devi premere il tasto sinistro del mouse e rilasciarlo subito.

Doppio clic significa cliccare due volte in rapida successione (mantenendo il mouse fermo).

Per convenzione, quindi, quando vedrai scritto:

fai clic,

clicca,

fai doppio clic,

è sottinteso che dovrai premere il tasto sinistro del mouse.

Nel caso dovrai usare il tasto destro, allora ti verrà specificatamente richiesto di *cliccare con il tasto destro del mouse*.

APRIRE UNA APPLICAZIONE CON IL MOUSE

Dopo tanto bla-bla-bla, passiamo quindi alla pratica.

1 - Sposta il puntatore sopra il pulsante start

2 - clicca sul pulsante start

3 - sposta il puntatore sulla voce "Tutti i programmi"

4 - sposta il puntatore sul nuovo menu apparso

5 - sposta il puntatore sulla voce "Accessori"

6 - sposta il puntatore sul nuovo menu apparso

7 - clicca sulla voce "Blocco note".

Bene hai aperto il tuo primo programma.

Quel rettangolo che si è sovrapposto al desktop viene chiamato FINESTRA (in inglese *window*).

Quando apri un programma (o applicazione) si aprono una o più finestre.

CHIUDERE UNA APPLICAZIONE (1)

Per chiudere la finestra del programma "Blocco note"
che hai aperto,

Chiudi

1 - sposta il puntatore in alto a destra della finestra

27

aperta (sopra la crocetta) e

2 - clicca.

CHIUDERE UNA APPLICAZIONE (2)

C'è un altro modo per chiudere un'applicazione.

1 - Dalla barra dei menu della finestra aperta, clicca su FILE,

2 - quindi, dal sottomenu che si apre, clicca su ESCI.

Oppure se manca il comando esci, clicca su CHIUDI.

LA TASTIERA

Oltre al mouse, la *TASTIERA* è l'oggetto che viene usato per comunicare con il PC.

Oltre ad avere tasti come una macchina da scrivere, la tastiera di un PC è dotata di altri tasti speciali, predisposti opportunamente per dare comandi al computer.

IL TASTO LOGO DI WINDOWS

In basso a sinistra della tastiera c'è il *TASTO* con impresso il *LOGO DI WINDOWS* (situato tra il tasto CTRL e il tasto ALT).

IL TASTO INVIO

Il **TASTO INVIO** è invece situato a destra della tastiera ed è rappresentato da una freccia che punta a sinistra con una piccola gambetta rivolta verso l'alto (normalmente c'è la scritta invio o enter).

TASTI CURSORI

I *TASTI CURSORI* si trovano a destra in basso della tastiera ed è un gruppo di quattro tasti rappresentati da frecce rivolte nelle quattro direzioni.

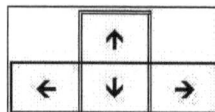

APRIRE UNA APPLICAZIONE CON LA TASTIERA

Per aprire un programma si può usare anche la TASTIERA.

1 - Premi sulla tastiera il tasto "logo di windows"

2 - premi i tasti cursori per spostarti sul menu.

Quando viene evidenziato la voce del menu desiderata,

28

3 - premi il tasto invio.

4 - Chiudi l'applicazione con un clic sulla crocetta in alto a destra della finestra.

APRIRE UNA APPLICAZIONE DAL DESKTOP

Sul desktop potrebbero trovarsi delle icone.

Bene, anche da quelle icone si possono aprire i programmi ad esse associati.

1 - Fai doppio clic (clicca due volte in rapida successione) sull'icona.

LA BARRA DEI MENU

Su quasi tutti i programmi vedrai in alto una barra orizzontale contenente delle scritte (o voci) del tipo "File", "Modifica", "Visualizza", ecc.

Questa barra viene chiamata *BARRA DEI MENU* e contiene tutti i comandi che servono per usare quel programma.

SPEGNERE IL COMPUTER CON IL MOUSE

Se nel tuo PC hai il sistema operativo WINDOWS XP:

1 - clicca sul pulsante start

2 - clicca su spegni computer

3 - clicca su spegni.

Se invece, il tuo PC ha il sistema operativo WINDOWS 98:

1 - clicca sul pulsante start

2 - clicca su chiudi sessione

3 - (se l'opzione non è attiva: clicca sul pallino bianco a destra della scritta "arresta sistema")

4 - clicca su ok.

PULSANTI DI OPZIONE

Quando usi i programmi, troverai spesso delle finestre che conterranno *PULSANTI DI OPZIONE.*

Questi vengono rappresentati da pallini bianchi, e solo uno di questi potrà essere attivo (ovvero potrà avere il pallino nero nel suo interno).

Quindi, se clicchi sul pulsante "ok" di quella finestra, verrà eseguito il comando associato al pallino attivo (pulsante di opzione attivo).

Titolo: PC da Zero - Guida facile e pratica per usare il computer - Autore: Gianni Crestani

SPEGNERE IL COMPUTER CON LA TASTIERA

Se nel tuo PC hai il sistema operativo WINDOWS XP:

1 - premi il tasto "logo di windows"

2 - premi il tasto "cursore su"

3 - premi il tasto invio

4 - premi il tasto cursore per attivare l'opzione spegni (il pulsante si illumina)

5 - premi il tasto invio.

Se invece, nel tuo PC hai il sistema operativo WINDOWS 98:

1 - premi il tasto "logo di windows"

2 - premi il tasto "cursore su"

3 - premi il tasto invio

4 - (se necessario) premi il tasto cursore per attivare l'opzione "arresta sistema"

5 - premi il tasto invio.

Titolo: PC da Zero - Guida facile e pratica per usare il computer - Autore: Gianni Crestani

Passo 2.2 - Avere il controllo delle finestre

RISORSE DEL COMPUTER

1a - Fai doppio clic sull'icona del desktop Risorse del computer.

Se non la trovi, allora:

1b - clicca su start e dal menu

2b - clicca su "Risorse del computer".

La finestra che si è aperta, ti offre una rappresentazione grafica di quello che si trova all'interno del computer.

UNITA' (A:) (C:) (D:)

Generalmente,

Il lettore floppy è identificato dalla lettera **A**,

il disco rigido (o fisso) dalla lettera **C**,

il lettore cd-rom dalla lettera **D**.

VEDERE LE CARATTERISTICHE DEL DISCO FISSO

1a - Fai un clic sull'icona disco fisso (o HARD DISK).

Questo comando, seleziona l'icona, ovvero informi il computer che tu vuoi agire su quella icona.

2a - Dalla barra dei menu clicca su file, quindi

3a - clicca su PROPRIETA'.

Oppure,

1b - fai un clic con il tasto destro sopra l'icona del disco fisso, e

2b - dal MENU CONTESTUALE clicca su proprietà.

Dalla finestra che si è aperta, potrai vedere le CARATTERISTICHE del disco fisso: la sua capacita, lo spazio utilizzato e lo spazio disponibile, espresso in byte e GB (gigabyte).

VEDERE IL CONTENUTO DEL DISCO FISSO

1 - Clicca due volte sull'icona del disco C (in rapida successione).

La finestra cambia aspetto e ti mostra il *CONTENUTO* del disco fisso.

Titolo: PC da Zero - Guida facile e pratica per usare il computer - Autore: Gianni Crestani

RITORNARE ALLA VISUALIZZAZIONE PRECEDENTE

Per tornare a visualizzare la finestra precedente

clicca sul PULSANTE INDIETRO,

che si trova sotto la barra dei menu.

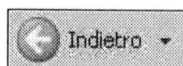

AVERE IL CONTROLLO DELLE FINESTRE

Si possono aprire più finestre sul desktop, e queste

possono essere spostate, rimpicciolite, ingrandite, parcheggiate, fatte

scorrere e sovrapposte.

RIDURRE A ICONA

Precedentemente hai visto che le finestre si possono chiudere.

Esiste un modo per far scomparire la finestra dal desktop

senza chiuderla.

1 - Clicca sul pulsante RIDUCI A ICONA in alto a destra

(il terzultimo - rappresentato da un trattino).

La finestra scompare, ma non è sta chiusa.

Infatti, nella barra delle applicazioni vedi la sua icona.

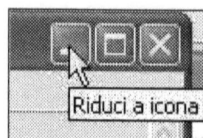

MESSAGGI SUI COMANDI

Quando posizioni il puntatore sopra un comando (ad esempio "riduci a

icona"),

se *ATTENDI QUALCHE SECONDO* prima di cliccare su di esso,

vedrai comparire un messaggio che ti informa che tipo di comando è.

RIVISUALIZZARE

Per poter rivedere la finestra ridotta a icona,

1 - fai un semplice clic sulla relativa icona della barra delle

applicazioni.

INGRANDIRE

La finestra aperta può essere grande a tutto schermo,

oppure più piccola dello schermo.

Se è più piccola dello schermo, il penultimo comando in

alto a destra è il comando *INGRANDISCI*, che ti permette di ingrandire a

Titolo: PC da Zero - Guida facile e pratica per usare il computer - Autore: Gianni Crestani

tutto schermo la finestra.

RIPRISTINARE

Se viceversa la finestra è già a tutto schermo, il penultimo comando in alto a destra, è il comando **RIPRISTINA**, che ti permette di rendere la finestra più piccola.

LA BARRA DEL TITOLO

La **BARRA DEL TITOLO** di una finestra è quella fascia orizzontale (di colore blu, quando è attiva) che si trova nell'estremità più alta.

TRASCINARE CON IL MOUSE PER MUOVERE LE FINESTRE

Oltre a fare clic e doppio clic, con il mouse puoi eseguire un'altra operazione: il **TRASCINAMENTO** (in questo caso, delle finestre).

Per effettuare questa operazione:

1 - posiziona il puntatore sulla barra del titolo (il puntatore deve mantenere le sembianze della freccia obliqua)

2 - premi e mantieni premuto il tasto sinistro del mouse

3 - sposta il mouse a piacimento

4 - rilascia il tasto sinistro del mouse.

DIMENSIONARE LE FINESTRE

Le dimensioni delle finestre possono essere personalizzate.

1 - Posiziona il puntatore sul bordo estremo della finestra

2 - quando il puntatore si trasforma in una "doppia freccia divergente" (orizzontale o verticale),

3 - trascina con il mouse.

Ovvero,

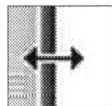

premi e mantieni premuto il tasto sinistro del mouse - sposta il mouse - rilascia il tasto.

La finestra ha cambiato dimensioni.

Per poter controllare contemporaneamente le due dimensioni della finestra, Posiziona il puntatore su uno dei quattro angoli.

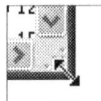

Titolo: PC da Zero - Guida facile e pratica per usare il computer - Autore: Gianni Crestani

SCORRERE LA FINESTRA

Il contenuto della finestra aperta (anche se è a tutto schermo) potrebbe non essere del tutto visibile.

Per vedere il contenuto nascosto, si deve far **SCORRERE** la finestra.

LE BARRE DI SCORRIMENTO

Se il contenuto non è tutto visibile,

possono apparire a destra ed in basso della finestra, le **BARRE DI SCORRIMENTO,**

chiamate, rispettivamente verticale e orizzontale,

rappresentate da una fascia dalle estremità a forma di triangolini neri.

USARE LE BARRE DI SCORRIMENTO

Le barre di scorrimento puoi usarle in vari modi:

clicca sui triangolini neri,

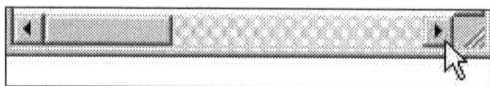

oppure

clicca sulla parte chiara della barra,

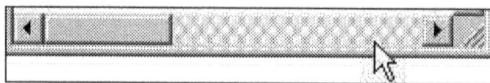

oppure

trascina posizionando il puntatore sulla parte scura della barra.

Titolo: PC da Zero - Guida facile e pratica per usare il computer - Autore: Gianni Crestani

LA CARTELLA DOCUMENTI

La cartella DOCUMENTI che si trova sul desktop è un esempio di cartella. Le cartelle sono dei semplici contenitori (inizialmente vuoti) che possono contenere file e altre cartelle.

CREARE UNA CARTELLA

Con le seguenti istruzioni, sarà creata una nuova cartella all'interno della cartella Documenti.

1a - Accedi alla cartella "Documenti" con un doppio clic sull'icona "Documenti" del Desktop. Oppure,

1b - clicca sul pulsante "start" e clicca sulla voce "Documenti".

2 - Clicca con il tasto destro su un punto vuoto della finestra

3 - dal menu contestuale porta il puntatore su "Nuovo"

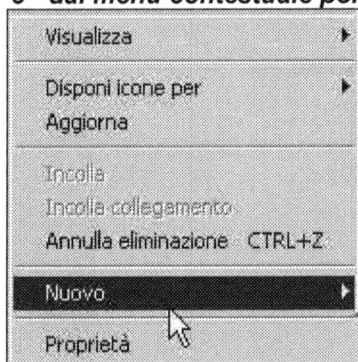

Visualizza	▶
Disponi icone per	▶
Aggiorna	
Incolla	
Incolla collegamento	
Annulla eliminazione	CTRL+Z
Nuovo	▶
Proprietà	

4 - clicca su "Cartella".

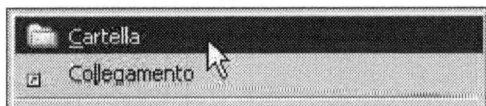

📁 Cartella	
🔲 Collegamento	

Apparirà una nuova icona con il nome "Nuova cartella" evidenziato.

Nuova cartella

5 - Digita sulla tastiera **I miei esercizi**.

6 - Premi invio (da tastiera) oppure fai un clic su un punto vuoto della finestra).

CREARE UN FILE

Tutti i documenti, disegni, calcoli, archivi che crei con il computer, li puoi
salvare (memorizzare) sulle unità disco.

Tutte queste creazioni vengono genericamente dette *FILE* (leggi: FAIL) .

Non solo le tue creazioni, ma tutti i dati contenuti nelle unità disco (dal
sistema operativo ai programmi) sono sotto forma di file.

Per creare un file puoi:

crearlo dopo aver aperto un programma (vedi Passo 3.3),

oppure puoi crearne uno vuoto direttamente su una cartella nel modo
seguente. Dalla tua cartella appena creata "I miei esercizi",

entra nella cartella "I miei esercizi" con un doppio clic su di essa.

1 - Clicca con il tasto destro su un punto vuoto della finestra

2 - dal menu contestuale porta il puntatore su "Nuovo".

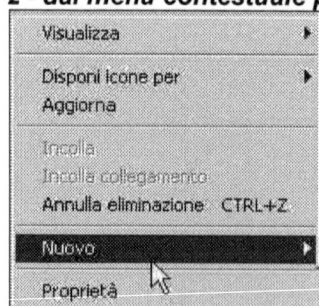

Visualizza	▶
Disponi icone per	▶
Aggiorna	
Incolla	
Incolla collegamento	
Annulla eliminazione CTRL+Z	
Nuovo	▶
Proprietà	

Si apre un sottomenu sul quale sono elencati i tipi di file che puoi creare.

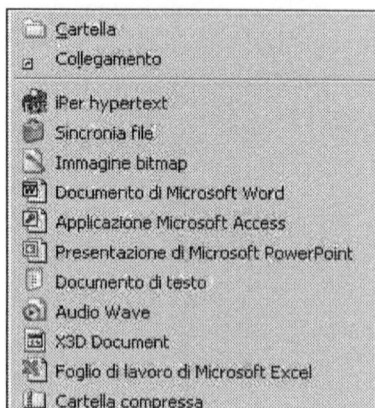

- Cartella
- Collegamento
- iPer hypertext
- Sincronia file
- Immagine bitmap
- Documento di Microsoft Word
- Applicazione Microsoft Access
- Presentazione di Microsoft PowerPoint
- Documento di testo
- Audio Wave
- X3D Document
- Foglio di lavoro di Microsoft Excel
- Cartella compressa

Titolo: PC da Zero - Guida facile e pratica per usare il computer - Autore: Gianni Crestani

3 - Clicca sulla voce "Documento di testo" per creare un semplice documento di testo vuoto. Ovvero quello che crei è un foglio bianco nel quale potrai in seguito scrivere del testo.

Apparirà una nuova icona con il nome "Nuovo documento di testo".

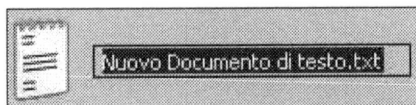

Nuovo Documento di testo.txt

4 - Digita dalla tastiera Mio primo file.

5 - Premi invio (da tastiera) oppure fai un clic su un punto vuoto della finestra.

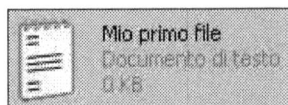

Mio primo file
Documento di testo
0 KB

Ora potrai aprire il file appena creato con un doppio clic ed iniziare a scriverci sopra.

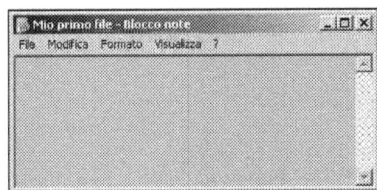

Mio primo file - Blocco note
File Modifica Formato Visualizza ?

RINOMINARE FILE E CARTELLE

Per rinominare file o cartelle, puoi usare (come per quasi tutti i comandi) diversi metodi.

Primo metodo:

1 - clicca con il tasto destro del mouse sul file o cartella che vuoi rinominare (nell'esempio "Mio primo file")

2 - dal menu contestuale clicca su rinomina.

Titolo: PC da Zero - Guida facile e pratica per usare il computer - Autore: Gianni Crestani

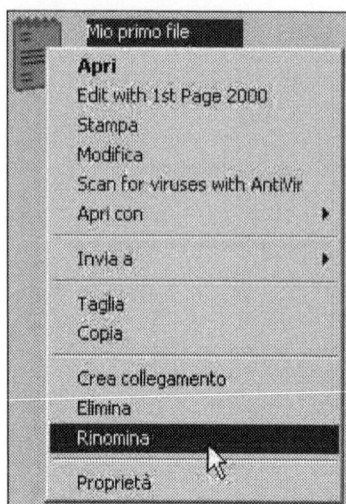

3 - digita sulla tastiera il nuovo nome del file (nell'esempio: "mio diario").

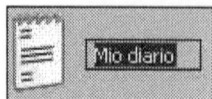

4 - clicca su un punto vuoto della finestra o premi il tasto invio.

Secondo metodo (ancora più semplice!):

1 - fai un clic sul file o cartella che vuoi rinominare

2 - attendi un secondo (se non attendi il file o cartella si apre)

3 - fai un altro clic sul nome del file o cartella

4 - digita sulla tastiera il nuovo nome del file (nell'esempio: tuo diario).

5 - clicca su un punto vuoto della finestra o premi il tasto invio.

38

Passo 2.4 - Gestire file e cartelle

NAVIGARE TRA LE CARTELLE

Apri la cartella documenti e crea otto cartelle come in figura.

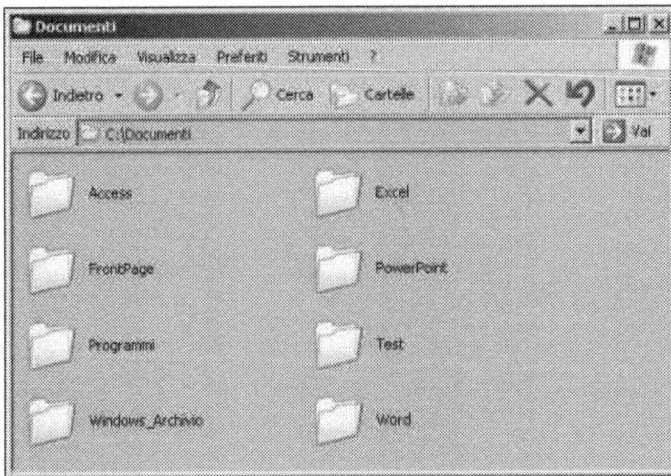

Per "entrare" nelle cartelle **fai un doppio clic sulla cartella desiderata** (nell'esempio "Windows_Archivio").

Per capire in quale cartella ti trovi, tieni sempre d'occhio la barra degli indirizzi.

La barra "\" separa le cartelle.

In questo caso dalla barra degli indirizzi si comprende:

1 - di essere all'interno della cartella "Windows_Archivio"

2 - che la cartella "Windows_Archivio" si trova all'interno della cartella "Documenti"

3 - che la cartella "Documenti si trova all'interno del disco fisso "C:".

Ora per continuare la lezione **crea alcuni file all'interno della cartella Windows_Archivio.**

Oppure scarica il file collegandoti al link

http://www.pcdazero.it/downloadpb/Windows_Archivio.zip.

Se non sai come scaricare i file da internet segui il Passo 7.5 (vedi sommario a pag.3).

Titolo: PC da Zero - Guida facile e pratica per usare il computer - Autore: Gianni Crestani

Se sei riuscito/a nell'impresa, dovresti avere nello schermo una finestra simile a questa:

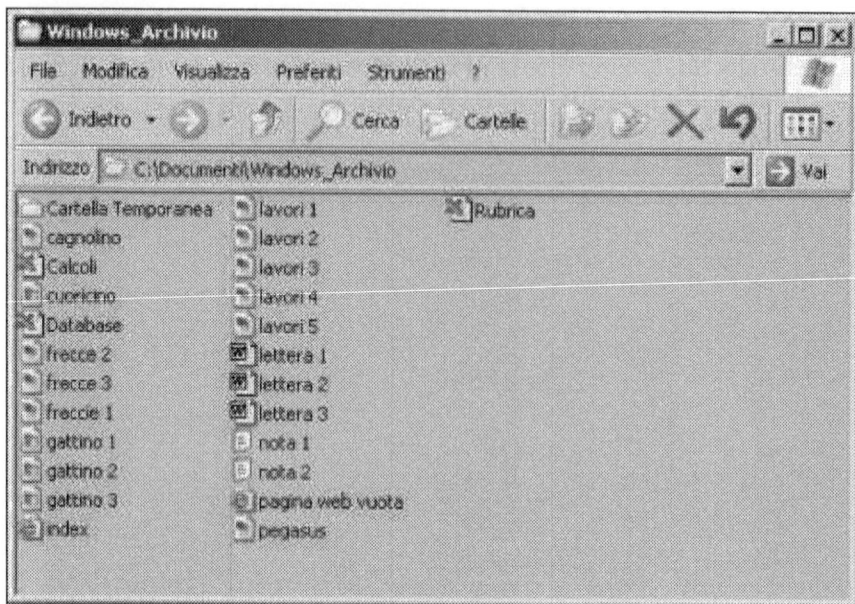

VISUALIZZARE I FILE IN MODI DIVERSI

Si possono visualizzare file e cartelle in modi differenti.

1 - Dalla barra degli strumenti clicca sull'icona visualizza

2 - dal menu a tendina scegli il tipo di visualizzazione desiderato

(nell'esempio: "Dettagli").

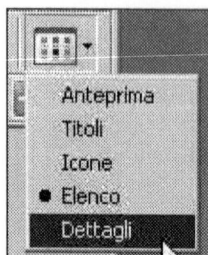

Potrai così ottenere diversi modi di vedere gli stessi file.

VISUALIZZA DETTAGLI

Una modalità di visualizzazione molto utile è quella in "Dettagli".

Clicca sulla voce "Nome" come in figura.

Titolo: PC da Zero - Guida facile e pratica per usare il computer - Autore: Gianni Crestani

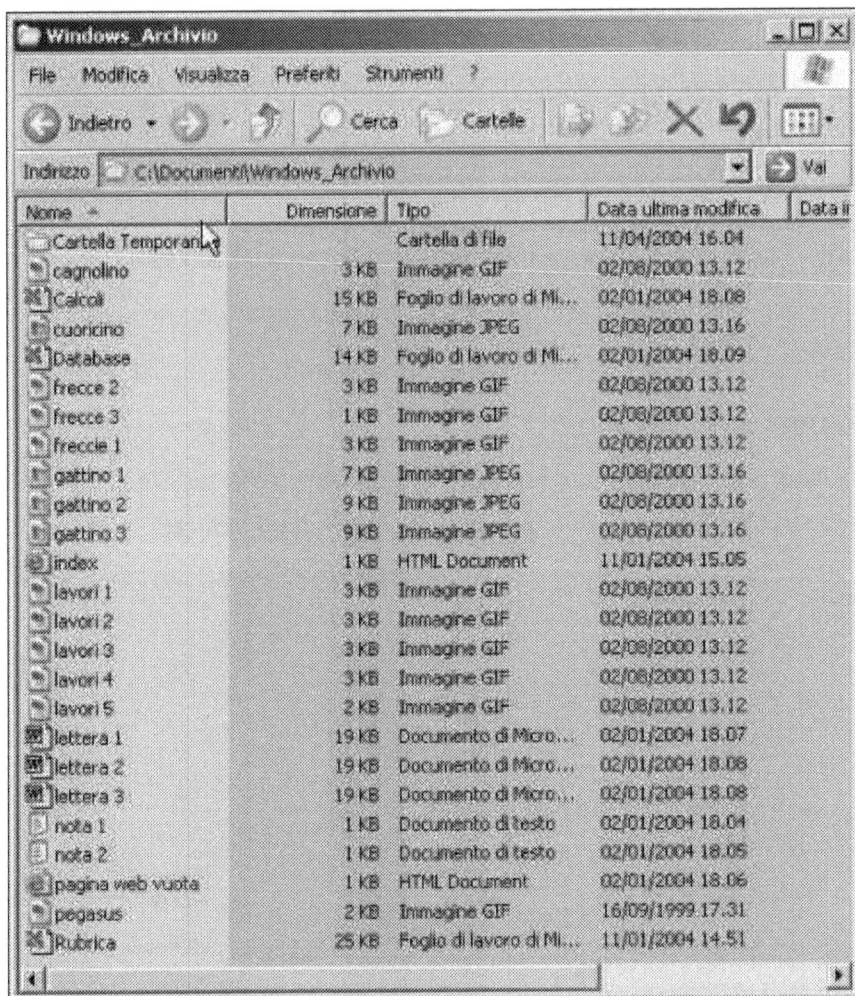

Nome ▲	Dimensione	Tipo	Data ultima modifica	Data ir
Cartella Temporan..		Cartella di file	11/04/2004 16.04	
cagnolino	3 KB	Immagine GIF	02/08/2000 13.12	
Calcoli	15 KB	Foglio di lavoro di Mi...	02/01/2004 18.08	
cuoricino	7 KB	Immagine JPEG	02/08/2000 13.16	
Database	14 KB	Foglio di lavoro di Mi...	02/01/2004 18.09	
frecce 2	3 KB	Immagine GIF	02/08/2000 13.12	
frecce 3	1 KB	Immagine GIF	02/08/2000 13.12	
freccie 1	3 KB	Immagine GIF	02/08/2000 13.12	
gattino 1	7 KB	Immagine JPEG	02/08/2000 13.16	
gattino 2	9 KB	Immagine JPEG	02/08/2000 13.16	
gattino 3	9 KB	Immagine JPEG	02/08/2000 13.16	
index	1 KB	HTML Document	11/01/2004 15.05	
lavori 1	3 KB	Immagine GIF	02/08/2000 13.12	
lavori 2	3 KB	Immagine GIF	02/08/2000 13.12	
lavori 3	3 KB	Immagine GIF	02/08/2000 13.12	
lavori 4	3 KB	Immagine GIF	02/08/2000 13.12	
lavori 5	2 KB	Immagine GIF	02/08/2000 13.12	
lettera 1	19 KB	Documento di Micro...	02/01/2004 18.07	
lettera 2	19 KB	Documento di Micro...	02/01/2004 18.08	
lettera 3	19 KB	Documento di Micro...	02/01/2004 18.08	
nota 1	1 KB	Documento di testo	02/01/2004 18.04	
nota 2	1 KB	Documento di testo	02/01/2004 18.05	
pagina web vuota	1 KB	HTML Document	02/01/2004 18.06	
pegasus	2 KB	Immagine GIF	16/09/1999 17.31	
Rubrica	25 KB	Foglio di lavoro di Mi...	11/01/2004 14.51	

In questo modo ottieni l'elenco dei file in ordine alfabetico dalla "A" alla "Z".

Cliccando una seconda volta, ottieni invece un ordine dalla "Z" alla "A".

Clicca ora sulla voce "dimensione".

Ottieni l'ordine dei file dal più piccolo al più grande.

Clicca una seconda volta ... cosa ottieni ?

Cliccando invece sulla voce "data ultima modifica" ottieni l'elenco dei file in ordine cronologico.

Potrai così vedere subito qual'è stato l'ultimo file che è stato creato o modificato.

Un clic sul "Tipo di file", come dice il nome, mette in ordine i file per tipologia (immagini, testi, fogli di calcoli, eccetera).

41

LIVELLO SUPERIORE

Clicca sull'icona livello superiore per tornare a visualizzare il contenuto della cartella documenti.

Osserva sempre la barra degli indirizzi per capire dove ti trovi.

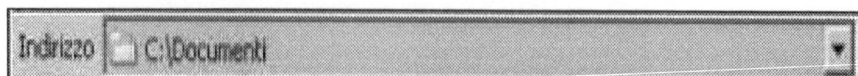

LA BARRA DEGLI INDIRIZZI

Puoi usare anche la barra degli indirizzi per navigare tra le cartelle.

Clicca sul triangolino nero a destra della barra degli indirizzi.

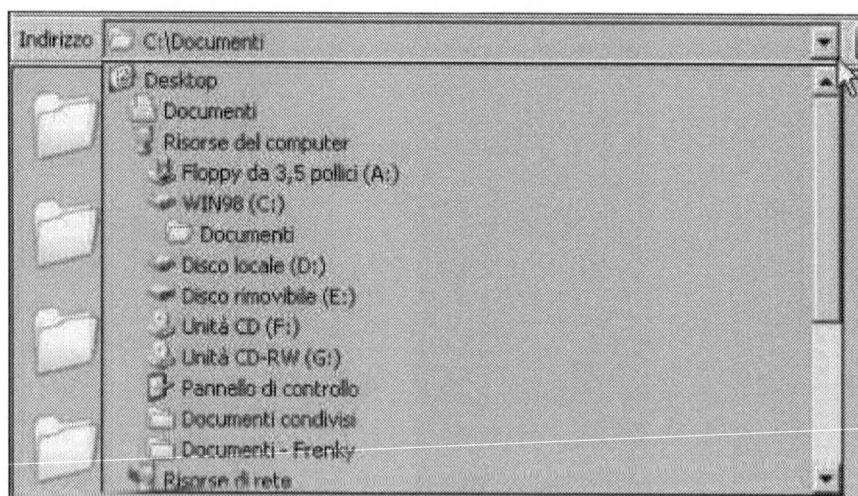

Si apre un menu dal quale puoi cliccare direttamente sulla cartella o unità disco desiderata.

COMANDO INDIETRO

Se ora clicchi sul comando indietro,

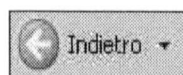

ritornerai all'ultima cartella o unità disco che era precedentemente visualizzata.

Titolo: PC da Zero - Guida facile e pratica per usare il computer - Autore: Gianni Crestani

NAVIGA !

Prova ad esercitarti a navigare tra le cartelle.

Fai doppio clic per entrare in esse, usa il comando indietro, il comando livello superiore e la barra degli indirizzi per spostarti.

Titolo: PC da Zero - Guida facile e pratica per usare il computer - Autore: Gianni Crestani

Passo 2.5 - Spostare, copiare ed eliminare file

SPOSTARE UN FILE USANDO IL MOUSE

Dopo aver creato una cartella può nascere l'esigenza di spostare un file all'interno della nuova cartella creata.

1 - Posiziona il puntatore sopra il file da spostare

2 - trascina il file (clicca sopra il file e tieni premuto il pulsante del mouse)

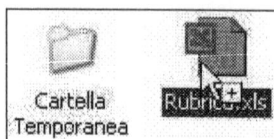

3 - posiziona il file trascinato, sopra la cartella di destinazione (se visibile)

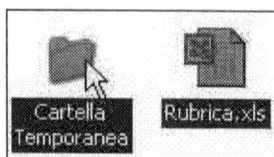

4 - rilascia il pulsante del mouse.

SPOSTARE UN FILE USANDO I COMANDI TAGLIA ED INCOLLA

Spesso la cartella e il file che vuoi spostare, non sono all'interno della stessa cartella. E' pertanto utile conoscere il sistema "taglia ed incolla" per spostare un file.

1 - Posiziona il puntatore sopra il file da spostare

2 - clicca il pulsante destro del mouse

3 - dal menu contestuale clicca sulla voce "Taglia"

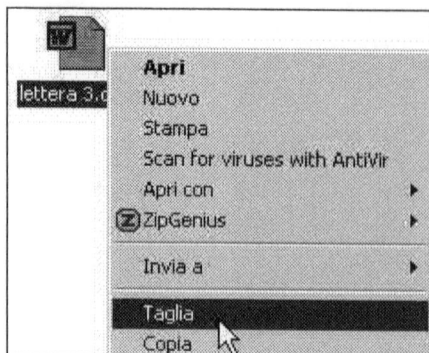

Titolo: PC da Zero - Guida facile e pratica per usare il computer - Autore: Gianni Crestani

4 - naviga tra le cartelle fino a raggiungere la cartella desiderata

5 – entra con un doppio clic nella cartella prescelta

6 - clicca con il pulsante destro su un punto vuoto della finestra

7 - dal menu contestuale clicca sulla voce "Incolla".

Visualizza	▶
Disponi icone per	▶
Aggiorna	
Personalizza cartella...	
Incolla	
Incolla collegamento	
Annulla spostamento	CTRL+Z
Nuovo	▶
Proprietà	

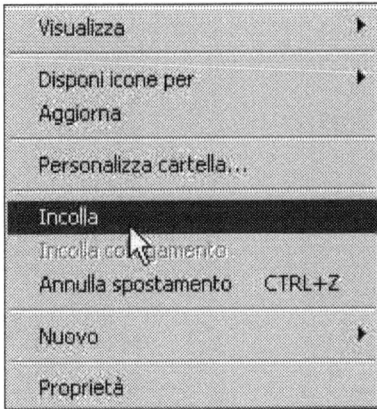

COPIARE UN FILE USANDO I COMANDI COPIA ED INCOLLA

Se hai bisogno di creare una copia di un file nella stessa cartella, procedi in questo modo:

1 - Posiziona il puntatore sopra il file da copiare

2 - clicca il pulsante destro del mouse

3 - dal menu contestuale clicca sulla voce "Copia"

Apri
Stampa
Modifica
Scan for viruses with AntiVir
Apri con ▶
ZipGenius ▶
Invia a ▶
Taglia
Copia
Crea collegamento

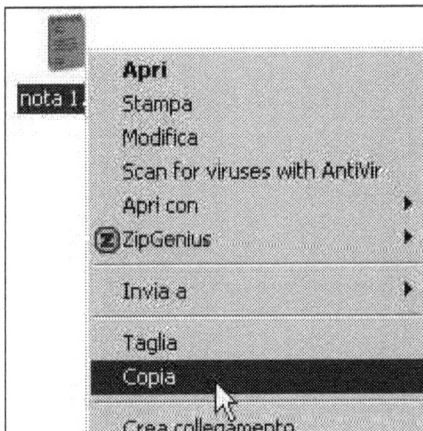

4 - clicca con il pulsante destro su un punto vuoto della finestra

5 - dal menu contestuale clicca sulla voce "Incolla".

45

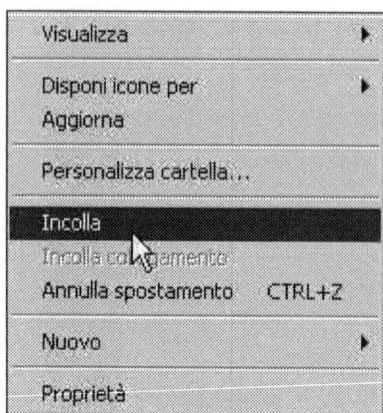

Visualizza	►
Disponi icone per	►
Aggiorna	
Personalizza cartella...	
Incolla	
Incolla collegamento	
Annulla spostamento	CTRL+Z
Nuovo	►
Proprietà	

Se invece vuoi copiare un file in un'altra cartella,

1 - posiziona il puntatore sopra il file da copiare

2 - clicca il pulsante destro del mouse

3 - dal menu contestuale clicca sulla voce "Copia"

4 - naviga tra le cartelle fino a raggiungere la cartella desiderata

5 - "entra" nella cartella prescelta

6 - clicca con il pulsante destro su un punto vuoto della finestra

7 - dal menu contestuale clicca sulla voce "Incolla".

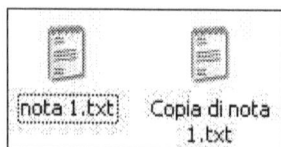

nota 1.txt   Copia di nota
                      1.txt

COPIARE UN FILE USANDO IL MOUSE ED IL TASTO CTRL

Un metodo veloce per copiare un file è il seguente:

1 - posiziona il puntatore sopra il file da copiare

2 - trascina il file (clicca sopra il file e tieni premuto il pulsante del mouse)

3 - posiziona il file trascinato, in una posizione diversa (ad esempio appena a destra)

4 - premi e mantieni premuto il pulsante "CTRL" sulla tastiera

5 - rilascia il pulsante del mouse

6 - rilascia il pulsante "CTRL".

ELIMINARE UN FILE

Per eliminare un file esistono svariati metodi.

Titolo: PC da Zero - Guida facile e pratica per usare il computer - Autore: Gianni Crestani

1° metodo

1 - Clicca con il pulsante destro sopra il file da eliminare

2 - dal menu contestuale clicca sulla voce "Elimina"

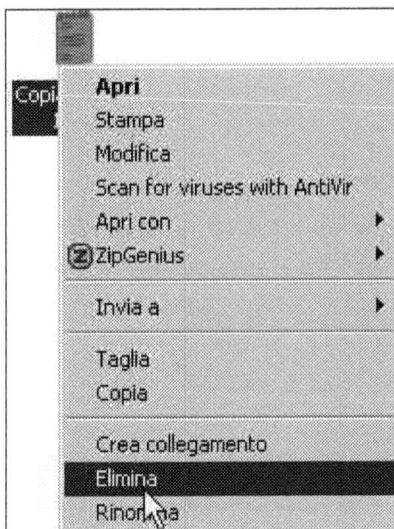

3 - clicca sul pulsante "Si" per confermare l'eliminazione.

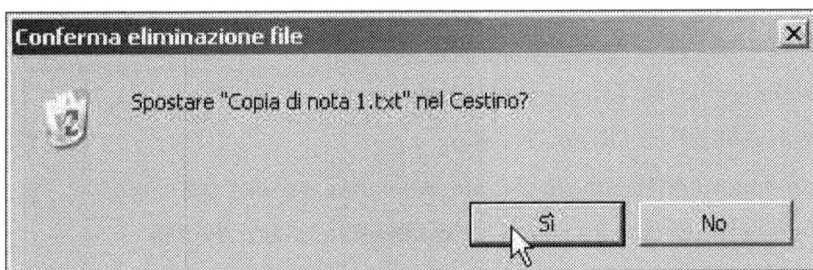

2° metodo

1 - Seleziona con un clic il file da eliminare

2 - premi il tasto "CANC" da tastiera

3 - premi il tasto "INVIO" per confermare.

3° metodo

1 - Seleziona con un clic il file da eliminare

2 - clicca sul pulsante "elimina" sulla barra degli strumenti

3 - clicca sul pulsante "Si" per confermare l'eliminazione.

SELEZIONARE PIU' FILE CON IL MOUSE

Per eliminare, copiare o spostare più file contemporaneamente, si deve

47

prima di tutto sapere come selezionare più file. Vediamo come selezionare più file usando solamente il mouse.

1 - Posiziona il puntatore a fianco del primo file da selezionare

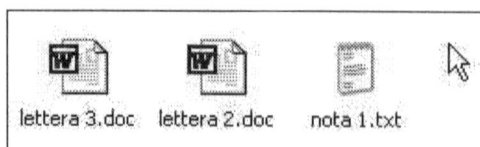

2 - clicca e tieni premuto il pulsante del mouse
3 - mantenendo premuto il pulsante, sposta il puntatore in modo da tracciare un rettangolo che selezionerà i file che si troveranno all'interno dello stesso rettangolo

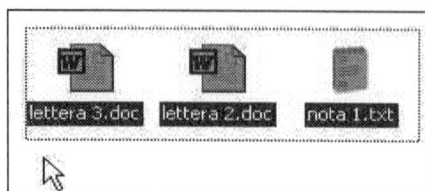

4 - rilascia il pulsante del mouse

SELEZIONARE PIU' FILE CON LA TASTIERA

Per selezionare più file utilizzando la tastiera,

1 - seleziona il primo file con un clic
2 - premi e mantieni premuto il tasto delle maiuscole (su tastiera)
3 - premi i tasti cursore in modo da selezionare due o più file.

SELEZIONARE TUTTI I FILE

Questo metodo selezionerà tutti i file e le cartelle che si trovano all'interno della cartella che si sta visualizzando.

1 - Dalla barra dei menu clicca su "Modifica",
2 - clicca sulla voce "Seleziona tutto".

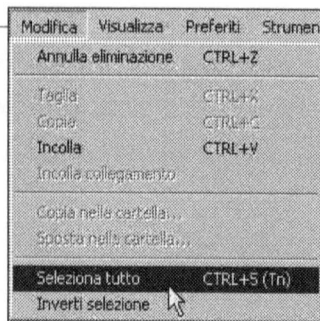

SELEZIONARE PIU' FILE NON ADIACENTI

Per selezionare più file non adiacenti,

1 - seleziona il primo file con un clic

48

2 - premi e mantieni premuto (da tastiera) **il tasto "CTRL"**

3 - seleziona il secondo file con un clic

4 - premi e mantieni premuto (da tastiera) **il tasto "CTRL"**

5 - seleziona il terzo file con un clic.

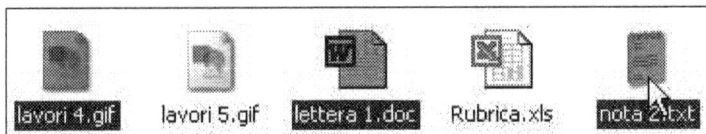

... E così via.

Questo metodo serve anche per deselezionare un file, mantenendo selezionati gli altri. Ad esempio se devi selezionare tutti i file eccetto uno,

1 - seleziona tutti i file (menu file - seleziona tutto)

2 - premi e mantieni premuto (da tastiera) **il tasto "CTRL"**

3 - clicca sul file da deselezionare.

ELIMINARE COPIARE O SPOSTARE UN INSIEME DI FILE CONTEMPORANEAMENTE

Una volta selezionati i file potrai copiare, tagliare o eliminare gli stessi, cliccando sopra un file selezionato con il tasto destro e scegliendo dal menu contestuale, rispettivamente, copia, taglia o elimina.

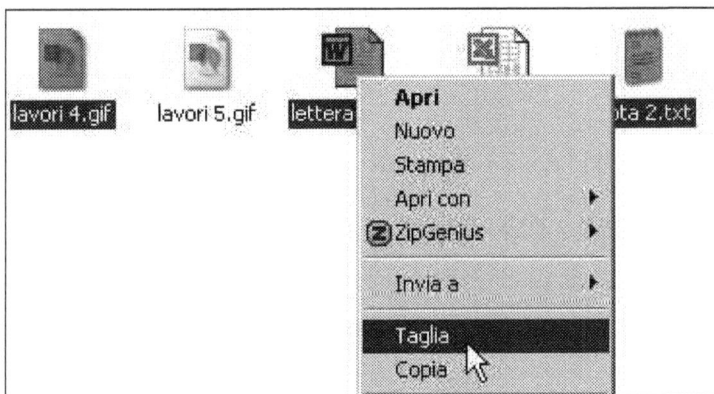

RECUPERARE UN FILE DAL CESTINO

Quando si eliminano file o cartelle dal disco fisso, queste non sono eliminate definitivamente, ma vengono depositate nella cartella "Cestino".

Se desideri recuperare un file dal cestino,

1 - dal desktop apri il cestino (clicca due volte in rapida successione)

49

2 - clicca con il tasto destro sopra il file da recuperare

3 - dal menu contestuale clicca su "Ripristina".

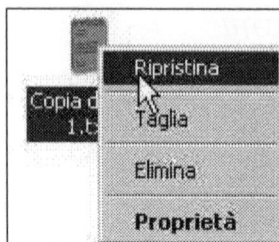

Il file verrà riposizionato nella cartella dalla quale è stato eliminato.

SVUOTARE IL CESTINO

Per svuotare il cestino, eliminando definitivamente (o quasi), il suo contenuto,

1 - dal desktop, clicca con il pulsante destro sull'icona cestino

2 - dal menu contestuale clicca su "Svuota cestino"

2 - clicca sul pulsante "Si" per conformare.

ELIMINARE I FILE IN MODO DEFINITIVO

Se hai notato, ho scritto "... o quasi" sul paragrafo precedente, questo perché esistono dei programmi che possono recuperare i file cancellati anche dal cestino. Un buon metodo per eliminare i file in modo definitivo è quello di deframmentare il disco fisso o l'unità disco interessata (vedi passo 2.11).

COPIARE UN FILE SUL FLOPPY DISK

Per copiare un file o cartella su un floppy disk (dal disco fisso),

50

1 - clicca con il tasto destro sopra il file da copiare

2 - dal menu contestuale posiziona il puntatore sulla voce "Invia a"

3 - clicca su "Floppy".

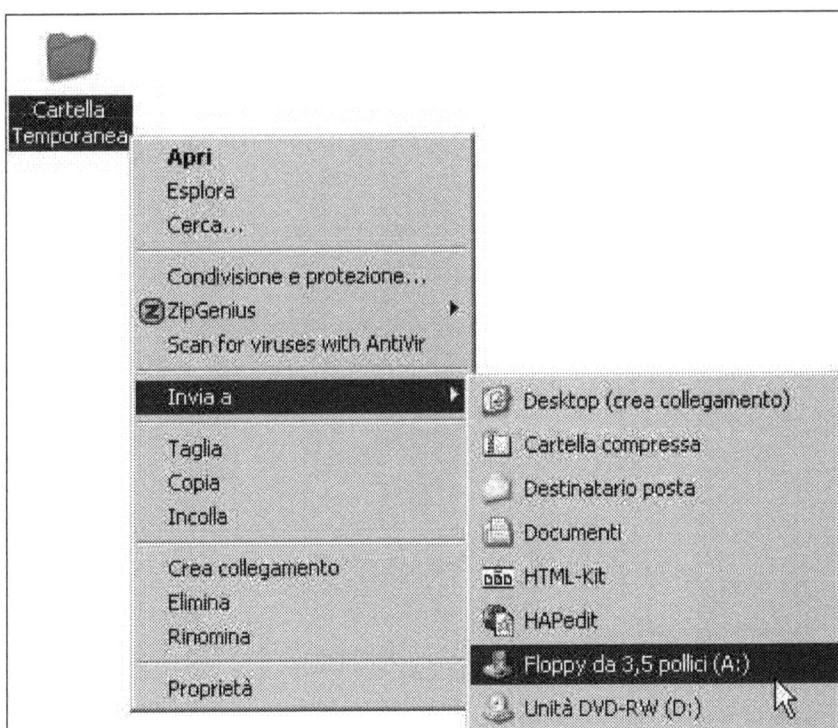

Verrà avviata la copia del file che si concluderà con la chiusura automatica della finestra "Copia in corso ...".

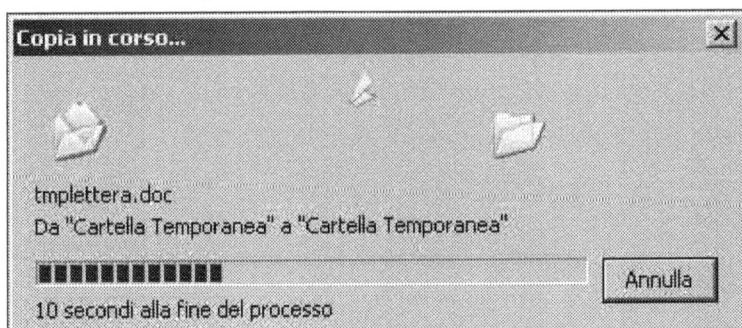

Titolo: PC da Zero - Guida facile e pratica per usare il computer - Autore: Gianni Crestani

Passo 2.6 - Personalizzare il desktop - sfondo e screen saver

IMPOSTARE LO SFONDO DEL DESKTOP

Sei stanco di vedere il solito sfondo quando accendi il computer ?

Bene, è giunto il momento di cambiare lo sfondo dello schermo iniziale (il desktop).

1 - Clicca con il tasto destro su un punto vuoto del desktop

Se non sai cos'è il desktop ti consiglio di seguire il Passo 2.1.

2 - dal menu contestuale clicca sul comando "Proprietà"

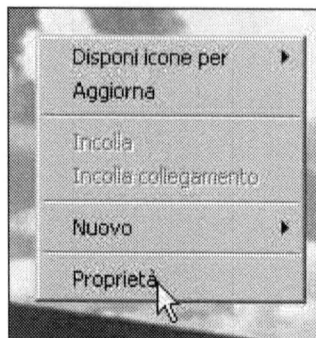

3 - clicca sulla scheda "Desktop"

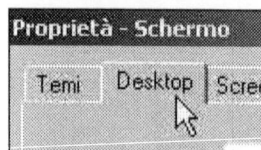

4 - dalla casella di riepilogo "Sfondo" clicca sull'immagine desiderata.

Vedrai apparire l'anteprima dell'immagine in alto al centro.

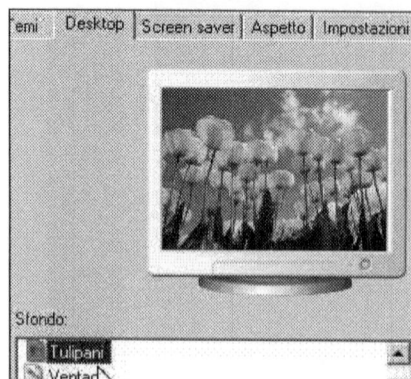

Titolo: PC da Zero - Guida facile e pratica per usare il computer - Autore: Gianni Crestani

5 - Per vedere le altre immagini, più comodamente, usa i tasti cursore su e giù della tastiera.

6 - Clicca sulla casella combinata "Posizione"

7a - clicca su "Estesa" per estendere l'immagine a tutto schermo

oppure,

7b - clicca su "Affiancata" per riempire tutto lo schermo con più immagini uguali

oppure,

7c - clicca su "Centrata" per visualizzare sullo schermo l'immagine con la risoluzione originale.

Potrai vedere bene la differenza dei tre effetti solo se scegli un'immagine che ha una risoluzione più piccola dello schermo.

8a - Clicca su "Applica" per confermare la scelta e mantenere la finestra di dialogo aperta

oppure,

8b - clicca su "OK" per confermare la scelta e chiudere la finestra di dialogo.

INSERIRE UNA FOTO COME SFONDO

Per inserire una foto come sfondo del desktop,

1 - clicca con il tasto destro su un punto vuoto del desktop.

2 - dal menu contestuale clicca sul comando "Proprietà"

3 - clicca sulla scheda "Desktop"

4 - clicca sul comando "Sfoglia ..."

5 - dalla finestra di dialogo "Sfoglia", naviga nella cartella dove è

Titolo: PC da Zero - Guida facile e pratica per usare il computer - Autore: Gianni Crestani

contenuta la foto

6 - fai doppio clic sulla foto

7 - clicca sul pulsante "OK".

INSERIRE UNA IMMAGINE DA UNA PAGINA WEB COME SFONDO DEL DESKTOP

Se navigando in internet, vedi un'immagine che ti piacerebbe avere come sfondo del tuo desktop,

1 - clicca con il tasto destro sopra l'immagine

2 - dal menu contestuale clicca sul comando "Imposta come sfondo".

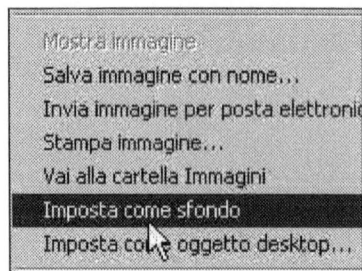

Mostra immagine
Salva immagine con nome...
Invia immagine per posta elettronic
Stampa immagine...
Vai alla cartella Immagini
Imposta come sfondo
Imposta col oggetto desktop...

LO SCREENSAVER O SALVASCHERMO COS'E, COSA SERVE

Cos'è lo screensaver ?

Lo screensaver o salvaschermo è nato per preservare lo schermo.

Lo schermo e formato da tanti puntini luminosi detti pixel.

Qualche puntino luminoso può rimanere danneggiato da un prolungato uso.

Quando viene attivato, lo screensaver invierà un ciclo nel quale ogni puntino luminoso non rimarrà sempre "acceso" e "fisso" su uno stesso colore.

Lo screensaver si attiverà dopo un certo tempo (stabilito dall'utente) di inattività del computer.

Verrà poi disattivato anche solo muovendo il mouse o digitando su tastiera.

Sembrerebbe, però, che per i monitor di ultima generazione il salvaschermo non sia più necessario.

Quindi l'utilità dello screensaver si è col tempo trasformata in un'operazione puramente ludica.

ATTIVARE O CAMBIARE LO SCREEN SAVER

Per attivare lo screensaver,

Titolo: PC da Zero - Guida facile e pratica per usare il computer - Autore: Gianni Crestani

1 - clicca con il tasto destro su un punto vuoto del desktop

2 - dal menu contestuale clicca sul comando "Proprietà"

3 - clicca sulla scheda "Screen saver"

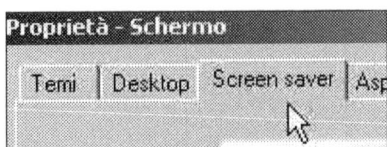

4 - dalla casella combinata scegli lo screensaver desiderato

(nell'esempio "Testo 3D")

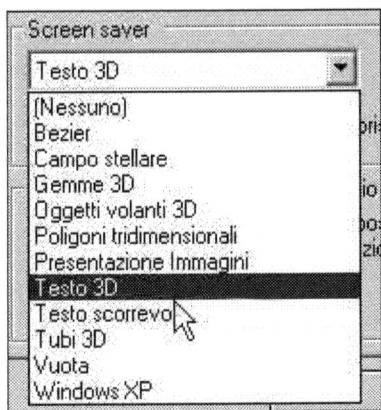

5 - clicca sul comando "impostazioni"

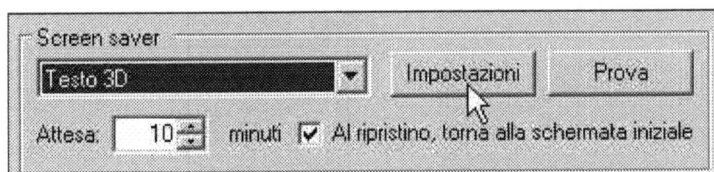

6 - dalla finestra di dialogo "Impostazioni 3D"

6a - attiva il pulsante di opzione "Ora" per vedere l'orario corrente sul salvaschermo

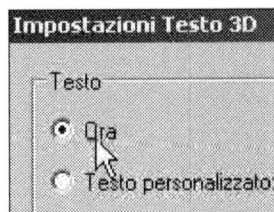

oppure,

6b - attiva il pulsante di opzione "Testo personalizzato" ed in seguito

55

scrivi una parola (o frase) sulla casella adiacente, per vedere la stessa frase fluttare sullo schermo.

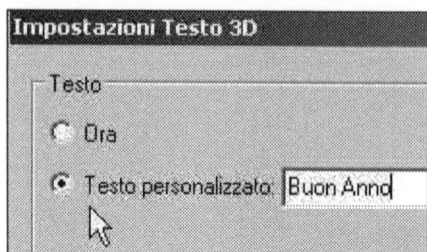

7 - Clicca sulla casella combinata e scegli il tipo di rotazione

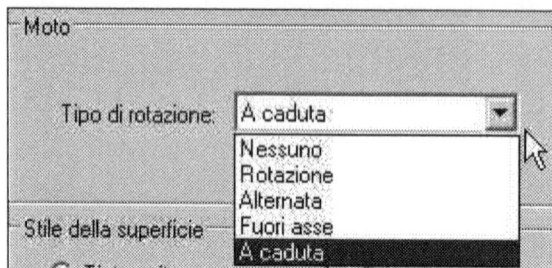

8 - sposta la manopola relativa, a destra per aumentare la velocità, o a sinistra per diminuirla.

Porta il puntatore sopra la manopola, premi, tieni premuto il tasto del mouse e spostalo.

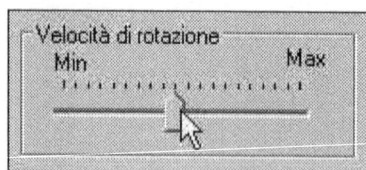

9 - Sposta la manopola relativa, a destra per aumentare le dimensione del testo, o a sinistra per diminuirlo.

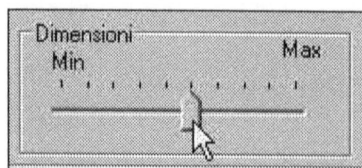

10 - Clicca sul pulsante "OK" in alto a destra

11 - clicca su "Prova" per attivare subito lo screensaver.

Titolo: PC da Zero - Guida facile e pratica per usare il computer - Autore: Gianni Crestani

12 - Muovi il mouse per disattivarlo.

13 - Clicca sui pulsanti di incremento o decremento per stabilire dopo quanti minuti di inattività, lo screensaver dovrà attivarsi

Attesa: [11 ⬍] minuti

14 - clicca su "OK" per confermare.

Titolo: PC da Zero - Guida facile e pratica per usare il computer - Autore: Gianni Crestani

Passo 2.7 - Scaricare, aggiungere e rimuovere un programma

COSA SONO I PROGRAMMI

Programma, applicazione e software, sono tre sinonimi per indicare le componenti intangibili del computer.

Vedi anche Passo 1.1.

DOVE TROVARE I PROGRAMMI

Alcuni programmi li trovi già installati sul tuo computer.

1 - Clicca sul pulsante start e seleziona la voce "Programmi" o "Tutti programmi".

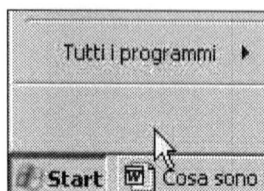

Da qui potrai accedere ai programmi già istallati sul tuo PC.

I programmi puoi anche trovarli su alcuni siti INTERNET, oppure sui CD o DVD che vengono allegati alle riviste in vendita nelle edicole, oppure nei negozi che vendono articoli di informatica.

SOFTWARE FREEWARE, SHAREWARE, TRIAL, DEMO

Accanto alla descrizione del programma, viene solitamente indicato se è gratuito o a pagamento.

Ma non sempre questo viene espresso in italiano, ma in inglese.

Ecco una tabella per capire alcune parole chiavi.

SOFTWARE = programma

FREE o *FREEWARE* = Programma tutelato dalle leggi sul copyright, messo a disposizione dall'autore gratuitamente sul web. Si tratta di programmi realizzati da qualcuno a cui piace lavorare per la fama. I programmi freeware sono quindi tranquillamente distribuibili e copiabili rimanendo nella legalità.

SHAREWARE = si dice di un software messo a disposizione in Rete per essere provato. Quando si decide di utilizzarlo regolarmente, si dovrebbe

Titolo: PC da Zero - Guida facile e pratica per usare il computer - Autore: Gianni Crestani

pagare una cifra (generalmente molto bassa) a colui che ne detiene i diritti.

TRIAL = Versione di prova di programma, solitamente a scadenza. Dopo un numero definito di giorni disabilita alcune funzionalità (oppure non si apre più). Oppure fin dall'inizio ha alcune funzioni disabilitate. Per utilizzare tutte le funzionalità del programma è necessario acquistarne la licenza d'uso.

DEMO = Diminutivo di Demostration, indica un programma in versione di prova, non completo o disponibile per un periodo limitato di tempo.

CATEGORIE DI PROGRAMMI

Secondo la loro funzione, i programmi possono essere divisi in categorie.

OFFICE per attività di ufficio o di casa (elaboratore testi, fogli di calcolo, presentazioni, agende elettroniche, eccetera).

UTILITY per sfruttare le potenzialità del PC e mantenerlo efficiente.

MULTIMEDIA per gestire la musica ed i filmati.

INTERNET programmi specifici per navigare in internet, gestire la posta elettronica, costruire pagine web.

SICUREZZA per difendere il tuo PC da virus e spyware e resistere a potenziali malfunzionamenti dell'hardware.

BENCHMARK per valutare le prestazioni e conoscere a fondo le componenti del tuo PC.

GIOCHI per usare il PC anche come "palestra ludica".

PROGRAMMI COMPATIBILI CON IL SISTEMA OPERATIVO

Prima di scaricare ed installare un programma, assicurati che il programma sia compatibile con il tuo sistema operativo.

Per conoscere il sistema operativo che richiede il programma, controlla la sua descrizione prima di scaricarlo.

Ad esempio se vedi scritto [Win 98/Me/2000/XP]

significa che lo stesso file di programma può essere installato sui sistemi operativi:

Windows 98 - Windows Me - Windows 2000 - Windows XP.

Per conoscere il sistema operativo del tuo computer,

1 - clicca con il pulsante destro sull'icona risorse del computer (che trovi sul desktop o sul menu che appare dopo aver cliccato sul pulsante

Titolo: PC da Zero - Guida facile e pratica per usare il computer - Autore: Gianni Crestani

start)

2 - dal menu contestuale clicca su "Proprietà"

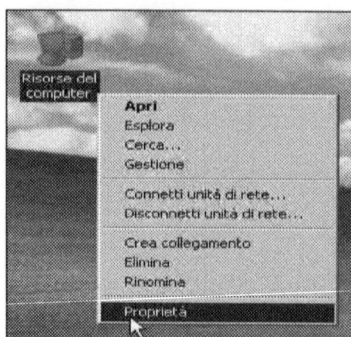

3 - dalla scheda "Generale" vedrai le caratteristiche del tuo PC e tra queste anche il tipo di Sistema Operativo installato.

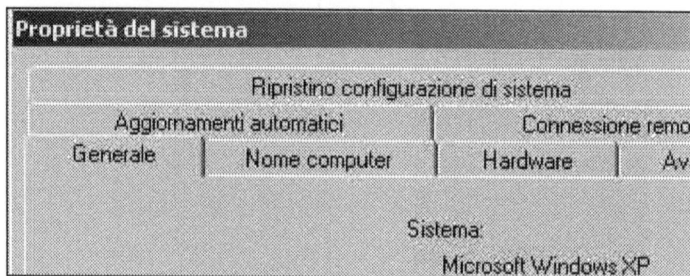

SCARICARE UN PROGRAMMA DA INTERNET

Scaricare significa creare una copia di un file (situato su un server o su un altro PC) nel disco fisso del tuo computer.

In seguito potrai decidere quando installarlo.

Facciamo un esempio pratico.

1 - Apri Internet Explorer e digita nella barra degli indirizzi

`http://download.xnview.com/XnView-win.exe`

2 - clicca sul tasto invio da tastiera.

XNVIEW è un programma che permette di

- visualizzare molti formati di immagine

- creare e vedere in modo automatico una sequenza di immagine a tutto schermo

- modificare immagini e foto con effetti speciali

- fotografare o catturare l'immagine dello schermo del proprio PC

- creare in modo automatico pagine web con le immagini preferite

60

- ed altro ancora.

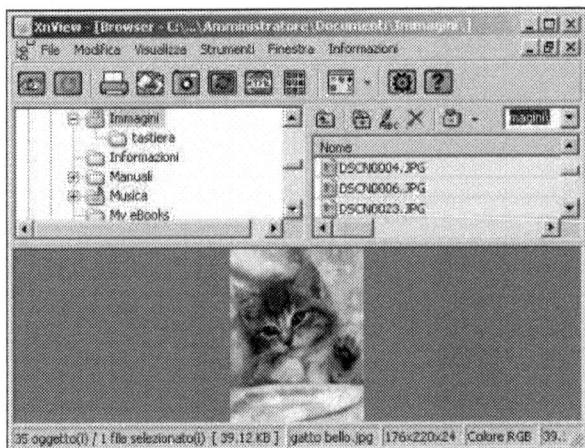

Verrà avviato così il download, ovvero

verrà avviata la procedura che effettuerà una copia del programma sul tuo

computer.

Questa procedura viene detta anche "SCARICARE FILE DA INTERNET".

3 - Clicca sul pulsante "Salva"

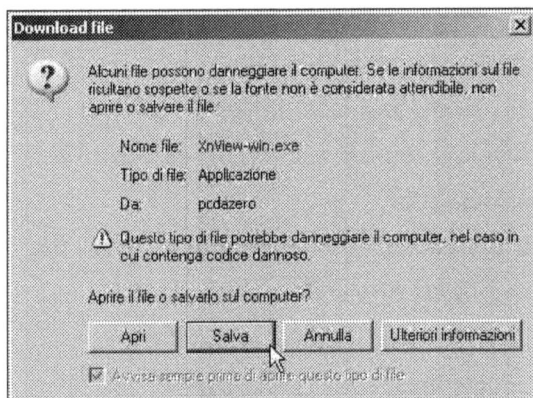

3 - scegli la cartella dove copiare il file

4 - clicca su "Salva".

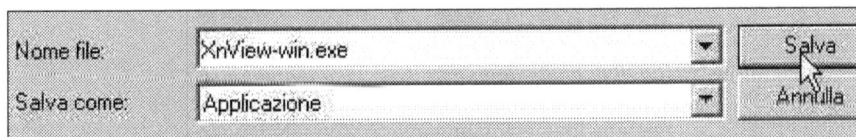

Si aprirà una finestra dove si potrà controllare lo stato di avanzamento del

download che potrà durare da qualche minuto oppure addirittura ore, se il file

è di grandi dimensioni e si dispone di un collegamento Internet lento.

61

5 - Al termine del download clicca su "Apri cartella".

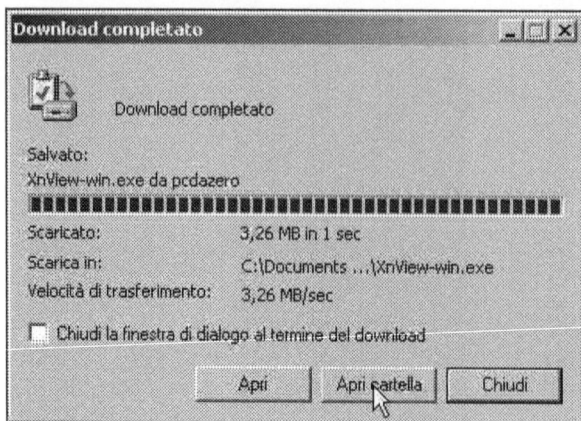

Vedrai così il file che hai appena scaricato da Internet.

INSTALLARE UN PROGRAMMA (AGGIUNGERE UN PROGRAMMA SUL PROPRIO PC)

Aver scaricato il programma non è quasi mai sufficiente per poterlo usare. Secondo il tipo di programma,

1 - se il file è compresso - dovrai decomprimere il file (estrarre il contenuto) **e quindi procedere come al punto 1A o 1B.**

1A - Se il programma non necessita di installazione - apri semplicemente il programma facendo doppio clic sul file scaricato o decompresso e potrai così usarlo subito.

1B - Se il programma necessita di installazione - fai doppio clic sul file scaricato e segui l'installaziono guidata che solitamente appare.
Proseguendo l'esempio pratico,

il file XnView-win.exe che hai scaricato necessita di installazione.

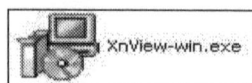

1 - Fai doppio clic sul file XnView-win.exe

2 - clicca su Next *(per procedere).*

3 - Leggi le clausole del contratto

4 - se concordi, clicca su pulsante di opzione "I accept the agreement"

Titolo: PC da Zero - Guida facile e pratica per usare il computer - Autore: Gianni Crestani

ovvero "accetto i termini di contratto".

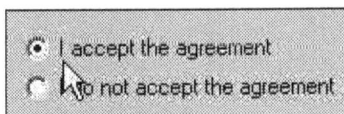

5 - Ad ogni finestra proposta clicca su Next (o "Si" o "Yes") più volte

6 - clicca sul pulsante "Finish" per terminare l'installazione.

Per poter aprire e usare il programma,

7a - fai doppio clic sull'icona che è stata creata sul desktop

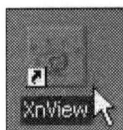

oppure,

7b - clicca sul pulsante Start > Programmi > XnView > XnView.

RIMUOVERE UN PROGRAMMA

A seconda delle caratteristiche del programma la sua rimozione può essere differente.

1A - Per un programma che non necessita di installazione è sufficiente rimuovere la cartella nella quale risiede.

1B - Per un programma installato (come il programma da esempio),

- clicca su Start > Programmi > XnView > XnView Unistall.

Oppure se non esiste questa procedura,

1 - clicca su Start > Pannello di controllo

Titolo: PC da Zero - Guida facile e pratica per usare il computer - Autore: Gianni Crestani

2 - fai doppio clic sulla voce "Installazione applicazioni"

3 - fai particolare attenzione a quello che stai facendo per non correre il rischio di rimuovere programmi importanti.

4 - Seleziona il programma da rimuovere

5 - clicca sul pulsante "Cambia/Rimuovi"

6 – prosegui confermando le scelte di disinstallazione.

Titolo: PC da Zero - Guida facile e pratica per usare il computer - Autore: Gianni Crestani

Passo 2.8 - Mettere ordine nel desktop

Il desktop dovrebbe essere usato come una scrivania.

E' buona consuetudine, mettere nel desktop i programmi che vengono più usati e le pratiche (o compiti) che sono in corso o in sospeso.

COS'E' UN COLLEGAMENTO

Usi spesso un programma, ma ogni volta devi cliccare sul pulsante start per aprirlo ?

Puoi creare sul desktop un collegamento in modo da aprire quel programma con un semplice doppio clic.

Un collegamento è rappresentato da una icona.

Caratteristica di ogni collegamento è una freccetta curva posta in basso a sinistra dell'icona che lo rappresenta.

Un collegamento può essere paragonato ad un filo.

Fare doppio clic sul collegamento è come tirare un filo.

All'apice del filo c'è il programma o risorsa che verrà automaticamente aperta.

Quindi eliminando un collegamento, elimini solamente un filo. Il programma o la risorsa collegata non viene eliminata.

CREARE UN COLLEGAMENTO SUL DESKTOP

Bene, passiamo alla creazione di un collegamento.

1 - Clicca sul pulsante START

2 - posiziona il puntatore su "Tutti i programmi"

3 - posiziona il puntatore sul programma prescelto (Word nell'esempio)

4 - clicca con il pulsante DESTRO

Titolo: PC da Zero - Guida facile e pratica per usare il computer - Autore: Gianni Crestani

5 - dal menu contestuale posiziona il puntatore su "Invia a"

6 - clicca su "Desktop (crea collegamento)".

Il collegamento è stato creato.

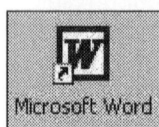

Può essere molto utile creare un collegamento ad un documento o ad una cartella con la quale stiamo lavorando, nel modo seguente.

1 - Entra nella cartella Documenti

2 - posiziona il puntatore sopra il documento (o cartella) scelta

3 - clicca con il pulsante DESTRO

4 - dal menu contestuale posiziona il puntatore su "Invia a"

5 - clicca su "Desktop (crea collegamento)".

SPOSTARE LE ICONE DEL DESKTOP

Le icone che vedi nel desktop, le puoi spostare a placimento.

1 - Porta il puntatore sopra l'icona da spostare

2 - clicca e tieni premuto con il mouse

3 - trascina l'icona nel punto desiderato

SBLOCCARE LE ICONE

Se non riesci a spostare le icone nel punto desiderato molto probabilmente devi disabilitare l'opzione "Disposizione automatica".

1 - Posiziona il puntatore su un punto vuoto del desktop

2 - clicca con il pulsante DESTRO

3 - dal menu contestuale posizionati su "Disponi icone per".

Titolo: PC da Zero - Guida facile e pratica per usare il computer - Autore: Gianni Crestani

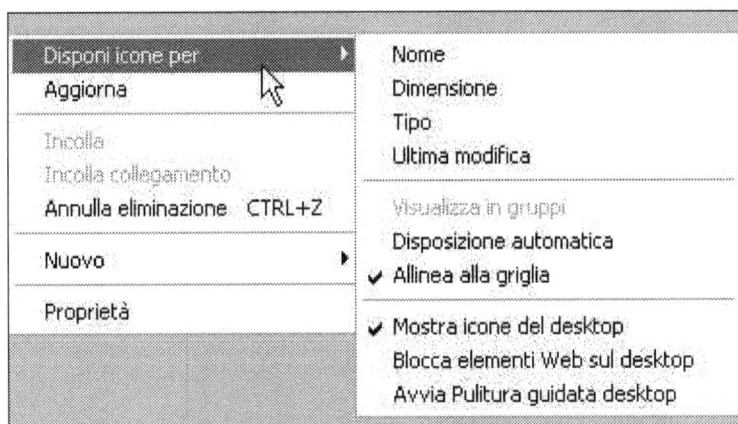

Osserva il sottomenu con attenzione.

4a - Se vedi un segno di spunta a fianco di "Disposizione automatica"

5a - clicca su "Disposizione automatica".

In questo modo le icone del desktop saranno libere di spostarsi dove vuoi tu.

4b - Se invece NON vedi un segno di spunta a fianco di "Disposizione automatica"

5b - NON cliccarci sopra.

Quando viene attivata, questa opzione dispone tutte le icone sulla parte sinistra del desktop e rimangono ancorate in questa posizione, anche se tenti di spostarle.

ORDINARE LE ICONE

Per ordinare le icone sul desktop,

1 - posiziona il puntatore su un punto vuoto del desktop

2 - clicca con il pulsante DESTRO

3 - dal menu contestuale posizionati su "Disponi icone per".

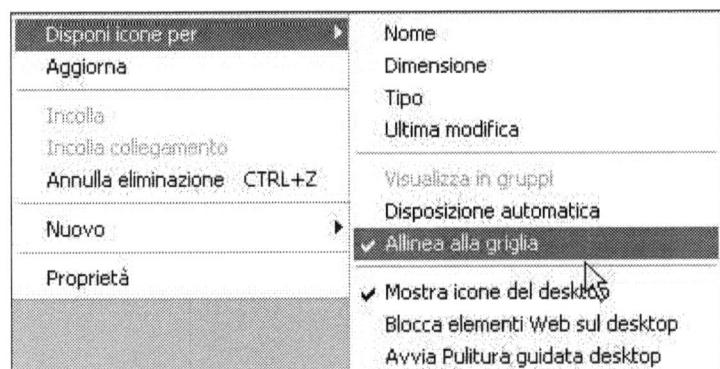

Osserva il sottomenu.

4 - Se manca il segno di spunta a fianco di "allinea alla griglia"

5 - clicca su "Allinea alla griglia".

Togliendo invece questa opzione, le icone potranno essere spostate anche di pochi millimetri!

CANCELLARE LE ICONE

Come già detto, le icone che hanno una freccetta curva in basso a sinistra, sono dei collegamenti. Se non ti servono puoi tranquillamente eliminarle. Potrai eventualmente ricrearle successivamente.

Un modo simpatico per cancellare un collegamento dal desktop è il seguente:

1 - posiziona il puntatore sopra l'icona

2 - trascina l'icona sopra il cestino e rilascia.

Altrimenti puoi eliminare con i metodi classici. Vedi Passo 2.5.

Titolo: PC da Zero - Guida facile e pratica per usare il computer - Autore: Gianni Crestani

Passo 2.9 - Trovare un documento o un file

LA FUNZIONE "CERCA" DI WINDOWS

Vuoi trovare velocemente un documento, un'immagine, o un generico file che si trova nel tuo PC ?

In Windows esiste una utility (il programma CERCA) che svolge questa funzione.

SE CONOSCI IL NOME DEL FILE O PARTE DI ESSO ...

Per cercare un documento (un testo, un foglio di calcolo ...),

1 - Clicca sul pulsante "Start"

2 - dal menu clicca su "Cerca"

3 - dalla finestra che si apre, clicca sulla voce "Documenti"

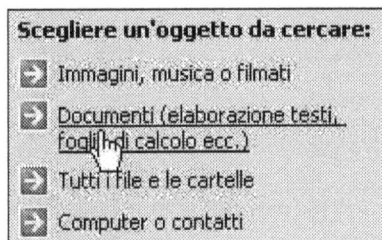

Scegliere un'oggetto da cercare:

- Immagini, musica o filmati
- Documenti (elaborazione testi, fogli di calcolo ecc.)
- Tutti i file e le cartelle
- Computer o contatti

4 - scrivi il nome o parte del nome del documento, nella casella apposita

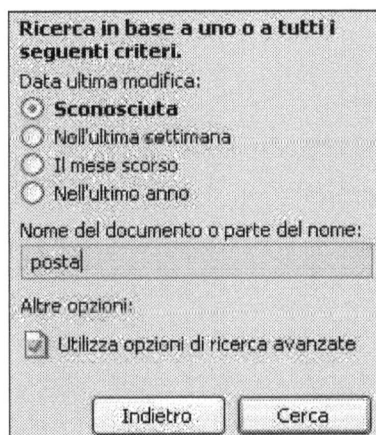

Ricerca in base a uno o a tutti i seguenti criteri.

Data ultima modifica:
- ⊙ **Sconosciuta**
- ○ Nell'ultima settimana
- ○ Il mese scorso
- ○ Nell'ultimo anno

Nome del documento o parte del nome:

| posta| |

Altre opzioni:

☑ Utilizza opzioni di ricerca avanzate

| Indietro | | Cerca |

5 - clicca sul pulsante "Cerca".

69

Nella parte destra della finestra verrà visualizzato un elenco dei file trovati.

Se vuoi sapere dove si trova esattamente il documento trovato,

6 - clicca sul pulsante Visualizza > Dettagli

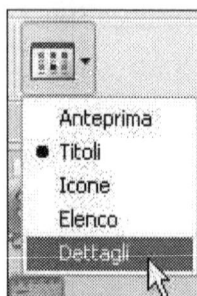

7 - se necessario, espandi la colonna "Nella cartella" con un doppio clic nell'intersezione delle colonne.

Nella cartella		Dimensione	Tipo
POWERPOINT/Cap04		72 KB	Presenta
F:\DocumentF\Biblioteca\Pate...		19 KB	Documer
F:\DocumentF\Biblioteca\Pate...		19 KB	Documer

Sulla prima colonna "Nella cartella" potrai leggere il percorso dei file trovati.

Se vuoi semplicemente vedere il documento trovato,

8 - fai doppio clic sopra l'icona che lo rappresenta.

SE CONOSCI UNA PAROLA SCRITTA ALL'INTERNO DEL DOCUMENTO

Forse non conosci il titolo del documento, ma ti ricordi che all'interno di esso hai scritto una particolare frase o parola.

Bene, allora puoi utilizzare le opzioni avanzate.

1 - Clicca sul pulsante "Start"

2 - dal menu clicca su "Cerca"

3 - dalla finestra che si apre, clicca sulla voce "Documenti"

4 - clicca su "Utilizza opzioni di ricerca avanzate"

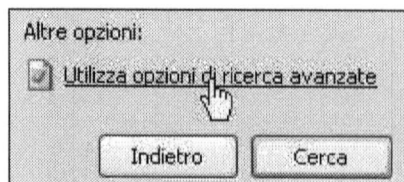

5 - scrivi nella casella "Una parola o una frase all'interno del

Titolo: PC da Zero - Guida facile e pratica per usare il computer - Autore: Gianni Crestani

documento"

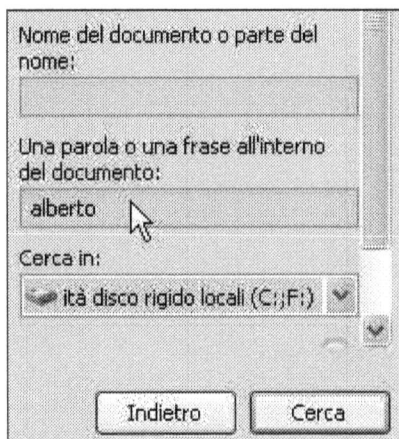

6 - clicca sul pulsante "Cerca".

SE CONOSCI IL PERIODO (O LA DATA) DEL DOCUMENTO (O FILE)

1 - Clicca sul pulsante "Start"

2 - dal menu clicca su "Cerca"

3 - dalla finestra che si apre, clicca sulla voce "Tutti i file e cartelle"

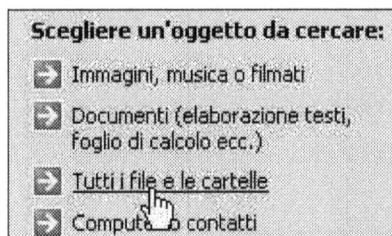

4 - clicca sul pulsante a destra della voce "Data di modifica".

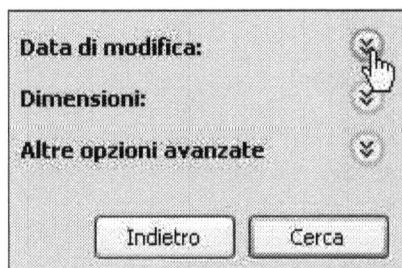

A questo punto puoi scegliere una opzione tra quelle proposte cliccando sul relativo pulsante,

oppure se sai il periodo in cui hai creato o modificato il file cercato,

5 - clicca sul pulsante di opzione "Specificare le date".

71

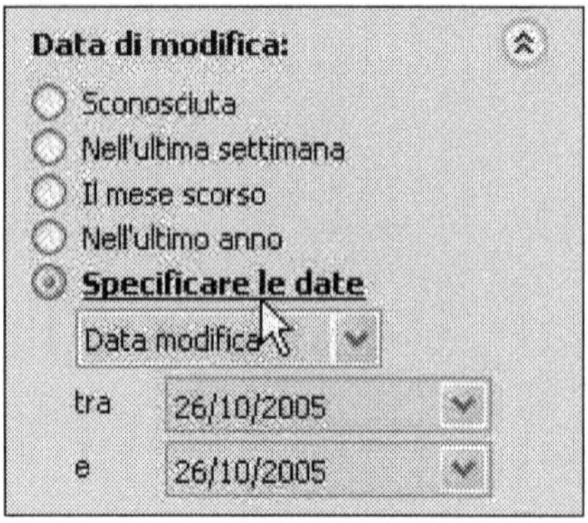
Data di modifica:
Sconosciuta
Nell'ultima settimana
Il mese scorso
Nell'ultimo anno
Specificare le date
Data modifica
tra
26/10/2005
e
26/10/2005

Verranno, in questo modo, attivate le caselle sottostanti.

6 - Clicca sul pulsante a destra della casella "tra".

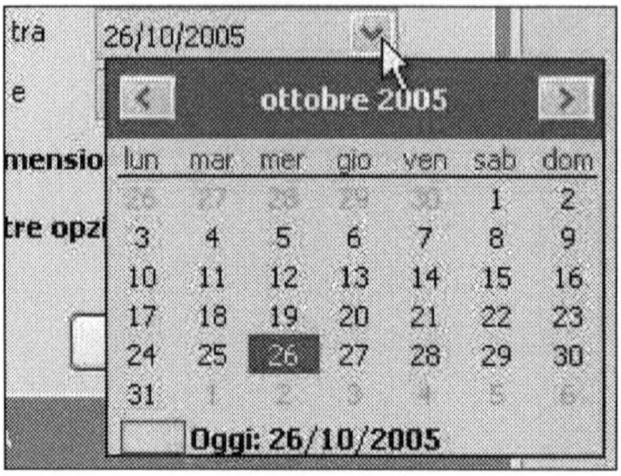
tra
26/10/2005
e
ottobre 2005
lun mar mer gio ven sab dom
1 2
3 4 5 6 7 8 9
10 11 12 13 14 15 16
17 18 19 20 21 22 23
24 25 26 27 28 29 30
31
Oggi: 26/10/2005

Si apre un piccolo calendario dal quale potrai indicare la data di inizio periodo (dove prima di allora il file, non è stato sicuramente modificato o creato).

7 - Clicca sui pulsanti indietro 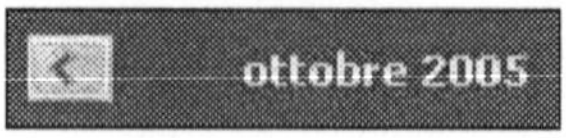
ottobre 2005

o avanti 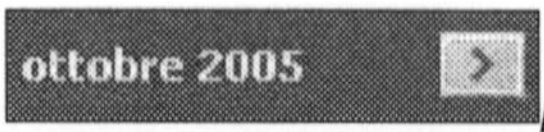
ottobre 2005
per scorrere i mesi

8 - clicca sul giorno presunto.

Il piccolo calendario viene chiuso automaticamente e rimane impressa nella casella la data scelta.

9 - Analogamente scegli la data di fine periodo (dove dopo di allora il file non è stato sicuramente modificato o creato)

10 - clicca sul pulsante "Cerca". 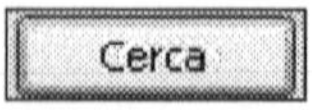
Cerca

SE CONOSCI LE DIMENSIONI DEL FILE ...

Una opzione utile della ricerca, è la possibilità di visualizzare tutti i file di grosse dimensioni, così da poter visualizzare i maggiori file che occupano molto spazio nel disco fisso del tuo PC, ed eventualmente decidere di cancellare quelli inutili.

1 - Clicca sul pulsante "Start"

2 - dal menu clicca su "Cerca"

3 - dalla finestra che si apre, clicca sulla voce "Tutti i file e cartelle"

4 - clicca sul pulsante a destra della voce "Dimensioni".

A questo punto puoi scegliere l'opzione "Grandi (oltre 1 Mb)" e cliccare su cerca per visualizzare tutti i file superiori a 1 Mb (equivalenti a 1024 Kb).

Oppure,

5 - clicca sul pulsante di opzione "Specifica dimensioni (in Kb)"

6 - lascia l'opzione "almeno"

7 – digita 10000 sulla casella a fianco

8 - clicca sul pulsante "Cerca".

In questo modo potrai vedere tutti i file delle dimensioni superiori a 10 Mb (pari a circa 10000 Kb).

Eseguita la ricerca,

9 - dalla finestra di destra, nella barra in alto, clicca su "Dimensione"

73

In questo modo ordinerai i file per dimensione.

Titolo: PC da Zero - Guida facile e pratica per usare il computer - Autore: Gianni Crestani

Passo 2.10 - Pulitura e Scandisk del disco fisso

Con il continuo uso, il tuo PC inizia a rallentare e la capacità del disco fisso si riduce sempre di più.

Per ovviare a questo, devi eseguire periodicamente la manutenzione del disco fisso.

La manutenzione del disco fisso consiste principalmente nell'eseguire tre operazioni:

pulitura

scandisk

deframmentazione.

PULIRE IL DISCO FISSO

Che cosa si intende per pulizia del disco fisso ?

Pulire il disco fisso, significa semplicemente cancellare dei file inutili.

Per eseguire la pulitura del disco fisso,

1 - clicca sul pulsante "Start" > "Risorse del computer"

2 - clicca con il tasto DESTRO sopra l'icona che rappresenta il tuo disco fisso

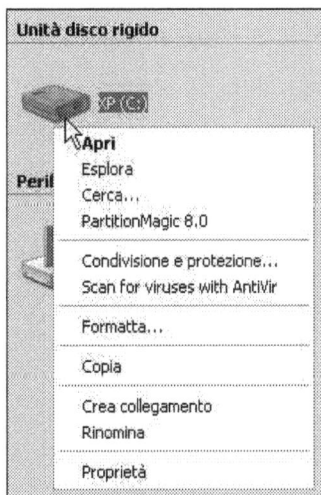

3 - dal menu contestuale clicca su "Proprietà".

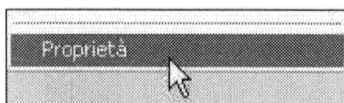

Dalla finestra apertasi, potrai rilevare la capacità del disco fisso, nonché lo spazio utilizzato e lo spazio disponibile (espressa in byte, GB e graficamente).

4 - Clicca sul pulsante "Pulitura disco".

Viene aperta la finestra di dialogo "Pulitura disco ...".

Qui puoi ottenere spazio libero eliminando i file proposti.

Se le caselle di controllo, non sono già selezionate (quadratino bianco vuoto

) devi cliccarci sopra, in modo da selezionarle (quadratino bianco con

segno di spunta).

5 - Seleziona la voce "File temporanei Internet"

6 - seleziona la voce "Cestino"

7 - seleziona la voce "File temporanei".

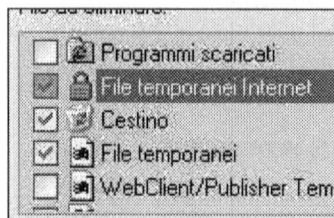

Per vedere invece, la descrizione dei file da eliminare,

8 - clicca sopra le "voci" e osserva la parte bassa della finestra.

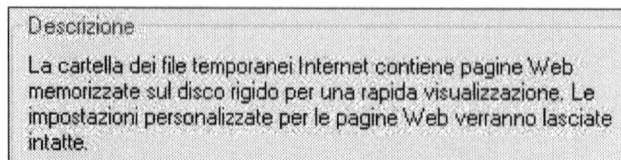

Descrizione

La cartella dei file temporanei Internet contiene pagine Web memorizzate sul disco rigido per una rapida visualizzazione. Le impostazioni personalizzate per le pagine Web verranno lasciate intatte.

9 - Clicca sul pulsante OK per eliminare i file

10 - clicca sul pulsante "Si" per confermare.

EFFETTUARE LO SCANDISK DEL DISCO FISSO

Lo SCANDISK è un programma che permette di controllare ed eventualmente riparare la presenza di errori contenuti nel disco fisso.

Titolo: PC da Zero - Guida facile e pratica per usare il computer - Autore: Gianni Crestani

Questi errori possono far funzionare male il sistema operativo e tutti i programmi installati.

Forse, ti sarà capitato di vedere avviato questo programma, dopo che il tuo PC si era spento per mancanza improvvisa di corrente elettrica.

Per avviare il programma Scandisk,

1 - Se ci sono programmi aperti, chiudili tutti.

2 - Clicca sul pulsante Start > Risorse del Computer

3 - clicca con il tasto DESTRO sopra l'icona che rappresenta il tuo disco fisso

4 - dal menu contestuale clicca su "Proprietà".

... E qui niente di nuovo!

Dalla finestra di dialogo "proprietà",

5 - clicca sulla scheda "Strumenti" (in alto a sinistra)

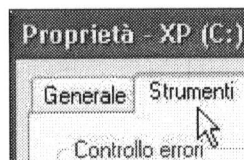

6 - clicca sul pulsante "Esegui ScanDisk...". Esegui ScanDisk...

Dalla finestra di dialogo "Controllo del disco",

7 - seleziona la casella di controllo "Correggi automaticamente gli errori del file system"

8 - clicca sul pulsante "Avvia". Avvia

Se si apre una finestra di avvertimento, nella quale è scritto

"Impossibile ottenere accesso esclusivo ad alcuni file di Windows ...",

9 - clicca sul "pulsante "Si"

Titolo: PC da Zero - Guida facile e pratica per usare il computer - Autore: Gianni Crestani

In questo modo la prossima volta che accenderai il tuo computer, lo scandisk verrà avviato automaticamente.

Se invece vuoi effettuarlo subito, riavvia il computer.

10 - Chiudi tutti i programmi aperti

11 - clicca sul pulsante "start"

12 - clicca su "Spegni computer"

13 - clicca sul pulsante "Riavvia".

Titolo: PC da Zero - Guida facile e pratica per usare il computer - Autore: Gianni Crestani

Passo 2.11 - La deframmentazione del disco fisso

COSA VUOL DIRE DEFRAMMENTARE

Con il continuo uso del PC, (installazione e disinstallazione di programmi, creazione e cancellazione di file e cartelle), cartelle e file si frammentano. Cosa vuol dire ?

Un file è frammentato, quando viene memorizzato in più punti del disco fisso. L'apertura di un file frammentato risulta lenta, perché il lettore del disco fisso deve saltare "qua e la" per leggere ed aprire il file.

Per eliminare questo rallentamento, dovuto alla frammentazione dei file, dovrai periodicamente deframmentare il disco fisso, ovvero, eliminare (o almeno diminuire) la frammentazione dei file.

OPERAZIONI PRELIMINARI

Prima di passare alla deframmentazione del disco fisso,

1 - Chiudi tutte le finestre ed i programmi eventualmente aperti.

2 - Disattiva lo screensaver (- tasto destro sul desktop - clic su proprietà - clic su scheda screensaver - dal menu a discesa seleziona "nessuno" - clic su ok).

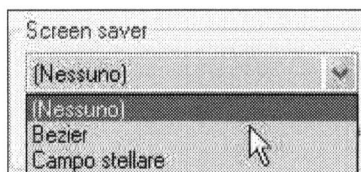

3 - Disattiva tutti i programmi che potrebbero avviarsi automaticamente (programmi in background).

Ovvero, dovrai disattivare i programmi che vedi rappresentati da una icona sulla barra delle applicazioni (generalmente in basso a destra) ed eventuali operazioni pianificate.

Per disattivare i programmi situati nella barra delle applicazioni,

Titolo: PC da Zero - Guida facile e pratica per usare il computer - Autore: Gianni Crestani

3a - clicca con il tasto destro su ogni icona ... e dal menu contestuale, a seconda del programma,

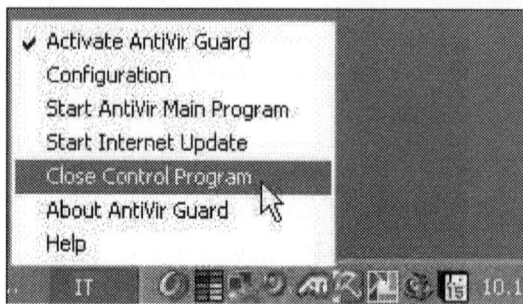

3b - clicca su "Esci" o "Chiudi" o "Shutdown" o "Interrompi" o "Close" o "Exit" o voci simili.

3c - Se necessario, conferma la scelta.

Per disattivare le operazioni pianificate,

4a - clicca sul pulsante "start" > "Pannello di controllo" > "Operazioni pianificate".

Dalla finestra che si è aperta,

4b - apri una ad una le operazioni (se esistono), e

4c - dalla finestra di dialogo togli il segno di spunta dalla casella di controllo "Attiva" (in basso a sinistra)

4d - clicca su ok per confermare.

PERCHE' DISATTIVARE I PROGRAMMI

La disattivazione dei programmi è necessaria, perché in caso contrario, l'eventuale avvio degli stessi, farà riavviare, in modo continuo, il programma di deframmentazione del disco fisso, con il rischio che tale processo non giunga mai a termine.

DEFRAMMENTARE IL DISCO FISSO

Per deframmentare il disco fisso,

1 - se ci sono programmi aperti, chiudili tutti.

2 - Clicca sul pulsante "start" > "Risorse del Computer"

3 - clicca con il tasto DESTRO sopra l'icona che rappresenta il disco

Titolo: PC da Zero - Guida facile e pratica per usare il computer - Autore: Gianni Crestani

fisso

4 - dal menu contestuale clicca su "Proprietà".

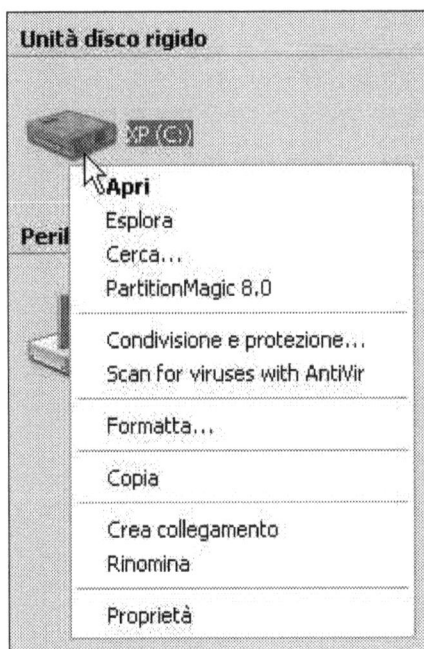

Unità disco rigido

XP (C:)

Apri
Esplora
Peri Cerca...
     PartitionMagic 8.0

Condivisione e protezione...
Scan for viruses with AntiVir

Formatta...

Copia

Crea collegamento
Rinomina

Proprietà

Dalla finestra di dialogo "Proprietà",

5 - clicca sulla scheda "Strumenti" (in alto a sinistra)

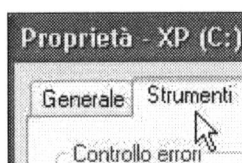

Proprietà - XP (C:)

Generale | Strumenti

Controllo errori

6 - clicca sul pulsante "Esegui Defrag...". | Esegui Defrag... |

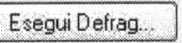

Viene aperta la finestra di dialogo "Utilità di deframmentazione dischi".

7 - Seleziona con un clic il disco fisso (C:)

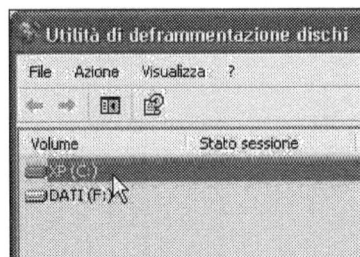

Utilità di deframmentazione dischi

File Azione Visualizza ?

Volume   Stato sessione

XP (C:)
DATI (F:)

81

8 - clicca sul pulsante deframmenta. | Deframmenta |

A questo punto, non devi usare il tuo PC, perché altrimenti la deframmentazione non giungerà mai a termine.

La deframmentazione, può durare dai 5 minuti alle 2, 3 ore o più, a seconda delle dimensioni del disco, della velocità del processore e della frammentazione stessa del disco fisso.

Esegui quindi tale operazione, nei momenti in cui il PC non viene usato.

Titolo: PC da Zero - Guida facile e pratica per usare il computer - Autore: Gianni Crestani

PERCHE' USARE IL PC SENZA MOUSE

Forse non tutti sanno che, esiste la possibilità di usare solo la tastiera per lavorare con il computer.

Questo potrebbe essere utile quando il mouse è fuori uso, ma non solo ...

Per molti comandi, torna più comodo usare la tastiera in sostituzione del mouse.

Per chi fa uso indiscriminato del mouse, usare comandi da tastiera, all'inizio potrebbe essere frustrante.

Ma il tempo impegnato ad imparare i comandi, sarà ampiamente recuperato quando si prenderà dimestichezza con gli stessi.

"NAVIGARE" CON LA TASTIERA

Vediamo subito un esempio pratico.

Apri Internet Explorer (oppure Opera o Firefox) e collegati al link

www.pcdazero.it/http://www.pcdazero.it/029c_usoilpc.php

Scorri la pagina con

i TASTI CURSORI SU e GIU. ⬆ ⬇

Oppure più velocemente,

scorri la pagina con

i tasti PAG-GIU e PAG-SU. Pag⬇ Pag⬆

Per andare a fondo pagina,

usa la combinazione di tasti CTRL+FINE **Ctrl** + **Fine**

(tieni premuto il tasto CTRL e premi il tasto FINE).

Per tornare a inizio pagina,

usa: CTRL+HOME. **Ctrl** + ⬉

Per visualizzare la pagina a schermo intero,

83

premi il TASTO F11. **F11**

Ripremi il tasto F11 **F11** *per tornare a schermo normale.*

Per aprire la finestra di dialogo "Trova",

usa: CTRL+F **Ctrl** + **F**

(tieni premuto il tasto CTRL e premi il tasto F).

COMPILARE UNA FINESTRA DI DIALOGO

Aperta la finestra di dialogo "Trova" puoi continuare ad usare la tastiera.

Dopo aver inserito la parola che stai cercando (ad esempio "tastiera"),

premi il tasto:

TAB **⇥**

per spostarti in avanti tra le varie opzioni,

MAIUSC+TAB **⇧** + **⇥**

per spostarti indietro tra le varie opzioni,

BARRA SPAZIATRICE [_____]

per mettere la spunta sulle caselle di controllo (i quadratini per intendersi).

Oppure per aprire i menu a discesa,

(Premi ancora TAB)

premi i TASTI CURSORI **→ ↑ ← ↓**

per scegliere un pulsante di opzione o una voce da un menu a discesa (i cerchietti per intendersi).

Premi INVIO **↵**

per confermare le scelte e chiudere la finestra di dialogo (non sempre valido!).

Premi ESC **Esc**

per chiudere la finestra di dialogo e annullare le scelte.

Queste combinazione di tasti valgono in generale per tutte le

Titolo: PC da Zero - Guida facile e pratica per usare il computer - Autore: Gianni Crestani

finestre di dialogo di tutti i programmi.

Anche per Word, Excel, Openoffice ... ed anche nella compilazioni di forms da pagine web.

Titolo: PC da Zero - Guida facile e pratica per usare il computer - Autore: Gianni Crestani

Passo 2.13 - Personalizzare il pulsante START

DOPPIO MENU O MENU CLASSICO ?

In Windows XP Il menu aperto dal pulsante START è principalmente diviso in due menu verticali (salvo modifiche eseguite precedentemente).

Per avere un unico menu (stile "Windows 98"),

1 - clicca con il pulsante DESTRO sopra il pulsante "start"

2 - dal menu contestuale, clicca su "Proprietà"

3 - clicca sul menu di opzione "Menu di avvio classico"

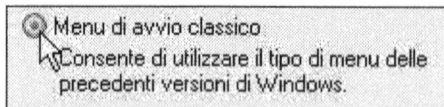

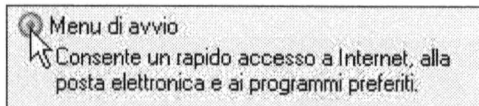

> Menu di avvio classico
> Consente di utilizzare il tipo di menu delle precedenti versioni di Windows.

4 - clicca su OK (o Applica).

Viceversa per tornare a visualizzare il doppio menu dal pulsante "start",

1 - clicca con il pulsante DESTRO sopra il pulsante "start"

2 - dal menu contestuale, clicca su "Proprietà"

3 - clicca sul menu di opzione "Menu di avvio"

> Menu di avvio
> Consente un rapido accesso a Internet, alla posta elettronica e ai programmi preferiti.

4 - clicca su OK (o Applica).

IL MENU DI AVVIO ... QUESTO SCONOSCIUTO !

Vediamo ora di capire come è strutturato il menu di avvio start.

1 - Clicca sul pulsante "start".

> Calcolatrice
> Blocco note
> xnview
> Microsoft Excel
> Microsoft Access
> Microsoft PowerPoint
> AVG Free Control Center

Titolo: PC da Zero - Guida facile e pratica per usare il computer - Autore: Gianni Crestani

Il menu di sinistra è diviso da una leggera linea orizzontale.

Sotto tale linea, sono elencati gli ultimi programmi che sono stati aperti (e non inclusi nella parte superiore).

Con un clic, da questo menu, li puoi aprire.

Sopra sono elencati i programmi che generalmente dovrebbero essere maggiormente usati.

Mentre i collegamenti ai programmi sopra la linea divisoria rimangono fissi, nella parte bassa cambiano in funzione delle ultime applicazioni aperte.

E' da tenere presente, comunque, che tutti i programmi elencati sul menu di sinistra li puoi sempre trovare cliccando "Start > Tutti i programmi".

PERSONALIZZARE IL MENU DI AVVIO SINISTRO

Per spostare un collegamento di un programma aperto di recente, situato nella parte inferiore,

1 - dopo aver cliccato sul pulsante "start"

2 - posiziona il puntatore sopra il programma prescelto

3 - clicca e tieni premuto il pulsante del mouse

4 - sposta il puntatore sopra la linea divisoria

5 - rilascia il pulsante del mouse.

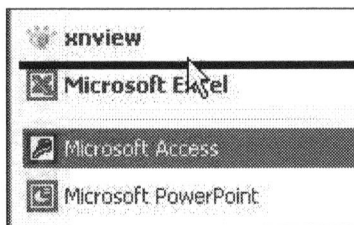

Se invece, vuoi eliminare un collegamento dal menu di avvio sinistro (N.B.: elimini solo il collegamento non il programma),

1 - clicca sul pulsante "start"

2 - posiziona il puntatore sopra il collegamento da eliminare

3 - clicca con il pulsante destro del mouse

4 - dal menu contestuale, scegli "Rimuovi da elenco".

87

AMPLIARE IL MENU DI AVVIO

Per avere maggiori collegamenti sul menu di avvio, si devono ridimensionare le icone.

1 - Clicca con il pulsante destro sopra il pulsante "start"

2 - dal menu clicca su "Proprietà"

3 - clicca sul pulsante "Personalizza ..."

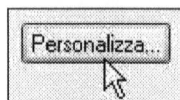

| Personalizza... |

4 - clicca sul pulsante di opzione "Icone piccole"

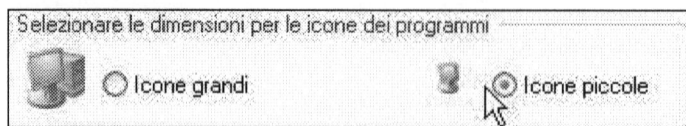

Selezionare le dimensioni per le icone dei programmi

○ Icone grandi   ◉ Icone piccole

5 - clicca su OK e ancora, su OK.

Titolo: PC da Zero - Guida facile e pratica per usare il computer - Autore: Gianni Crestani

Passo 2.14 - Personalizzare - icone, data, ora, e audio

ICONE NASCOSTE

In basso a destra del desktop, accanto all'orologio, si trovano alcune piccole icone che rappresentano programmi attivi o semi attivi. Ovvero, parlando in gergo informatico: sono programmi che operano in background. Solitamente vengono visualizzati solamente quelli attivi per non occupare troppo spazio nella barra delle applicazioni.

Hai la possibilità di visualizzare tutte le icone della *system tray* (così viene chiamata l'area di queste icone), nel modo seguente.

1 - Clicca con il tasto destro su un punto vuoto della barra delle applicazioni

2 - dal menu contestuale clicca su "Proprietà"

3 - dalla scheda "Barre delle applicazioni" togli la spunta dalla casella di controllo "Nascondi Icone Inattive"

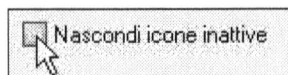

4 - clicca su "OK" o su "Applica" per confermare la scelta.

Puoi personalizzare in dettaglio la vista delle icone suddette.

1 - Clicca con il tasto destro su un punto vuoto della barra delle applicazioni

2 - dal menu contestuale clicca su "Proprietà"

3 - dalla scheda "Barre delle applicazioni" spunta la casella di controllo "Nascondi Icone Inattive"

Titolo: PC da Zero - Guida facile e pratica per usare il computer - Autore: Gianni Crestani

4 - clicca sul pulsante "Personalizza ...".

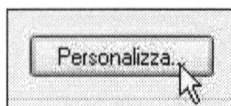

Personalizza.

Verrà aperta una finestra di dialogo dove saranno elencate le *notifiche*.

Per ogni icona, potrai scegliere di:

- Nasconderla se inattiva, oppure

- Nasconderla sempre, oppure

- Mostrarla sempre.

Elementi correnti

Utilizzo CPU: 0%
ControlCenter2
ZoneAlarm
AVG Free Edition - Control Center

Nascondi se inattivo
Nascondi se inattivo
Nascondi sempre
Mostra sempre
Nascondi se inattivo

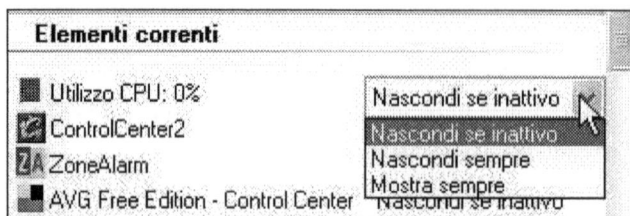

5 - Clicca sopra la voce "Nascondi se inattivo"
6 - dal menu a discesa clicca sulla scelta desiderata
7 - clicca su "OK" per confermare.

DATA E ORA

In basso a destra del desktop si trova generalmente l'orario corrente.

Se non è visualizzato, prova a visualizzarlo in questo modo:

1 - clicca con il tasto destro su un punto vuoto della barra delle applicazioni

2 - dal menu contestuale clicca su "Proprietà"

3 - spunta la casella di controllo "Mostra orologio".

Mostra orologio

Hai bisogno di regolare la data o l'ora del tuo computer ?

1 - Fai doppio clic sopra l'orario.

Verrà aperta la finestra di dialogo "Proprietà - Data e ora".

2 - Clicca sul relativo menu a discesa per cambiare il mese

Titolo: PC da Zero - Guida facile e pratica per usare il computer - Autore: Gianni Crestani

3 - clicca sul pulsante di incremento o decremento per modificare l'anno

4 - clicca sul numero del mese per cambiare il giorno

5 - clicca sul pulsante di incremento o decremento per regolare la relativa ora

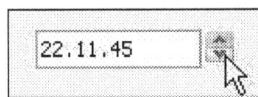

6 - clicca su OK per confermare, oppure su "Annulla" per annullare le modifiche.

Se sei collegato ad Internet puoi sincronizzare l'orario.

Ovvero, puoi regolare l'orologio del tuo computer con l'ora esatta!

1 - Fai doppio clic sopra l'orario

2 - clicca sulla scheda "Ora Internet"

3 - clicca sul pulsante "Aggiorna"

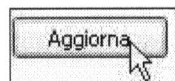

4 - attendi qualche secondo.

Se la sincronizzazione è andata a buon fine, nella stessa finestra di dialogo

91

uscirà il messaggio "L'ora è stata sincronizzata con ...".

AUDIO - VOLUME

Tra le icone, cosiddette in background, troviamo l'icona relativa all'audio. Per essere certo della sua identità, posiziona il puntatore sopra di essa e attendi qualche secondo.

Verrà visualizzato un messaggio: "Volume".

Per regolare il volume,

1 - fai un clic sull'icona Volume

2 - trascina la maniglia in su o in giù per aumentare o diminuire il volume.

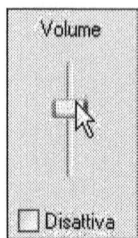

Per disattivare l'audio, ovvero, per non sentire alcun rumore proveniente dalle casse audio del computer,

1 - fai un clic sull'icona Volume

2 - spunta con un clic la casella di controllo "Disattiva".

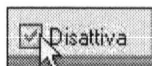

Titolo: PC da Zero - Guida facile e pratica per usare il computer - Autore: Gianni Crestani

SCRIVERE TESTI CON WORD

Per scrivere una lettera, un libro, una tesi, o un semplice cartello "Non Fumare" occorre un programma di elaborazione testo.

Queste lezioni fanno riferimento al programma più conosciuto: Microsoft Word 2000.

Un altro elaboratore di testi è Openoffice-Writer (gratuito) molto simile a Word.

Titolo: PC da Zero - Guida facile e pratica per usare il computer - Autore: Gianni Crestani

Passo 3.1 - Conoscere la finestra del programma

SCRIVERE TESTO

Per scrivere del semplice testo con il computer, si può tranquillamente usare dei programmi che vengono installati insieme al sistema operativo. Su windows troviamo *BLOCCO NOTE* e *WORDPAD*.

BLOCCO NOTE

Blocco note, come dice il nome è un semplice foglio di appunti sul quale possiamo scrivere semplicemente delle note ed eventualmente stamparle. Ha il vantaggio di occupare poco spazio di memoria.

WORDPAD

Con Wordpad oltre a scrivere del testo, si può modificarlo, ingrandendo alcuni caratteri, allineando il testo, colorandolo, eseguire alcune piccole modifiche.

WORD

Il programma di elaborazione testi per eccellenza è *WORD* .
Con questo programma (che fa parte del pacchetto Office di Microsoft) si possono redigere interi libri, completi di immagini e tabelle, note, intestazioni e gestire il tutto in modo molto facile e automatico.

IL PIU' DIFFUSO

Nell'esporre le istruzioni di come usare un elaboratore testi, farò riferimento al programma Word semplicemente perché è il programma più diffuso. Le istruzioni che sono qui descritte (specialmente quelle di base), sono comunque comuni a tutti i programmi di elaborazione testi.

APRIRE WORD

Iniziamo quindi ad aprire il programma.

1 - Clicca su "start"

2 - posiziona il puntatore su "Tutti i programmi"

Titolo: PC da Zero - Guida facile e pratica per usare il computer - Autore: Gianni Crestani

3 - clicca su "Microsoft Word".

DOCUMENTO WORD

Appare la finestra del programma,

ed automaticamente si apre un *DOCUMENTO* vuoto (bianco).

Facendo un paragone, è come se venisse posata sulla scrivania la macchina da scrivere (il programma Word) e automaticamente venga infilato un foglio bianco (documento) su di essa.

Un documento di Word non è un unico foglio ma potrà diventare un intero libro di 10, 100, 1000 e più pagine.

Quindi Word è un programma (macchina da scrivere),

e un documento word è l'opera creata dal programma Word.

BARRA DEL TITOLO

A questo documento il programma dà un nome (un titolo) e lo nomina documento1.

Questo nome lo vedi scritto in alto sulla *BARRA DEL TITOLO*,

dove si trovano anche i pulsanti di controllo finestra (riduci a icona, ingrandisci/ripristina e chiudi).

BARRA DEI MENU

Appena sotto la barra del titolo trovi la *BARRA DEI MENU*,

nella quale ci sono tutti i comandi che permetto di gestire il documento.

BARRA DEGLI STRUMENTI STANDARD FORMATTAZIONE

Più sotto c'è la *BARRA DEGLI STRUMENTI STANDARD* e la *BARRA DELLA FORMATTAZIONE* .

Queste contengono alcuni comandi che già esistono nella barra dei menu ma sono più comodi da usare.

RIGHELLO - BARRE DI SCORRIMENTO - DOCUMENTO

Trovi poi il *RIGHELLO* (la barra con i numerini) che indica le misure del foglio e serve anche per gestire il testo.

Le *BARRE DI SCORRIMENTO ORIZZONTALE E VERTICALE* vengono usate per scorrere il testo quando la finestra non permette di vedere l'intero

Titolo: PC da Zero - Guida facile e pratica per usare il computer - Autore: Gianni Crestani

documento in un unica schermata.

Infine al centro trovi il **DOCUMENTO** (foglio bianco) nel quale puoi subito iniziare scrivere.

BARRA DI STATO

Un'ultima componente, ma non per questo ultima di importanza, è la **BARRA DI STATO**.

Quest'ultima, si trova in fondo alla finestra, dove potrai leggere informazioni sul documento, informazioni relative ai comandi in uso, oltre ad alcuni ulteriori comandi.

Titolo: PC da Zero - Guida facile e pratica per usare il computer - Autore: Gianni Crestani

Passo 3.2 - Conoscere la tastiera

LA TASTIERA

Bene iniziamo finalmente a scrivere, e cerchiamo di conoscere meglio il secondo oggetto che ci permette di dialogare con il computer:
LA TASTIERA.

IL CURSORE

Il **CURSORE** è quella barra verticale che lampeggia sul documento. A destra del cursore verrà impresso il carattere corrispondente al tasto premuto da tastiera. Tieni quindi sempre "d'occhio" quella barra lampeggiante, prima di premere un tasto!

IL MIO PRIMO DOCUMENTO

Scrivi con la tastiera:

Il mio primo documento.

COME SI FA ... ?

E qui subito potresti avere già dei *DUBBI*.

Come posso dividere le parole ?

Come faccio a scrivere in minuscolo o in maiuscolo ?

Come si fa cancellare ?

Alt, una cosa alla volta !

DIVIDERE LE PAROLE con la BARRA SPAZIATRICE

Per dividere una parola,

prima di scrivere la successiva,

premi la BARRA SPAZIATRICE.

La BARRA SPAZIATRICE si trova in basso al centro della tastiera

(è l'unico tasto che non ha impresso nessun segno).

CANCELLARE CON IL TASTO BACKSPACE

Osserva ora il cursore.

Lo vedi lampeggiare a destra dell'ultimo carattere che hai scritto.

←

Premi da tastiera il tasto BACKSPACE (è in alto a destra della tastiera ed

Titolo: PC da Zero - Guida facile e pratica per usare il computer - Autore: Gianni Crestani

è rappresentato da una freccia sinistra lunga).

Il carattere che si trova a sinistra del cursore viene cancellato.

SPOSTARE IL CURSORE CON I TASTI CURSORE

Ora premi da tastiera il TASTO CURSORE sinistro.
I tasti cursori li trovi in basso a destra della tastiera e
sono rappresentati da 4 frecce.

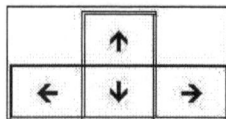

Il cursore (quello che lampeggia sul documento) si è spostato senza però
cancellare alcun carattere.

Premi più volte il tasto cursore sinistro fino a portare il cursore all'inizio della
parola documento.

CANCELLARE CON IL TASTO CANC

Premi il TASTO CANC. E' in alto a destra della tastiera ed è
rappresentato dalla scritta CANC.

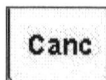

Il carattere che si trova a destra del cursore viene cancellato.

> Canc

CANCELLARE E SCRIVERE IN MEZZO AL TESTO

Cancella ora la parola primo ***e scrivi al suo posto la parola*** secondo.
Osserva. *MENTRE CANCELLI*, le parole che si trovano a destra del cursore
si spostano a sinistra in modo da non lasciare spazi vuoti.

E viceversa, *MENTRE SCRIVI*, le parole a destra del cursore si spostano a
destra per lasciare spazio alle nuove parole digitate.

IL TASTO HOME

Premi il TASTO HOME. E' a destra della tastiera ed è
rappresentato da una freccia obliqua rivolta in alto a sinistra.

Il cursore si sposta all'inizio del testo (sulla stessa riga).

IL TASTO FINE

Premi il TASTO FINE. E' a destra della tastiera ed è
rappresentato dalla scritta FINE.

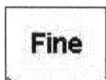

> Fine

Il cursore si sposta alla fine del testo (sulla stessa riga).

IL TASTO INVIO O ENTER

Premi il TASTO INVIO o ENTER. E' a destra della tastiera ed è

> ↵
> Invio

Titolo: PC da Zero - Guida facile e pratica per usare il computer - Autore: Gianni Crestani

rappresentato da una freccia sinistra terminante con una linea rivolta verso l'alto.

Il cursore si sposta giù creando una riga.

ELIMINARE UNA RIGA o meglio ELIMINARE UN PARAGRAFO

Se premi ora il tasto backspace,

la riga viene cancellata riportando il cursore sulla riga superiore.

Ogniqualvolta desideri eliminare una riga,

posiziona il cursore all'inizio della riga e premi il tasto backspace.

Oppure,

posiziona il cursore alla fine della riga e premi il tasto canc.

Più precisamente, viene eliminato il *PARAGRAFO* e ci si dovrebbe posizionare rispettivamente:

all'inizio della prima riga del paragrafo o alla fine dell'ultima riga del paragrafo.

IL PARAGRAFO

Un testo può essere composto da uno o più paragrafi.

La riga che hai appena scritto e' un paragrafo.

Un paragrafo termina quando premi invio da tastiera per passare a scrivere il paragrafo successivo.

Un paragrafo può essere composta da una o più righe di testo.

Premi il tasto fine e premi invio.

Scrivi il seguente testo senza mai premere il tasto invio:

Ora inizio a scrivere un nuovo paragrafo e questo paragrafo sarà composto da più righe perché alla fine della riga non premo il tasto invio, ma continuo a scrivere finché il testo raggiunge la fine della riga e automaticamente le parole che scrivo vanno a capo.

Premi ora il tasto invio.

IL COMANDO MOSTRA / NASCONDI

Per distinguere i paragrafi che si trovano sul testo,

porta il puntatore del mouse nella barra standard sopra l'icona (il comando) **MOSTRA/NASCONDI** (rappresentato da una P rovescia) e

99

clicca.

Sul testo compaiono delle P rovesce.

Queste P rovesce rappresentano la fine del paragrafo.

Clicca nuovamente su mostra/nascondi per nasconderle.

IL TASTO BLOCCA MAIUSCOLE

Dopo questa piccola divagazione, riprendiamo con la tastiera !

Premi il tasto BLOCCAMAIUSCOLE (è a sinistra della tastiera ed

è rappresentato da un lucchetto), e *scrivi:*

SCRIVO IN MAIUSCOLO.

Ripremi il tasto bloccamaiuscole e scrivi:

scrivo in minuscolo.

Nota: Quando inizi un nuovo paragrafo o dopo aver digitato un punto, il programma Word automaticamente cambia il primo carattere da minuscolo a maiuscolo.

Osserva inoltre che ogniqualvolta premi il tasto bloccamaiuscole per abilitare il maiuscolo, sulla tastiera si accende una spia,

Quando invece viene disabilitato il maiuscolo, la spia si spegne.

IL TASTO MAIUSC

Disabilita il maiuscolo con il tasto bloccamaiuscole.

Puoi scrivere in maiuscolo usando anche il tasto MAIUSC.

Però non devi semplicemente cliccarlo,

ma *devi premerlo e mantenerlo premuto mentre con un altro dito premi un altro carattere.*

TASTI CON PIU' CARATTERI

Osserva la tastiera.

Su alcuni tasti sono impressi più di un carattere (ad esempio tutti i tasti con i numeri hanno in alto un altro carattere).

Se premi i tasti con i numeri, sul documento vengono scritti i rispettivi numeri.

Per scrivere i caratteri che si trovano nella parte alta dei tasti, devi necessariamente tenere premuto il tasto MAIUSC.

Titolo: PC da Zero - Guida facile e pratica per usare il computer - Autore: Gianni Crestani

TASTI CON TRE CARATTERI

Alcuni tasti hanno impresso tre caratteri.

Il terzo carattere (quello di destra - e questo è valido anche per il tasto con la

e € di euro, anche se ha solo due caratteri),

può essere scritto sul documento,

| Alt Gr |

tenendo premuto in questo caso il tasto ALTGR .

IL TASTO CTRL

Il tasto *CTRL* viene usato in combinazione con altri tasti per eseguire

comandi da tastiera in modo veloce, senza usare il mouse.

| Ctrl |

Lo trovi in basso a sinistra ed in basso a destra della tastiera.

Titolo: PC da Zero - Guida facile e pratica per usare il computer - Autore: Gianni Crestani

Passo 3.3 - Salvare, chiudere ed aprire i documenti

SALVARE

Ora che sai come scrivere, vorrai sapere come *SALVARE* il lavoro (il testo) che hai creato.

SALVARE - PERCHE' ?

Perché salvare ?

Devi sapere che quello che viene scritto sul monitor, viene memorizzato nella memoria **RAM**.

Quando il computer viene spento, tutto il contenuto della memoria **RAM** si svuota.

Pertanto per poter rivedere sul tuo computer il testo che hai scritto (e qualsiasi altro lavoro) devi *SALVARLO*.

SALVARE - COSA SIGNIFICA ?

Salvare, significa quindi, memorizzare i dati in una **UNITA' DISCO**.

SALVARE - QUANDO ?

Questa operazione la devi eseguire spesso, anche ogni cinque minuti.

Questo perché se dopo aver lavorato sul computer per molte ore e senza eseguire un salvataggio, viene a mancare la corrente o si blocca il pc, tutto quel lavoro lo devi rifare da capo.

SALVARE - COME ?

Per salvare un documento word,

1 - clicca su "File" (dalla barra dei menu)

2 - e (dal menu che appare) clicca su "Salva".

Appare questa finestra.

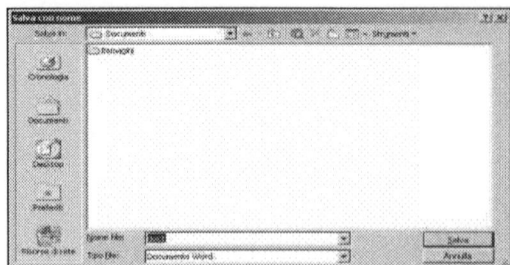

Titolo: PC da Zero - Guida facile e pratica per usare il computer - Autore: Gianni Crestani

Questa finestra ti propone:

- di salvare il tuo documento word all'interno della cartella documenti (salva in: documenti);

- di nominare il tuo documento doc1 (Nome file: doc1).

Per ora queste impostazioni ti possono andare bene e quindi,

3 - clicca sul pulsante "Salva" (in basso a destra della finestra).

Bene, hai salvato il tuo primo documento.

SALVARE USANDO L'ICONA SALVA

Ora puoi aggiungere al documento delle frasi, tipo:

Ora eseguo delle modifiche al documento

e salvare quindi le modifiche in questo modo:

1a - clicca su file e poi su salva oppure,

1b - clicca direttamente sull'icona salva dalla barra del menu.

Cosa succede? ... Apparentemente nulla,

ma in realtà il computer ha eseguito l'operazione di salvataggio in modo "automatico".

Ha aggiornato il documento "doc1" all'interno della cartella "documenti".

CHIUDERE UN DOCUMENTO

Per chiudere il documento,

1 - dalla barra del menu, clicca su "File", quindi su "Chiudi",

oppure **clicca sull'icona (x) in alto a destra (ce ne sono due ! Clicca su quella più bassa, altrimenti chiudi l'intero programma).**

Hai ora davanti uno schermo grigio.

Il programma word è attivo ma non c'è nessun documento aperto.

DIMENTICARSI DI SALVARE ... NO PROBLEM !

Se provi ora ad aggiungere qualche altra frase, tipo:

Continuo a modificare il documento ,

e provi a chiudere la finestra dimenticandoti di salvare,

il documento non viene subito chiuso,

ma Word ti avverte che ci sono state delle modifiche e ti propone di:

Titolo: PC da Zero - Guida facile e pratica per usare il computer - Autore: Gianni Crestani

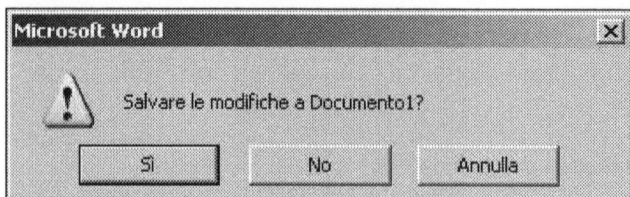

Microsoft Word ☒

⚠ Salvare le modifiche a Documento1?

| Sì | No | Annulla |

1) salvarle *(clicca su "Si")*.

2) non salvarle *(clicca su "No")*.

3) annullare il comando "Salva" *(clicca su "Annulla")*.

APRIRE UN NUOVO DOCUMENTO

Per aprire un documento nuoovo,

1 - dalla barra del menu, clicca su "File"

2 - quindi clicca su "Nuovo"

3 - dalla finestra di dialogo clicca sul pulsante "Ok" in basso a destra, oppure più semplicemente, *clicca sull'icona "Nuovo documento vuoto"* (sulla barra degli strumenti standard).

Prosegui seguendo il prossimo esercizio.

1 - Scrivi la seguente frase:

Ho aperto un nuovo documento.

2 - Salva il documento nella cartella "Documenti" e nominalo "doc2".

Per eseguire questa operazione: *clicca su "File" e poi su "Salva";*

Ora clicca sulla casella bianca a destra di "nome file", cancella il suo contenuto e scrivi **doc2**. Non dimenticare di cliccare sul comando salva a destra della casella "nomefile"

3 - Chiudi il documento (solo il documento e non il programma).

Hai ancora davanti uno schermo grigio.

APRIRE UN DOCUMENTO ESISTENTE

Per aprire un documento esistente (ad esempio il documento doc2),

1 - dalla barra del menu, clicca su "File", quindi su "Apri", oppure clicca sull'icona "Apri" sulla barra degli strumenti standard

2 - dalla finestra di dialogo seleziona con un clic il documento "doc2", clicca quindi sul pulsante "Apri" in basso a destra,

oppure clicca due volte in rapida successione sul documento da aprire.

Titolo: PC da Zero - Guida facile e pratica per usare il computer - Autore: Gianni Crestani

Passo 3.4 - Selezionare e formattare il testo

FORMATTARE

FORMATTARE un testo significa cambiarlo di forma:

ad esempio centrare il testo, ingrandirlo, metterlo in grassetto, eccetera.

ALLINEARE IL TESTO

SINISTRO

CENTRATO

DESTRO

Apri l'applicazione (programma) Microsoft word.

Nel documento appena aperto, scrivi le seguenti frasi:

Allineamento a sinistra

Allineamento al centro

Allineamento a destra

Ora porta il cursore (il cursore non è il puntatore !) *su qualsiasi punto della seconda riga* (ovvero, cliccaci sopra).

Porta il puntatore sopra la barra della formattazione sull'icona "centra"

e CLICCA. Come risultato ottieni questo:

Allineamento al centro

Allinca ora a destra la terza riga con lo stesso metodo,

cliccando in questo caso su "allinea a destra"

Allineamento a destra

Se non ricordi bene l'esatta icona, porta il puntatore del mouse sopra la presunta icona e aspetta qualche secondo prima di cliccare.

Titolo: PC da Zero - Guida facile e pratica per usare il computer - Autore: Gianni Crestani

Vedrai apparire un messaggio sintetico che ti indica la funzione dell'icona.

Salva ora il documento nella cartella documenti con il nome allineare.

ALLINEAMENTO GIUSTIFICATO

Chiudi il documento precedente. Aprine uno nuovo e scrivi la seguente frase:

Con questo terzo esercizio, imparo ad usare l'allineamento giustificato. Per far questo, devo scrivere un testo di almeno tre righe senza mai usare il tasto "invio" per andare a capo. Se non ho ancora scritto tre righe continuo a scrivere, scrivere, scrivere, ... scrivere !!

Per applicare l'allineamento giustificato al paragrafo appena scritto, *posiziona il cursore all'interno del paragrafo, quindi clicca sul*

comando "giustifica" *sulla barra della formattazione.*

Il testo si presenta così:

Con questo terzo esercizio, imparo ad usare l'allineamento giustificato. Per far questo, devo scrivere un testo di almeno tre righe senza mai usare il tasto "invio" per andare a capo. Se non ho ancora scritto tre righe continuo a scrivere, scrivere, scrivere, ... scrivere !!

Salva il documento nella cartella documenti con il nome giustifica.

SELEZIONARE IL TESTO

Per procedere ora alla formattazione, devi sapere come selezionare il testo.

Per selezionare una parola o una frase puoi usare il mouse o la tastiera.

Con il mouse:

porta il puntatore del mouse all'inizio della parola, quindi,

tenendo premuto il pulsante sinistro del mouse,

sposta il mouse fino a selezionare la parola o frase.

Con la tastiera:

porta il cursore all'inizio della parola,

106

tenendo premuto il tasto delle maiuscole (MAIUSC),
premi i TASTI CURSORE per selezionare la parola.

GRASSETTO ⬛G⬛ - CORSIVO ⬛C⬛ - SOTTOLINEATO ⬛S⬛

Chiudi il documento precedente. Aprine uno nuovo e scrivi la seguente
frase:

Scrivo in Grassetto, quindi in Corsivo, infine sottolineo.
Gli elementi di un computer si distinguono in Hardware e Software. Per
hardware intendo gli elementi che compongono il computer, quali la
CPU, il disco fisso, la scheda video, la scheda audio, etc.

Seleziona la parola Grassetto.
Vedrai la parola presentarsi così: **"Scrivo in Grassetto, quindi ... "** .

Porta il puntatore sull'icona grassetto ⬛G⬛ *e clicca.*
La parola, ora è in grassetto.
Ora per deselezionare la parola *clicca su qualsiasi punto del documento,*
oppure, *premi un tasto cursore da tastiera.*
Per formattare in corsivo o sottolineare frasi e parole devi usare in modo

analogo le icone "corsivo" ⬛C⬛ e "sottolineato" ⬛S⬛ .
Formatta il testo appena scritto nel modo seguente:

Scrivo in **Grassetto**, quindi in *Corsivo* , infine sottolineo . Gli elementi di un
computer si distinguono in **Hardware** e **Software**. Per hardware intendo gli
elementi che compongono il computer, quali la CPU, il disco fisso , la
scheda video , la scheda audio , etc.

Salva ora il documento nella cartella documenti con il nome grassetto-
corsivo-sottolineato.

Titolo: PC da Zero - Guida facile e pratica per usare il computer - Autore: Gianni Crestani

Passo 3.5 - Copiare, incollare, cambiare le dimensioni e lo stile del testo

COPIARE

A volte è molto noioso riscrivere parole o intere frasi già scritte.

Word (ma non solo Word, ma qualsiasi altro programma), ti permette di copiare parole, frasi o interi documenti con i comandi *COPIA* ed *INCOLLA*.

COPIA [icona] E INCOLLA [icona]

Apri l'applicazione (programma) Microsoft Word e nel documento appena aperto, scrivi il seguente testo:

Classifica
primo classificato: Topolino
secondo : Pippo
terzo : Paperino
quarto : Zio Paperone
quinto : Qui, Quo, Qua.

A questo punto, devi copiare la parola classificato,

senza riscriverla, ma usando i comandi copia ed incolla, così:

Classifica
primo classificato: Topolino
secondo classificato: Pippo
terzo classificato: Paperino
quarto classificato: Zio Paperone
quinto classificato: Qui, Quo, Qua.

Per fare questo, segui le seguenti istruzioni:

1 - seleziona la parola o frase (in questo caso: classificato),

2 - clicca sul comando (icona) "copia", [icona]

3 - posiziona il cursore dove deve essere copiata la parola (in questo caso a sinistra dei due punti),

Titolo: PC da Zero - Guida facile e pratica per usare il computer - Autore: Gianni Crestani

4 - clicca sul comando (icona) "incolla".

In questo caso, poiché, devi incollare più volte la parola classificato,

dopo aver eseguito il comando incolla,

non è necessario ripartire dalla prima istruzione,

ma puoi tranquillamente partire dalla terza istruzione,

ovvero *posiziona il cursore e clicca su "incolla".*

Salva il documento nominandolo copia e incolla.

DIMENSIONARE IL CARATTERE

Chiudi il documento precedente. Aprine uno nuovo e scrivi la seguente frase:

Microsoft Word è un programma di elaborazione testi

Ora per cambiare il formato della frase nel modo seguente:

Microsoft Word è un programma di elaborazione testi

1 - Seleziona Microsoft Word

2 - clicca sull'icona dimensione carattere (sul triangolino nero a destra del numero)

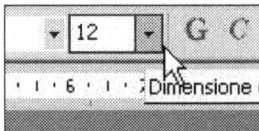

3 - dal menu che compare clicca su un numero (16 in questo caso).

Titolo: PC da Zero - Guida facile e pratica per usare il computer - Autore: Gianni Crestani

Continuando l'esempio precedente, vediamo ora come cambiare lo stile del carattere.

1 - Seleziona `Microsoft Word`

2 - clicca sull'icona tipo di carattere (sul triangolino nero a destra di "Times new roman" o "Arial" o altro...)

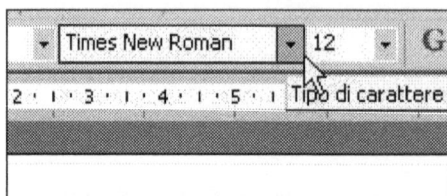

3 - dal menu che compare clicca su un tipo di carattere ("Comic Sans" in questo caso).

Salva il documento nominandolo `caratteri`.

Passo 3.6 - Tagliare, incollare, colorare ed impostare elenchi puntati e num.

TAGLIARE

L'operazione "tagliare" viene associata (come per la copia) al comando "incolla" e significa:

togliere (una parte di testo o qualsiasi oggetto)

e mettere in una diversa posizione (nello stesso documento o in un diverso documento o addirittura in un altro programma).

TAGLIA E INCOLLA

Apri l'applicazione (programma) Microsoft Word.

Nel documento appena aperto, scrivi il seguente testo:

Classifica

primo classificato: Topolino

secondo classificato: Pippo

terzo classificato: Paperino

quarto classificato: Zio Paperone

quinto classificato: Qui, Quo, Qua

A questo punto, devi cambiare l'ordine della classifica ("Qui, Quo, Qua" al primo posto e "Topolino" all'ultimo) usando i comandi "taglia" ed "incolla". Così:

Classifica

primo classificato: Qui, Quo, Qua

secondo classificato: Pippo

terzo classificato: Paperino

quarto classificato: Zio Paperone

quinto classificato: Topolino

Per fare questo, segui le seguenti istruzioni:

1 - seleziona la parola o frase (in questo caso: Qui, Quo, Qua)

2 - clicca sul comando (icona) "taglia"

111

3 - posiziona il cursore dove deve essere spostata la parola (in questo caso a sinistra di `Topolino`)

4 - clicca sul comando (icona) "incolla".

Analogamente, *seleziona* `Topolino`, *clicca su "taglia", posiziona il cursore a destra di* `quinto classificato:` *, e clicca su "incolla".*

Salva il documento nominandolo `taglia e incolla`.

COLORARE I CARATTERI

Diamo ora un tocco di colore ai nostri documenti !

Chiudi il documento precedente. Aprine uno nuovo e scrivi la seguente frase:

`Scrivo in giallo - scrivo in blu - scrivo in rosso - scrivo in verde`

Per colorare le quattro frasi rispettivamente in giallo, blu, rosso e verde,

1 - seleziona una frase

2 - clicca a destra dell'icona "colore carattere", (sul triangolino nero a destra del'icona)

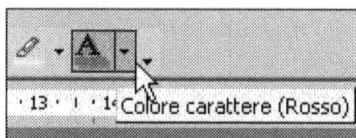

3 - dal sottomenu/tavolozza che si apre clicca sul colore prescelto.

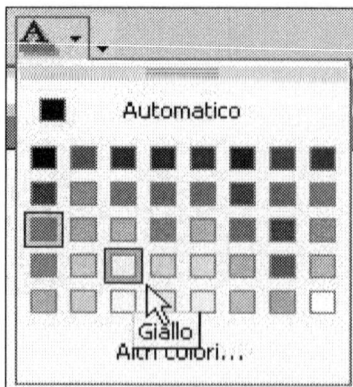

Salva il documento nominandolo `colori`.

ELENCO PUNTATO E NUMERATO

Per mettere in evidenza un elenco, puoi usare i comandi "elenco numerato o puntato".

Chiudi il documento precedente. Aprine uno nuovo e scrivi la seguente frase:

Lista delle cose da fare domani:

ore 08,30: partenza con "Eurostar" per Firenze

ore 11,50: arrivo a Firenze

ore 12,15: prenotazione Albergo

ore 13,00: pranzo con Sig. Rossi

ore 14,30: visita "Galleria degli Uffizi"

ore 18,00: visita "Ponte Vecchio";

ore 19,30: cena con Sig.na Vetuska

ore 22,00: rientro in Albergo

Per applicare l'elenco numerato,

1 - seleziona tutto il testo esclusa la prima riga;

2a - clicca sull'icona elenco numerato per avere una numerazione dei paragrafi. Oppure,

2b - clicca sull'icona elenco puntato per avere un elenco come il seguente:

Lista delle cose da fare domani:

> ore 08,30: partenza con "Eurostar" per Firenze

> ore 11,50: arrivo a Firenze

> ore 12,15: prenotazione Albergo

> ore 13,00: pranzo con Sig. Rossi

> ore 14,30; visita "Galleria degli Uffizi"

> ore 18,00: visita "Ponte Vecchio"

> ore 19,30: cena con Sig.na Vetuska

> ore 22,00: rientro in Albergo

Salva il documento nominandolo elenchi.

Titolo: PC da Zero - Guida facile e pratica per usare il computer - Autore: Gianni Crestani

Passo 3.7 - Inserire e controllare le immagini

INSERIRE UNA SEMPLICE IMMAGINE O FOTO

Per inserire un'immagine o una foto in Word,

1 - dalla barra dei menu clicca su "Inserisci"

2 - posiziona il puntatore sulla voce "Immagine"

3 - clicca su "da File"

4 - seleziona con un clic l'immagine, (o prima, apri con un doppio clic la cartella che la contiene)

5 - clicca sul pulsante "Inserisci".

INGRANDIRE E DIMINUIRE

Se l'immagine è troppo grande la puoi ridimensionare.

1 - Seleziona l'immagine con un clic

2 - posiziona il puntatore sugli angoli.

Quando il puntatore si trasforma in una doppia freccia divergente,

3 - trascina verso il centro dell'immagine le "maniglie" poste agli angoli

(trascina = clicca, tieni premuto e sposta il mouse !).

Inserendo un'immagine, il testo si posiziona o in alto o in basso.

SPOSTARE L'IMMAGINE DOVE VUOI !

Per ottenere effetti diversi dell'immagine, rispetto al testo,

1 - fai un doppio clic sopra l'immagine.

Verrà in questo modo aperta la finestra di dialogo "Formato Immagine".

2 - Clicca sulla scheda "Layout"

3a - clicca sullo stile "Incorniciato" o "Ravvicinato",

per porre il testo attorno all'immagine.

3b - Clicca sullo stile "dietro il testo" o "davanti al testo",

per porre, rispettivamente il testo davanti o dietro all'immagine.

Sempre dalla scheda Layout,

scegli l' "Allineamento orizzontale" dell'immagine.

4 - Clicca sull'opzione "A sinistra" o "Centrato" o "A destra"

5 - clicca su "OK" per confermare le scelte.

Titolo: PC da Zero - Guida facile e pratica per usare il computer - Autore: Gianni Crestani

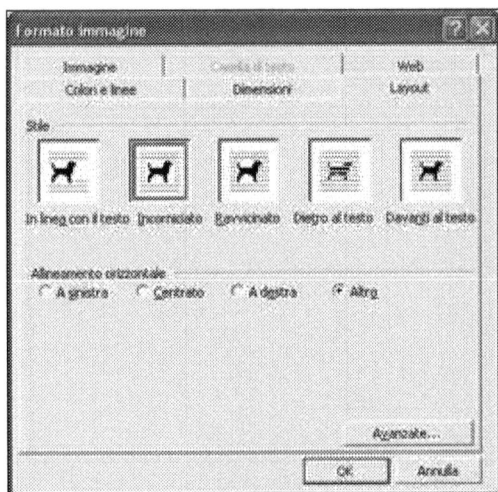

SPOSTARE L'IMMAGINE

Per trascinare l'immagine in posizione diversa,

1 - Porta il puntatore al centro dell'immagine

2 - clicca, tieni premuto, sposta il mouse e rilascia.

Titolo: PC da Zero - Guida facile e pratica per usare il computer - Autore: Gianni Crestani

116

CALCOLARE ED ARCHIVIARE CON EXCEL

Eseguire calcoli, gestire le spese, creare archivi, rubriche telefoniche, liste di libri, di CD o di ricette

Tutto questo lo puoi fare con un foglio elettronico.

Queste lezioni ti introducono all'uso del programma Microsoft Excel 2000.

In alternativa al foglio elettronico Excel, potrai installare ed usare gratuitamente il foglio elettronico Openoffice-Calc.

WWW.JPErGRAFANDO.IT

Titolo: PC da Zero - Guida facile e pratica per usare il computer - Autore: Gianni Crestani

Passo 4.1 - Conoscere il foglio di lavoro

APRO EXCEL E COSA VEDO ?

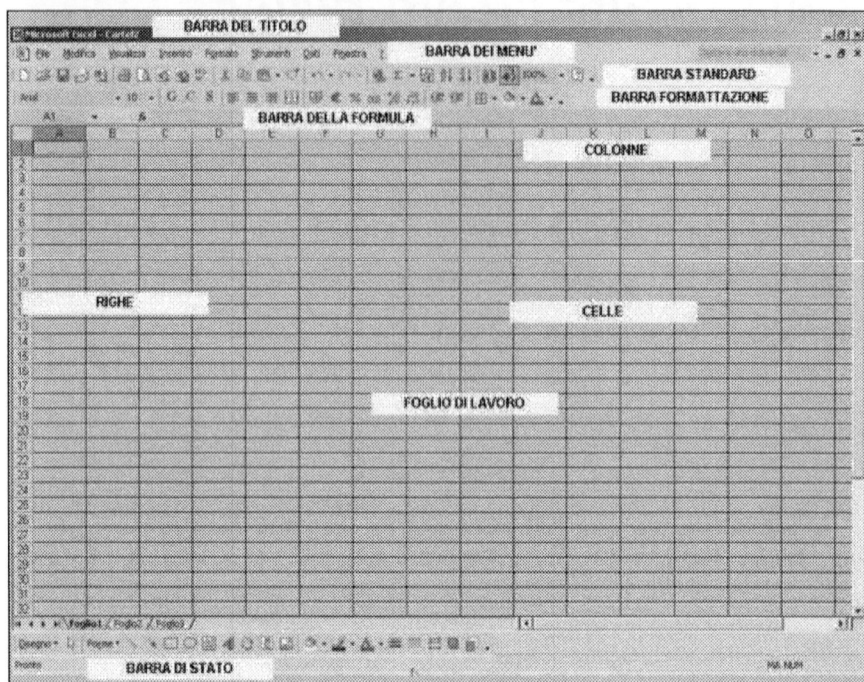

Quando apri il programma **EXCEL,**

viene automaticamente aperta una **CARTELLA DI LAVORO** (da non confondere con le cartelle "quelle gialle" per intendersi).

Per fare un paragone: quando apri Word, viene aperto un "Documento vuoto", mentre quando apri Excel, viene aperta una "Cartella di lavoro vuota".

Questa "cartella di lavoro" è inizialmente composta da n.3 **FOGLI DI LAVORO**, e questo lo noti dalle "linguette" in basso a sinistra.

Il "foglio di lavoro" **ATTIVO** (quello in cui stai lavorando) si distingue dagli altri per il colore uguale allo sfondo.

LE BARRE

Alla "cartella di lavoro" viene inizialmente assegnato il nome di Cartel1, e questo lo noti sulla **BARRA DEL TITOLO** (la prima barra in alto).

Appena sotto, trovi la **BARRA DEI MENU**, dove si trovano tutti i comandi per

Titolo: PC da Zero - Guida facile e pratica per usare il computer - Autore: Gianni Crestani

lavorare con Excel.

La terza barra è la **BARRA STANDARD** dove si trovano alcuni comandi della "barra dei menu", rappresentati da piccole immagini (le ICONE).

La quarta barra è la **BARRA FORMATTAZIONE**, dove anche qui si trovano alcuni comandi della "barra dei menu".

Queste ultime due barre contengono comandi già esistenti nella barra dei menu, ma sono più comodi e veloci da usare.

Nella **BARRA DELLA FORMULA** puoi vedere il contenuto delle celle e cosa più importante, puoi comporre e vedere le formule.

La **BARRA DI STATO** si trova, invece in fondo al **FOGLIO DI LAVORO**, e dà indicazioni sui comandi in uso.

CELLE, RIGHE E COLONNE

In mezzo c'è il foglio di lavoro vero e proprio, diviso in tante piccole **CELLE**.

Ogni cella (come per la "battaglia navale") è identificata da una **RIGA** e una **COLONNA**.

... Ed è in queste celle che inizierai a scrivere, testo, numeri e formule !

Titolo: PC da Zero - Guida facile e pratica per usare il computer - Autore: Gianni Crestani

Passo 4.2 - Spostarsi tra le celle e fissare i dati

LA CELLA ATTIVA

Quando si apre una nuova cartella di lavoro,

la prima cella attiva è la cella A1.

Ovvero, la cella attiva, è la cella che riceverà i dati digitati da tastiera.

MI SPOSTO TRA LE CELLE

Premi il "tasto cursore destro" da tastiera.

La cella attiva è ora la B1, e questo lo noti:

1 - dai bordi più spessi della cella

2 - dalla casella nome (a sinistra della barra della formula c'è scritto B1)

3 - dallo sfondo più scuro della colonna B e della riga 1.

Prova adesso a *premere sui tasti cursori per rendere attive altre celle del foglio,*

... e osserva come cambia il contenuto della casella nome e i riferimenti di riga e di colonna.

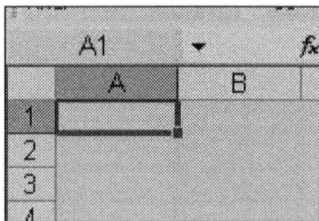

Puoi attivare una cella, anche *cliccandoci direttamente sopra con il mouse.*

SCRIVO E FISSO I DATI

Seleziona (rendi attiva) *ora, la cella A1,*

ed inizia a digitare

sto scrivendo su una cella

(non preoccuparti se il testo sconfina nella cella successiva).

Titolo: PC da Zero - Guida facile e pratica per usare il computer - Autore: Gianni Crestani

A1	▼ X ✓ ƒ✗ sto scrivendo su una cella

	A	B	C	D	E	F
1	sto scrivendo su una cella					
2						
3						
4						
5						
6						
7						

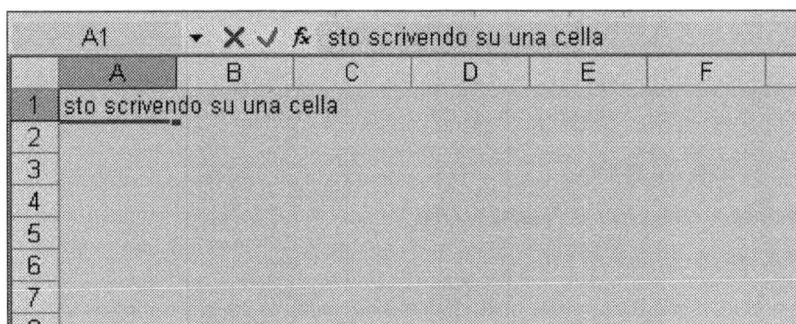

Ora (a differenza di word) devi confermare i dati immessi, e lo puoi fare in diversi modi:

1a - premi il tasto invio da tastiera o

1b - premi uno dei tasti cursore o

1c - clicca su un'altra cella o

1d - clicca sul segno di spunta verde nella barra della formula.

CANCELLO I DATI

Per cancellare il contenuto di una cella,

1 - seleziona la cella

2a - premi il "tasto canc" o

2b - premi il "tasto backspace" ed in seguito in tasto invio o

2c - digita subito il testo che deve essere sostituito ed in seguito premi il tasto invio.

MODIFICO E AGGIUNGO DATI

A volte non si vuole cancellare tutto il contenuto di una cella, ma si vuole aggiungere o modificare parte di esso.

Per modificare il contenuto di una cella si deve entrare in modalità modifica nei modi seguenti:

1a - fai doppio clicca sulla cella o

1b - seleziona la cella e premi il tasto F2 da tastiera o

1c - clicca sulla casella della barra della formula.

Ora sei in modalità modifica e questo lo noti nella barra di stato (in basso).

Per modificarne il contenuto puoi usare lo stesso sistema che usi per modificare un testo da word (vedi Passo 3.2).

Titolo: PC da Zero - Guida facile e pratica per usare il computer - Autore: Gianni Crestani

VEDO TUTTO IL FOGLIO !

Quando si apre un foglio di lavoro, non si vede tutto il foglio ma una piccola parte di un foglio di 256 colonne e 65536 righe.

Per vedere la fine del foglio,

1 - premi e tieni premuto il "tasto CTRL"

2 - premi il "tasto cursore giù".

In questo modo (se tutte le celle sottostanti alla cella attiva sono vuote) si attiva la cella dell'ultima riga (della colonna della cella attiva).

Sempre tenendo premuto il "tasto CTRL",

premi il "tasto cursore destro".

In questo modo si attiva la cella relativa all'ultima riga dell'ultima colonna.

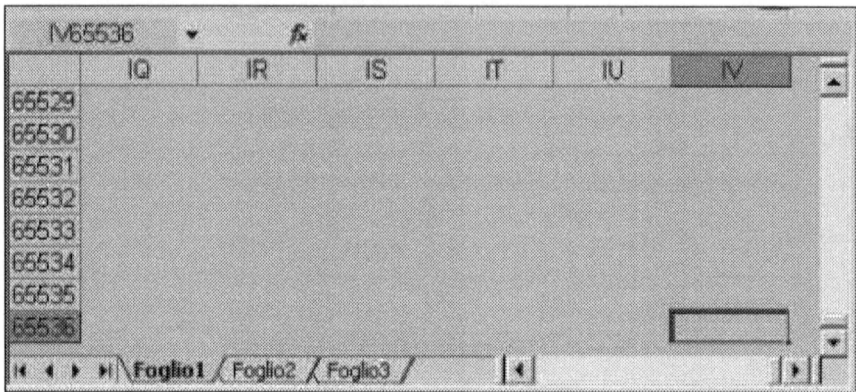

Per riportare in modo veloce la cella attiva su A1,

1 - premi e tieni premuto il "tasto CTRL"

2 - premi il "tasto HOME".

Titolo: PC da Zero - Guida facile e pratica per usare il computer - Autore: Gianni Crestani

Passo 4.3 - Creare formule e allargare colonne

LA MIA PRIMA FORMULA

Digita nella cella A1 **12** .

Digita nella cella B1 **27** .

Seleziona ora, la cella C1 e digita **=A1+B1** *e premi invio.*

Hai creato la tua prima formula.

Nella cella C1 ora vedi il risultato della somma della cella A1 più la cella B1.

Vedi un numero.

E la formula che hai scritto dove è finita ?

Fai un clic sulla cella C1 (selezionala) e osserva la barra della formula.

Cosa vedi ? ... La formula che hai appena digitato.

Digita ora, altri numeri sulle celle A1 e B1.

Vedrai che automaticamente il risultato della formula in C1 cambia.

CREARE FORMULE CON IL MOUSE

Prima hai creato una formula digitandola tutta da tastiera, però esiste un modo più semplice e a prova di errore per creare una formula.

Cancella il contenuto della cella C1, seleziona la cella C1 e

1 - digita **=** *da tastiera*

2 - clicca sulla cella A1

3 - digita **+** *da tastiera*

4 - clicca sulla cella B2

5 - premi invio da tastiera.

Titolo: PC da Zero - Guida facile e pratica per usare il computer - Autore: Gianni Crestani

CREARE FORMULE SOLO CON TASTIERA

Esiste anche un modo efficace di creare formule usando solo la tastiera.

Cancella il contenuto della cella C1, seleziona la cella C1 e

1 - digita █ da tastiera

2 - premi il tasto cursore sinistro due volte (fino a selezionare la cella A1)

3 - digita █ da tastiera

4 - premi il tasto cursore sinistro una volta (fino a selezionare la cella B1)

5 - premi invio da tastiera.

PRIMO ESERCIZIO EXCEL

Prima di proseguire, ti propongo un esercizio.

Inserisci i dati come da immagine seguente

C1	▼	f_x =A1+B1	
	A	B	C	D
1	12	27	39	
2	37	45		
3	12	205		
4	33	77		
5				
6				

e crea sulle celle C2, C3 e C4 le formule usando il mouse e/o la tastiera.

SOMMARE PIU' CELLE

Se ora hai bisogno di sommare tutte le celle da C1 a C4, potresti creare la seguente formula in C5: =C1+C2+C3+C4.

Ovvero,

seleziona la cella C5 e

1 - digita █ da tastiera

2 - clicca sulla cella C1

3 - digita █ da tastiera

4 - clicca sulla cella C2

5 - digita █ da tastiera

6 - clicca sulla cella C3

124

7 - digita ⊞ da tastiera

8 - clicca sulla cella C4

9 - premi invio da tastiera.

C5		▼	*fx* =C1+C2+C3+C4	
	A	B	C	D
1	12	27	39	
2	37	45	82	
3	12	205	217	
4	33	77	110	
5			448	
6				

Ma tutto questo è molto noioso e tedioso ... !

LA SOMMA AUTOMATICA

In excel esiste la funzione SOMMA AUTOMATICA che ti aiuta a sommare celle adiacenti in modo veloce e sicuro. Vediamo come.

Cancella il contenuto della cella C5.

1 - Seleziona la cella C5

2 - dalla barra degli strumenti standard clicca sull'icona somma automatica

SOMMA		▼ X ✓ *fx* =SOMMA(C1:C4)			
	A	B	C	D	E
1	12	27	39		
2	37	45	82		
3	12	205	217		
4	33	77	110		
5			=SOMMA(C1:C4)		
6			SOMMA(**num1**; [num2]; ...)		
7					

3 - premi invio da tastiera.

Lo stesso risultato potevi ottenerlo digitando da tastiera **=SOMMA(C1:C4)** .

LA SOMMA AUTOMATICA 2° METODO

Un altro metodo per usare la somma automatica è il seguente.

125

Dopo aver cancellato il contenuto della cella C5,

1 - seleziona le celle che vuoi sommare (in questo caso le celle da C1 a C4). Per selezionarle, clicca sulla cella C1 e tenendo premuto il tasto del mouse trascina in basso fino alla cella C4.

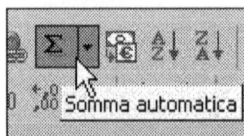

2 - Rilascia il tasto del mouse

3 - dalla barra degli strumenti standard clicca sull'icona somma automatica.

FORMATTARE IN EURO

Per inserire il simbolo dell'euro,

1 - seleziona la cella o il gruppo di celle desiderato

2 - nella barra della formattazione, clicca sul comando "euro".

Questo funziona se il contenuto della cella/e è un valore.

Nell'inserire dei prezzi o valori in euro, conviene scrivere prima tutti i valori in numeri e poi selezionarli e dare loro il formato euro (o viceversa).

GLI OPERATORI

I simboli degli operatori che vengono usati in excel sono i seguenti:

+   per l'addizione

-   per la sottrazione

*   per la moltiplicazione

/   per la divisione

Titolo: PC da Zero - Guida facile e pratica per usare il computer - Autore: Gianni Crestani

^   per l'esponente.

ORDINE DELLE OPERAZIONI

Per non commettere madornali errori,

è utile conoscere l'ordine delle operazioni.

Prima vengono eseguite le operazioni di moltiplicazione e divisione

e poi le operazioni di addizione e sottrazione.

Facciamo un esempio pratico.

Digita in A1 =5+10*2 e premi invio

digita in A2 =(5+10)*2 e premi invio.

	A
1	=5+10*2
2	=(5+10)*2

	A
1	25
2	30

Noterai che il risultato è diverso.

Nella cella A1 viene eseguita prima la moltiplicazione 10*2 e poi viene

sommato 5. Questo perché la moltiplicazione ha la precedenza

sull'addizione.

Nella cella A2, invece sono state inserite le parentesi,

e quindi viene eseguita prima l'addizione 5+10 e poi il risultato viene

moltiplicato per 2. Questo perché, le parentesi hanno la precedenza su tutti

gli operatori.

ALLARGARE LE COLONNE

Per allargare una colonna,

1 - posiziona il puntatore del mouse nell'intersezione delle due colonne

(sull'intestazione)

2 - quando il puntatore si trasforma in due doppie frecce divergenti

3 - clicca e tieni premuto il pulsante del mouse

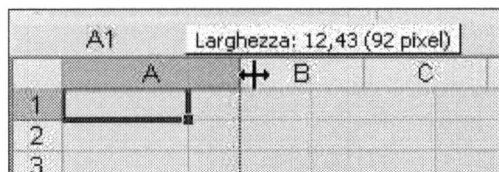

A1	Larghezza: 12,43 (92 pixel)	
	A	B	C
1			
2			
3			

4a - trascina a destra per allargare la colonna, oppure

4b - trascina a sinistra per restringerla.

127

Passo 4.4 - Primi esercizi con excel

ESERCIZI EXCEL

1 - Apri una nuova cartella excel.

2 - Costruisci le tabelle seguenti iniziando dalla cella C2.

Ovviamente al posto delle formule, sula colonna F, si vedranno i risultati.

Tabella primi esercizi

	A	B	C	D	E	F
1						
2			1.	esercizio 1 - uso l'operatore dell'addizione		
4				lunedì	martedì	totale
5			vitto	30	35	=D5+E5
6			viaggi	12	32	=D6+E6
7			varie	5	7	=D7+E7
8			totale			=SOMMA(F5:F7)
9						
10						
11			esercizio 2 - uso l'operatore della sottrazione			
13				prezzo	sconto	totale
14			penna	2	0,3	=D14-E14
15			matita	1,5	0,2	=D15-E15
16			gomma	1	0,1	=D16-E16
17			totale			=SOMMA(F14:F16)
18						
19						
20			esercizio 3 - uso l'operatore della moltiplicazione			
22				quantità	prezzo	totali
23			coperto	5	1	=D23*E23
24			primo	5	5	=D24*E24
25			secondo	3	7	=D25*E25
26			frutta	3	3	=D26*E26
27			caffè	2	1	=D27*E27
28			totale			=SOMMA(F23:F27)
29						
30						
31			esercizio 4 - uso l'operatore della divisione			
33				km	giorni	Km/gg
34			gennaio	1350	31	=D34/E34
35			febbraio	1300	28	=D35/E35
36			marzo	1200	31	=D36/E36

Titolo: PC da Zero - Guida facile e pratica per usare il computer - Autore: Gianni Crestani

37		totali	3850	90	=D37/E37

3 - Salva la cartella excel nominandola primi esercizi excel.

Titolo: PC da Zero - Guida facile e pratica per usare il computer - Autore: Gianni Crestani

Passo 4.5 - Modificare contenuto e formato

MODALITA' MODIFICA

Per modificare una cella senza cancellare il suo contenuto, devi entrare in modalità modifica (cella).

Per sapere se sei in modalità modifica, osserva la barra di stato che si trova in fondo al foglio di lavoro (in modalità normale vedi scritto "Pronto").

◄◄ ◄ ► ►\ **Foglio1** / Foglio2 / Foglio3 /	◄◄ ◄ ► ►\ **Foglio1** / Foglio2 / Foglio3 /
Pronto	Modifica

MODIFICARE LE CELLE

Per entrare in modalità modifica puoi usare vari metodi.

1° metodo: *fai doppio clic direttamente sulla cella da modificare.*

2° metodo: *attiva la cella da modificare* (con un clic o spostandoti con i tasti cursori) *e premi il tasto "F2" da tastiera.*

3° metodo: *attiva la cella da modificare* (con un clic o spostandoti con i tasti cursori) *e clicca all'interno della barra della formula.*

Ora che sei in modalità modifica puoi usare:

Il tasto " CANC " per cancellare il carattere a destra del cursore;

il tasto " BACKSPACE " per cancellare il carattere a sinistra del cursore;

il tasto "FINE" per posizionare il cursore alla fine;

il tasto "HOME " per posizionare il cursore all'inizio;

la combinazione di tasti "CTRL" + "TASTO CURSORE SINISTRO" per posizionare il cursore all'inizio della parola;

la combinazione di tasti "CTRL" + "TASTO CURSORE DESTRO" per posizionare il cursore alla fine della parola.

Eseguita la modifica *premi il tasto " INVIO "* per confermarla,

oppure *premi il tasto "ESC"* per annullarla.

CONTENUTO DELLE CELLE

Ogni singola cella può contenere **TESTO, VALORI** o **FORMULE.**

I valori possono essere espressi in quantità oppure in data e/o ora.

Titolo: PC da Zero - Guida facile e pratica per usare il computer - Autore: Gianni Crestani

DIGITARE NUMERI

Quando digiti numeri nelle celle, puoi usare i seguenti metodi che velocizzano le operazioni di inserimento.

Digita `,34` anziché `0,34`.

Digita `12,5` anziché `12,50`.

Sono piccoli dettagli. Servono per risparmiare un po' di tempo !

DIGITARE DATE E ORE

Se applichi uno dei formati data e ora predefiniti di excel, il programma riconoscerà la data e l'ora come "valore" (ovvero su questi formati potrà eseguire calcoli).

Alcuni esempi di formato ora (equivalenti) sono:

3.21 PM   3.21.04 PM   15.21   15.21.04

Esempi di formato data (equivalenti) sono:

25/11/2004   25-nov-04   25-nov nov-04

CELLE IMPAZZITE !

Apri una nuova cartella di lavoro excel.

Digita sulla cella A1 `11/4` *e premi invio.*

Secondo la versione, vedrai visualizzarsi sulla cella "11/04" oppure "11-apr".

Digita sulla cella A2 `11/04/04` *e premi invio.*

Vedrai visualizzarsi sulla cella "11/04/2004" (o qualcosa di simile!).

E fin qui va tutto bene!

Ora cancella il contenuto della cella A1, digita `11/04/04` *e premi invio.*

Cancella il contenuto della cella A2, digita `25` *e premi invio.*

Ma cosa succede ... ?

Inserendo le date sulle celle "A1" e "A2", quest'ultime hanno "preso" automaticamente questo formato e non possono semplicemente essere cancellate con il tasto "CANC" o sostituite con valori di formato diverso.

CANCELLARE TUTTO

Per cancellare il contenuto della cella, e il formato della cella, ovvero, per portare la cella al suo stato originale,

1 - dalla barra dei menu, clicca su "Modifica"

Titolo: PC da Zero - Guida facile e pratica per usare il computer - Autore: Gianni Crestani

2 - sposta il puntatore sulla voce "Cancella"

3 - dal sottomenu, clicca su "Tutto".

IL FORMATO CELLA

Se invece vuoi cambiare il formato di una cella,

1 - seleziona la cella desiderata (cella "A2" nell'esempio)

2 - dalla barra dei menu clicca su "Formato"

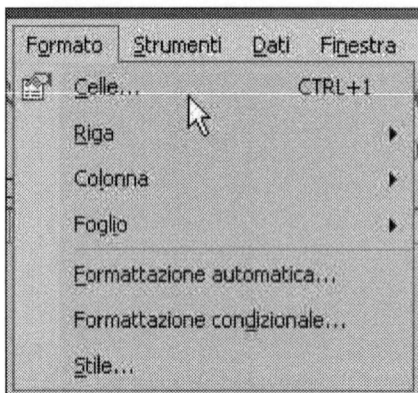

3 - clicca sula voce "Celle..."

4 - dalla scheda "Numero", clicca sulla categoria desiderata ("Numero"
nell'esempio)

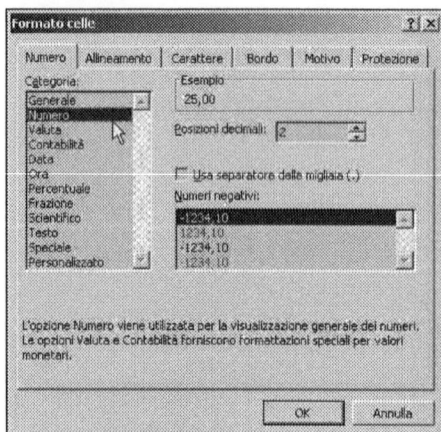

5 - clicca su "OK".

Titolo: PC da Zero - Guida facile e pratica per usare il computer - Autore: Gianni Crestani

Passo 4.6 - Riempire automaticamente le celle

IL RIEMPIMENTO AUTOMATICO

Se hai eseguito gli esercizi del Passo 4.5, avrai probabilmente notato quanto può diventare noioso inserire le formule una ad una.

Bene, con il riempimento automatico, puoi inserire una sola formula, ed in 1 secondo inserire 10, 100, 1000 formule "uguali".

INSERIRE FORMULE IN UN SECONDO!

Inserisci dei valori nella celle da A1 a B4.

	A	B	C
1	25	32	
2	54	27	
3	22	45	
4	33	27	

Nella cella C1 digita la formula **=A1+B1** *e premi invio.*

Attiva la cella C1.

Osserva: nella cella attiva vedi un quadratino nero in basso a destra.

Posiziona il puntatore sul quadratino, fino a quando il puntatore si trasforma in una crocetta nera (fina).

	A	B	C
1	25	32	57
2	54	27	+
3	22	45	
4	33	27	

Clicca, tieni premuto il pulsante del mouse e trascina in basso fino alla cella C4 e rilascia.

	A	B	C
1	25	32	57
2	54	27	
3	22	45	
4	33	27	
5			+

... E come per "magia" le formule sono state create.

Attiva le celle una ad una ed osserva nella barra della formula, come le formule sono state create.

Titolo: PC da Zero - Guida facile e pratica per usare il computer - Autore: Gianni Crestani

RIEMPIRE GIORNI, MESI E ... TESTO

Con il riempimento automatico, puoi trascinare, non solo formule, ma qualsiasi valore o testo, ed alcuni riempimenti hanno effetti sorprendenti !

*Digita in A1 **lunedì** e premi invio.*

Riattiva la cella A1. Posiziona il puntatore sul quadratino in basso a destra, trascina in basso (vale anche a destra) e rilascia.

In un "colpo" solo hai inserito tutti i giorni della settimana.

Tutto questo, lo puoi fare anche per i mesi e per tanti altri tipi di parole.

Osserva questa tabella:

Tabella di esempio di riempimento automatico

	A	B	C	D	E	F
1	Giugno	Luglio	Agosto	Settembre	Ottobre	Novembre
2	giu	lug	ago	set	ott	nov
4	Gen	Feb	Mar	Apr	Mag	Giu
5	04/01/97	05/01/97	06/01/97	07/01/97	08/01/97	09/01/97
6						
7	Trimestro 1	Trimestro 2	Trimestro 3	Trimestro 4	Trimestro 1	Trimestro 2
8	Trim 1	Trim 2	Trim 3	Trim 4	Trim 1	Trim 2
9	T1	T2	T3	T4	T1	T2
10	Prodotto 1	Prodotto 2	Prodotto 3	Prodotto 4	Prodotto 5	Prodotto 6
11	1° prodotto	2° prodotto	3° prodotto	4° prodotto	5° prodotto	6° prodotto

Inserisci solo la prima cella di ogni riga

e usa il riempimento automatico per riempire le celle a destra.

In questo caso trascina a destra invece di trascinare in basso.

TRASCINARE NUMERI

Con i numeri, il riempimento automatico, funziona diversamente.

134

Digiti in A1 ☐ e premi invio.

Attiva la cella A1 e trascinala usando il riempimento automatico.

Cosa succede ?

Vengono creati una serie di uno.

Forse ti aspettavi la progressione 1, 2, 3, 4 ... !

Nessun problema, puoi creare la progressione usando il pulsante "destro" del mouse.

1 - Digiti in A1 ☐ e premi invio.

2 - attiva la cella A1

3 - posiziona il puntatore sul quadratino in basso

4 - clicca con il pulsante destro (d e s t r o) e trascina in basso

5 - rilascia il pulsante del mouse.

Si apre un menu.

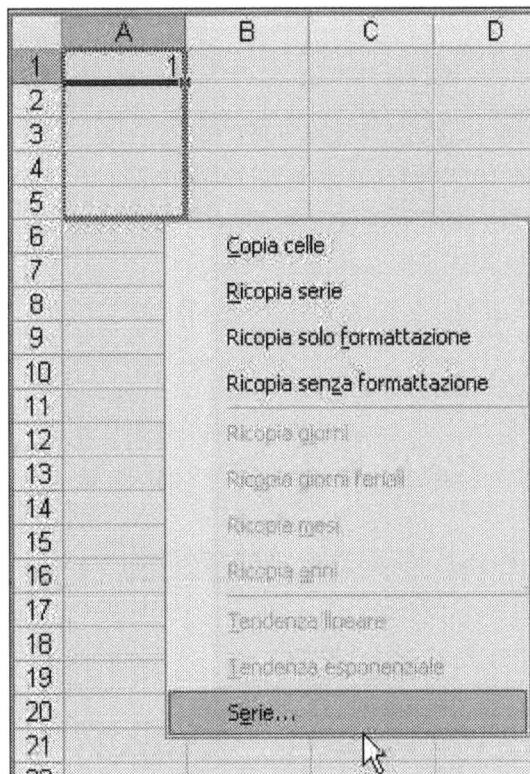

	A	B	C	D
1	1			
2				
3				
4				
5				
6		Copia celle		
7				
8		Ricopia serie		
9		Ricopia solo formattazione		
10		Ricopia senza formattazione		
11				
12		Ricopia giorni		
13		Ricopia giorni feriali		
14		Ricopia mesi		
15				
16		Ricopia anni		
17				
18		Tendenza lineare		
19		Tendenza esponenziale		
20		Serie...		
21				
22				

6 - Clicca sulla voce "Serie ...".

Si apre la finestra di dialogo "Serie".

Titolo: PC da Zero - Guida facile e pratica per usare il computer - Autore: Gianni Crestani

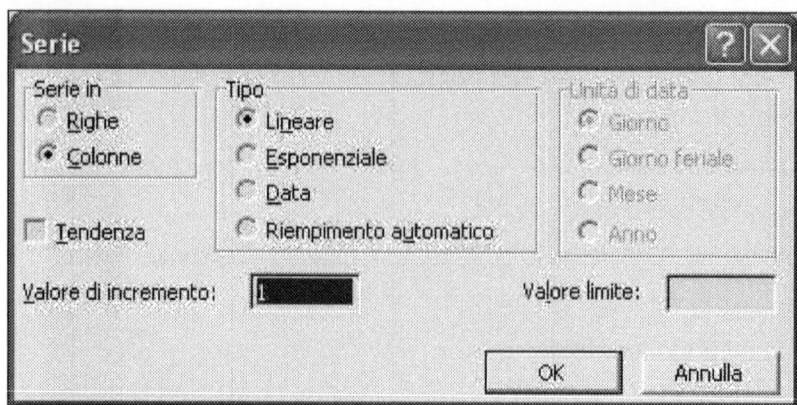

7a - clicca sul pulsante "OK".

Ottieni così la progressione dei numeri incrementati di una unità.

Se invece vuoi ottenere una serie di numeri, incrementata di 2 unità,

ovvero, vuoi ad esempio ottenere la serie 1, 3, 5, 7, 9 ... e così via,

7b - prima di cliccare "OK" dalla finestra di dialogo "Serie"

8b - digita nella casella "Valore di incremento" il numero **2.**

INSERIRE SOLO I GIORNI FERIALI

Con il riempimento automatico puoi anche inserire solo i giorni feriali (da

lunedì a venerdì, escludendo quindi il sabato e la domenica) tra un intervallo

di date note. Vediamo come.

1 - Nella cella A1 digita la data iniziale (nell'esempio: **01/03/2004**) *e premi*
invio

2 - riattiva la cella A1

3 - posiziona il puntatore sull'angolino in basso della cella

4 - quando il puntatore si trasforma in una crocetta nera fina

136

5 - clicca e tieni premuto il pulsante DESTRO del mouse e trascina in basso(fino alla 100^ riga o anche oltre !)

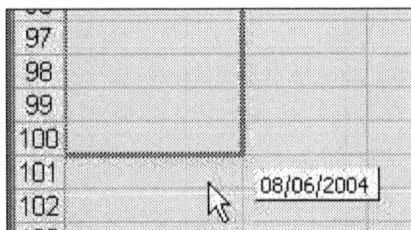

6 – rilascia.

Si apre un menu.

7 - Scegli la voce "Serie ...".

Si apre la finestra di dialogo "Serie".

8 - Seleziona l'opzione "Giorno feriale"

9 - inserisci la data finale sulla casella "Valore limite"(ad esempio **30/04**)

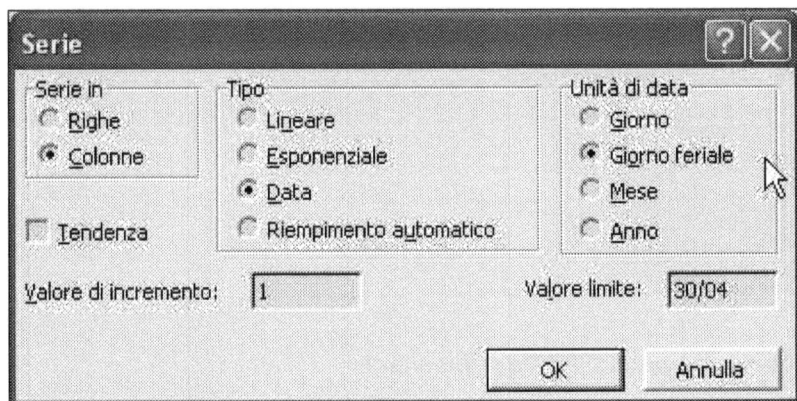

10 - clicca su OK.

Ora per spostarti velocemente sulla data finale,

tieni premuto il tasto CTRL da tastiera e clicca sul "tasto cursore giù"

(sempre da tastiera).

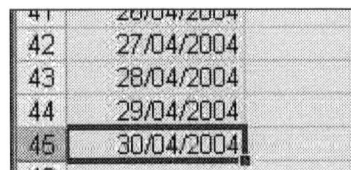

137

CREARE UN GRAFICO

Ecco come creare un grafico velocemente.

1 - Crea la seguente tabella

Tabella di esempio numero 1

	A	B	C
1	Produzione stabilimenti italiani		
2		maglie	
3	Zona_Nord	1250	
4	Zona_Sud	1605	
5	Zona_Est	1052	

2 - seleziona dalla cella A2 alla cella B5

Tabella di esempio numero 2

	A	B	C
1	Produzione stabilimenti italiani		
2		maglie	
3	Zona_Nord	1250	
4	Zona_Sud	1605	
5	Zona_Est	1052	

3 - dalla barra dei menu clicca su "Inserisci"

4 - dal menu a discesa, clicca su "Grafico"

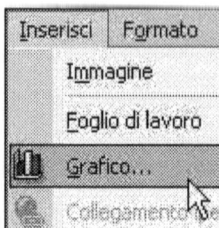

Inserisci Formato

Immagine

Foglio di lavoro

Grafico...

Collegamento

5 - dalla Finestra di dialogo "Creazione guidata Grafico", clicca sul comando "Fine".

Titolo: PC da Zero - Guida facile e pratica per usare il computer - Autore: Gianni Crestani

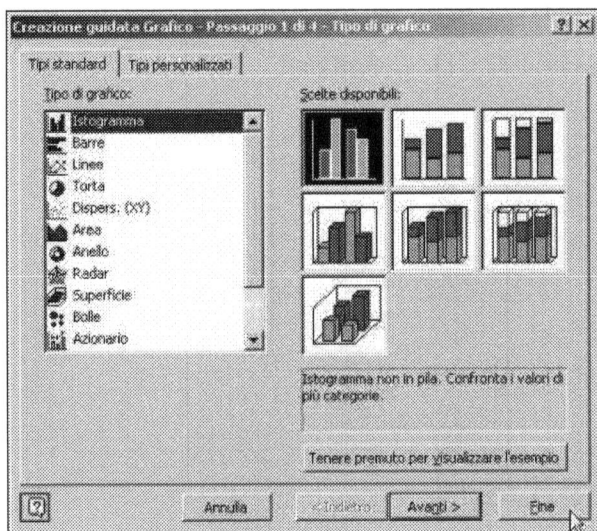

Il grafico è stato creato.

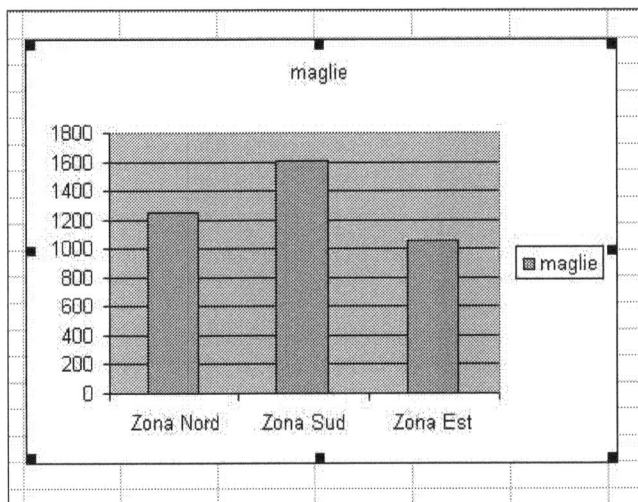

Esiste un modo ancora più veloce per creare un grafico.

1 - Dopo aver selezionato le celle dei dati

2 - premi il tasto "F11" da tastiera.

Verrà creato un grafico su un nuovo foglio di lavoro.

AGGIUNGERE DATI AL GRAFICO

Prova ora, a cambiare i dati inseriti nelle celle.

Dopo aver confermato l'immissione dei nuovi dati con il tasto "invio",

vedrai il grafico aggiornarsi automaticamente.

139

Ma se devi aggiungere dati su nuove celle, il grafico non li considera.

Aggiungi alla tabella appena creata i seguenti dati:

Tabella di esempio numero 3

	A	B	C
1	Produzione stabilimenti italiani		
2		maglie	pantaloni
3	Zona_Nord	1250	1820
4	Zona_Sud	1605	1150
5	Zona_Est	1052	2060

I dati sono stati aggiunti ma il grafico non è cambiato !

Per aggiungere i nuovi dati al grafico,

1 - seleziona con un clic il grafico.

Vedrai la tabella dei dati contornata da bordi colorati.

	A	B	C
1	Produzione stabilimenti italiani		
2		maglie	pantaloni
3	Zona_Nord	1250	1820
4	Zona_Sud	1605	1150
5	Zona_Est	1052	2060
6			
7			

2 - Posiziona il puntatore sull'angolo in basso a destra della tabella, in modo che venga trasformato in una doppia freccia divergente.

3 - Clicca e mantieni premuto il pulsante del mouse e

4 - trascina a destra fino a comprendere i dati inseriti

	A	B	C
1	Produzione stabilimenti italiani		
2		maglie	pantaloni
3	Zona_Nord	1250	1820
4	Zona_Sud	1605	1150
5	Zona_Est	1052	2060

5 - rilascia il pulsante del mouse.

Il grafico è stato aggiornato con i nuovi dati.

Titolo: PC da Zero - Guida facile e pratica per usare il computer - Autore: Gianni Crestani

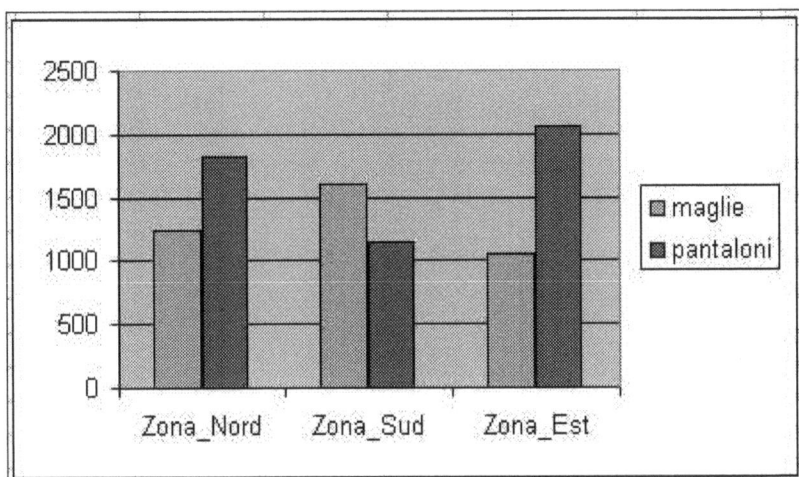

Titolo: PC da Zero - Guida facile e pratica per usare il computer - Autore: Gianni Crestani

MODIFICARE LE DIMENSIONI DEL GRAFICO

Ogni grafico creato con excel è composto da vari oggetti.

Per conoscere il nome dei vari oggetti che compongono il grafico, è sufficiente posizionare il puntatore sopra il grafico.

A seconda dove posizioni il puntatore, dopo circa un secondo, appare un messaggio con la descrizione del nome dell'oggetto:

- Area del grafico

- Asse delle categorie

- Asse dei valori

- Serie

- Leggenda

- Area del tracciato

- Griglia principale dell'asse dei valori.

Per dimensionare (ingrandire o rimpicciolire il grafico),

1 - quando viene visualizzato "Area del grafico" clicca per selezionare l'intero grafico.

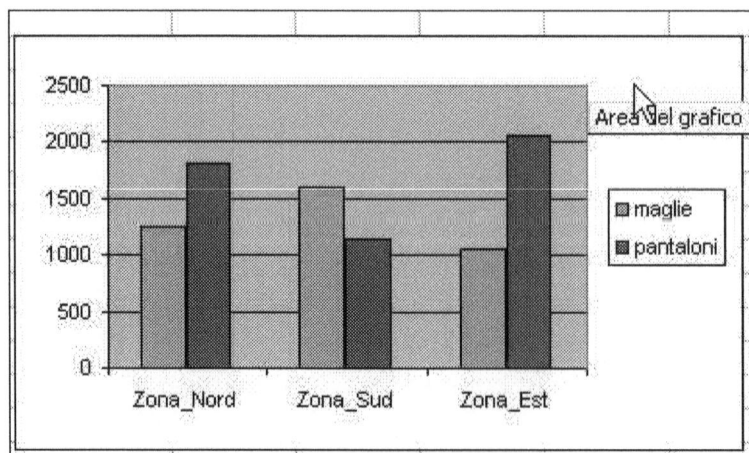

Appariranno dei quadratini sui bordi del grafico.

Questi quadratini sono chiamate "maniglie".

2 - Porta il puntatore sopra una di queste maniglie fino a quando si trasforma in una doppia freccia divergente

Titolo: PC da Zero - Guida facile e pratica per usare il computer - Autore: Gianni Crestani

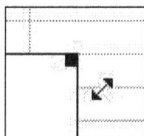

3 - clicca e mantenendo premuto il pulsante, sposta il mouse nella direzione desiderata.

Verso il centro del grafico per rimpicciolire oppure verso l'esterno per ingrandire.

4 - Rilascia il pulsante del mouse.

CAMBIARE LO SFONDO DELL'AREA DEL GRAFICO

1 - Posiziona il puntatore sopra l'Area del grafico.

Ricordati di aspettare un secondo per visualizzare il contenuto del messaggio e quindi verificare di essere sopra l'Area del grafico.

2 - Fai doppio clic (in rapida successione).

Verrà aperta la finestra di dialogo "Formato area grafico".

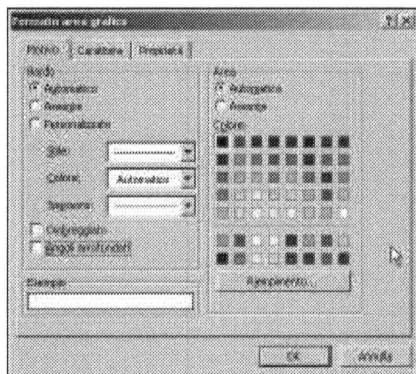

3 - Dalla Finestra di dialogo scegli le opzioni desiderate e quindi clicca sul pulsante OK.

Più dettagliatamente:

dalla scheda Motivo, puoi cambiare il Bordo del grafico.

4a - Clicca sul triangolino nero a lato, e dal menu a discesa clicca sullo stile o il colore o sullo spessore desiderato.

143

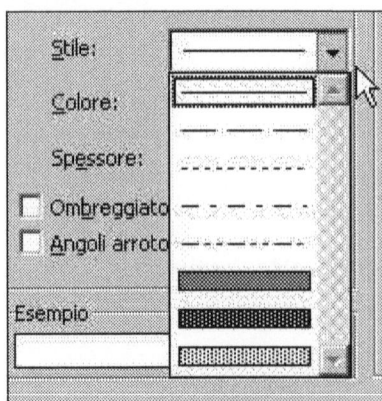

4b - Seleziona le caselle di controllo "Ombreggiato" e/o "Angoli arrotondati", per avere i rispettivi effetti. Oppure,

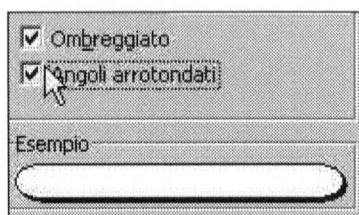

4c - seleziona il pulsante di opzione "Assente" per togliere i bordi al grafico.

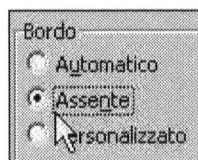

Per cambiare il colore dello sfondo del grafico,

5a - Clicca su un quadratino colorato oppure,

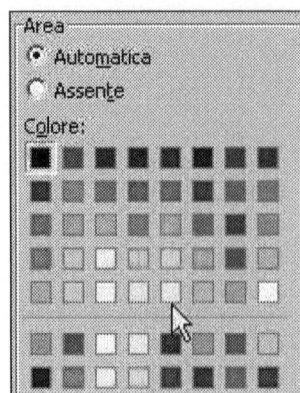

5b - scegli l'opzione "Assente" per rendere l'area del grafico trasparente.

144

Per vedere la trasparenza, dopo aver cliccato su OK deseleziona il grafico cliccando su una cella del foglio di lavoro.

INSERIRE UNO SFONDO COLORATO CON SFUMATURE AL GRAFICO

1 - Posiziona il puntatore sopra l'Area del grafico

2 - fai doppio clic

3 - dalla scheda "Motivo" clicca sul pulsante "Riempimento..."

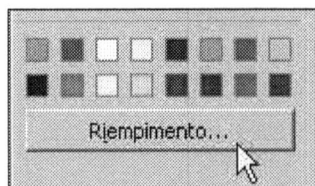

Si apre un'altra finestra di dialogo.

4 - Dalla scheda "Sfumature" clicca sull'opzione "Due colori"

5 - dai menu a discesa "Colore 1" e "Colore 2" scegli i colori

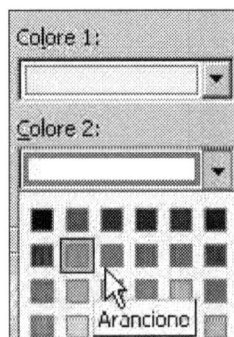

6 - clicca su una delle opzioni di sfumatura (ad esempio "Da un angolo")

145

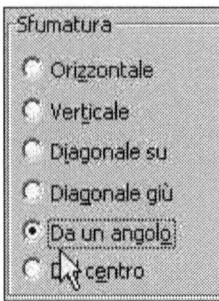

7 - clicca su una delle quattro Varianti

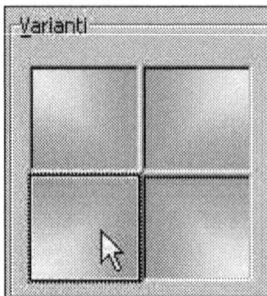

8 - clicca su OK

9 - clicca su OK.

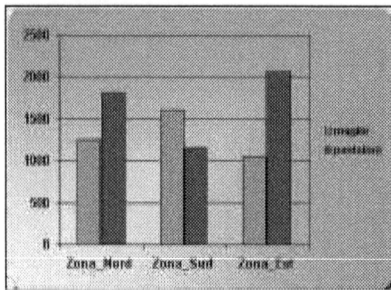

INSERIRE UN'IMMAGINE DI SFONDO AL GRAFICO

1 - Posiziona il puntatore sopra l'Area del grafico

2 - fai doppio clic

3 - dalla scheda "Motivo" clicca sul pulsante "Riempimento..."

Si apre un'altra finestra di dialogo.

4 - Clicca sulla scheda "Immagine"

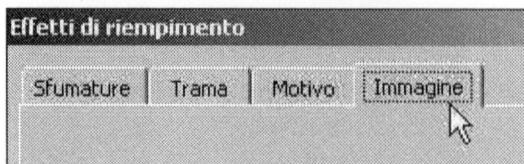

146

5 - clicca sul pulsante "Seleziona immagine..."

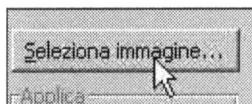

6 - fai doppio clic sull'immagine desiderata.

Potrai selezionare subito l'immagine se la tua cartella immagini del tuo disco fisso ne contiene. Altrimenti leggi "Salvare immagini dal Web" dal Passo 7.7 del presente libro, e dopo aver riempito la tua cartella di immagini, prosegui la lettura di questa pagina.

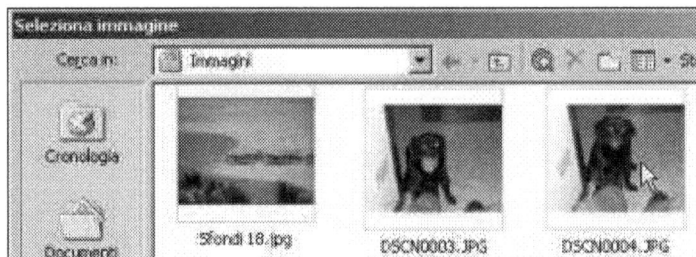

7 - Clicca su OK

8 - clicca su OK.

Questo potrebbe non bastare, perché l'immagine è coperta dall'Area del tracciato.

Allora prosegui in questo modo:

1 - posiziona il puntatore sopra l'Area del Tracciato (al centro del grafico)

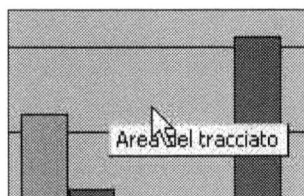

2 - fai doppio clic

3 - clicca sull'opzione Area – "Assente"

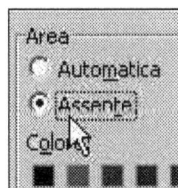

4 - clicca su OK.

Ed ecco il risultato finale:

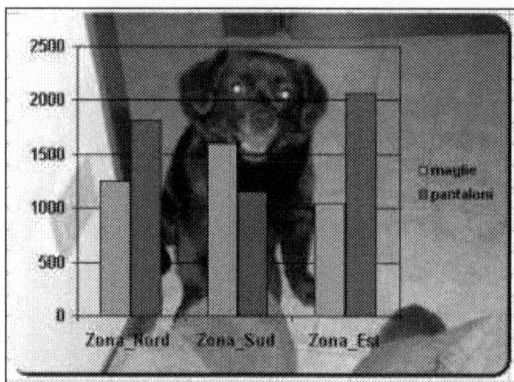

Titolo: PC da Zero - Guida facile e pratica per usare il computer - Autore: Gianni Crestani

Passo 4.9 - Creare un modello fattura excel

PRIMI PASSI PER CREARE UN MODELLO FATTURA CON EXCEL

Prima di tutto devi preoccuparti di inserire le colonne fondamentali per una fattura. L'intestazione, il destinatario e gli altri dati, potranno essere inseriti in seguito.

Inserisci i dati come da tabella:

Tabella iniziale per fattura excel

	A	B	C	D	E	F
1						
2	codice	articolo	un .mis.	quantità	prezzo	totale
3						

Inserisci nella cella F3 (sotto il totale) *la formula che moltiplichi D3* (la quantità) *per E3* (il prezzo). Ovvero,

digita **= D3*E3** *e premi invio per confermare.*

In F3 ora vedrai uno zero.

Attivando la cella F3, sulla barra della formula vedrai invece la formula appena digitata.

NASCONDERE LO ZERO USANDO LA FUNZIONE "SE" DI EXCEL

Per non vedere visualizzato lo zero come risultato della formula,

modifica la formula appena scritta in F3 nel modo seguente:

=SE(D3="""";"""";D3*E3)

Questa formula usa la funzione "**SE**".

In questo caso la formula immessa significa:

se nella cella D3 non viene scritto nulla, allora non scrivere nulla (in F3), altrimenti (in caso contrario) esegui il calcolo D3*F3.

COPIARE LE FORMULE IM MODO QUASI AUTOMATICO

Per copiare la formula sulle celle sottostanti,

attiva la cella F3 e posizionandoti sul quadratino in basso a destra della cella, trascina il suo contenuto fino alla cella F23.

Apparentemente le celle della colonna F sembrano vuote, ma in realtà

Titolo: PC da Zero - Guida facile e pratica per usare il computer - Autore: Gianni Crestani

cliccando sopra di esse, potrai osservare sulla barra della formula il loro reale contenuto.

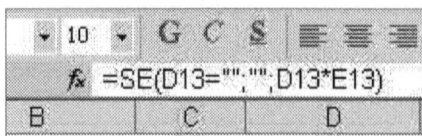

Ora per rendere più pratico l'esempio,

inserisci alcuni dati di esempio come da tabella:

Tabella per fattura excel con dati di esempio

	A	B	C	D	E	F
1						
2	codice	articolo	un .mis.	quantità	prezzo	totale
3	11	matita H3	cad	12	0,7	8,4
4	21	foglio A4	risma	5	18	90
5	32	colla stick	cad	6	2	12
6						
7						
8						

EVIDENZIARE I BORDI E FORMATTARE LE COLONNE

Per evidenziare i bordi (o meglio per poterli stampare),

1 - seleziona dalla cella A2 alla cella F23

2 - clicca sul triangolino a fianco dell'icona bordi

3 - dalla tavolozza scegli l'icona tutti i bordi.

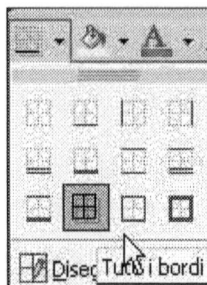

Per formattare le colonne "prezzo" e "totale" in euro,

1 - seleziona dalla cella E3 alla cella F23

2 - clicca sull'icona euro.

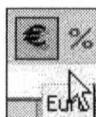

150

INSERIRE FORMULE PER IL CALCOLO DELL'IVA E DEL TOTALE FATTURA

Per inserire nella cella F24 la formula che calcola la somma dei totali,

1 - seleziona dalla cella F3 fino alla cella F24

2 - clicca sull'icona "Somma automatica".

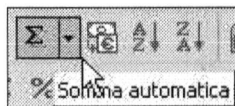

Tabella per fattura excel con totale

	A	B	C	D	E	F
1						
2	codice	articolo	un .mis.	quantità	prezzo	totale
3	11	matita H3	cad	12	0,7	8,4
4	21	foglio A4	risma	5	18	90
5	32	colla stick	cad	6	2	12
6						
7						
8						
9						
10						
11						
13						
14						
15						
16						
17						
18						
19						
20						
22						
23						
24						134,4

Nella cella E25 inserisci la percentuale IVA (ad esempio 20%).

Per calcolare l'IVA,

Titolo: PC da Zero - Guida facile e pratica per usare il computer - Autore: Gianni Crestani

nella cella F25 digita la formula **= F24*E25**.

Per calcolare il totale della fattura,

nella cella F26 inserisci la formula **= F24+F25**.

Per evidenziare il contenuto,

formatta in grassetto e bordi spessi le celle da D26 a F26.

Tabella per fattura excel con totali e importo iva

	A	B	C	D	E	F
1						
2	codice	articolo	un .mis.	quantità	prezzo	totale
3	11	matita H3	cad	12	0,7	8,4
4	21	foglio A4	risma	5	18	90
5	32	colla stick	cad	6	2	12
6						
7						
9						
10						
11						
12						
13						
14						
15						
16						
17						
18						
19						
20						
21						
22						

Titolo: PC da Zero - Guida facile e pratica per usare il computer - Autore: Gianni Crestani

23					
24			SOMMANO		134,4
25			IVA	0,2	26,88
26			**TOTALE FATTURA**		**161,28**

Bene il corpo della fattura è stato fatto.

Devi ora inserire alcuni dati fondamentali per l'emissione della fattura:

il mittente, il destinatario, la partita iva, il numero e la data.

INSERIRE RIGHE E COMPLETARE L'INTESTAZIONE DELLA FATTURA

Per inserire dieci righe sopra la tabella appena creata,

1 - clicca sul numero uno della prima riga e mantieni premuto il pulsante del mouse

2 - trascina in basso fino alla 10^ riga e rilascia.

	A	B	C	D	E	F
1						
2	codice	articolo	un .mis.	quantità	prezzo	totale
3	2	penna a sfera	cad	24	€ 1,00	€ 24,00
4	11	matita H3	cad	12	€ 0,70	€ 8,40
5	21	foglio A4	risma	5	€ 18,00	€ 90,00
6	32	colla stick	cad	6	€ 2,00	€ 12,00
7						
8						
9						
10						
10R						

In questo modo hai selezionato le righe dalla 1 alla 10.

3 - Clicca con il tasto destro, sopra la selezione

4 - dal menu contestuale, clicca sul comando inserisci

6	32 colla stick
7	
8	✂ Taglia
9	📋 Copia
10	Incolla
11	
12	Incolla speciale...
13	Inserisci
14	
15	Elimina

Digita in A1 il nome della ditta che emette la fattura.

153

Per esempio digita **IPERCARTOLERIE**.

CENTRARE E UNIRE LE CELLE IN EXCEL

Per centrare il nome,

1 - seleziona dalla cella A1 alla cella F1

2 - clicca sul comando "Unisci e centra" (vedi figura).

Per ingrandire,

1 - clicca sul comando dimensione carattere

2 - clicca sul numero desiderato (16 nell'esempio).

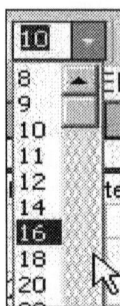

Digita in A2 i dati della ditta che emette la fattura (indirizzo, telefono, partita iva).

Unisci e centra le celle dalla A2 alla F2.

Dimensiona i caratteri (8 nell'esempio).

Completa i dati come da immagine seguente:

	A	B	C	D	E	F
1			IPERCARTOLERIE			
2		Via Ricci, 123 - MILANO - tel 02-11111 - fax 02-22222 - p.iva 01010101010101				
3						
4	fattura n.	512		Spett.le	Ditta PRISTONE	
5	del	02/12/2004				
6					Via Leoni, 44	
7				35100	ABANO TERME	
8						
9				P.IVA		

154

COME INSERIRE UN NUMERO CHE INIZIA CON ZERO SU UNA CELLA DI EXCEL

Se vuoi inserire un numero che inizia con zero in una cella di excel,

(come ad esempio una partita iva),

prima di digitare lo zero, digita un apostrofo.

Sulla tastiera l'apostrofo lo trovi a fianco del tasto dello zero, dove c'è il punto di domanda.

COME CENTRARE NEL FOGLIO I DATI INSERITI

Per centrare il modello fattura excel al centro del foglio,

1 - dalla barra dei menu clicca su "File" > "Imposta Pagina"

2 - clicca sulla scheda "Margini"

3 - attiva la casella di controllo "Orizzontalmente"

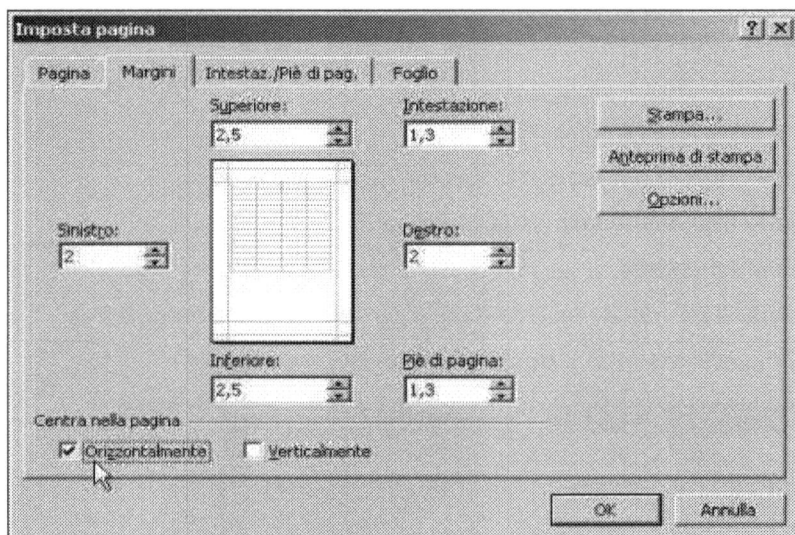

4 – clicca su OK per confermare.

Titolo: PC da Zero - Guida facile e pratica per usare il computer - Autore: Gianni Crestani

CREARE UN MODELLO PER ARCHIVIARE CD

Creare modelli con excel per archiviare dati è facile.

Inizia ad *inserire i seguenti dati come da tabella:*

Tabella modello per archiviare cd

	A	B	C	D	E	F
1	COLLEZIONE CD					
2	autore	nr	brano musicale	titolo CD	genere	
3						

ALLARGARE PIU' COLONNE IN MODO UGUALE

Nel Passo 4.3 ho descritto come allargare o restringere una singola colonna.

Per poter invece, allargare più colonne contemporaneamente,

1 - seleziona più colonne

in questo caso:

1a - clicca sulla lettera della colonna A

1b - tieni premuto il pulsante del mouse

1c - trascina fino alla lettera della colonna E

1d - rilascia il pulsante.

2 - Posiziona il puntatore su una delle intersezioni di colonna fino a

quando si trasforma in una doppia freccia divergente

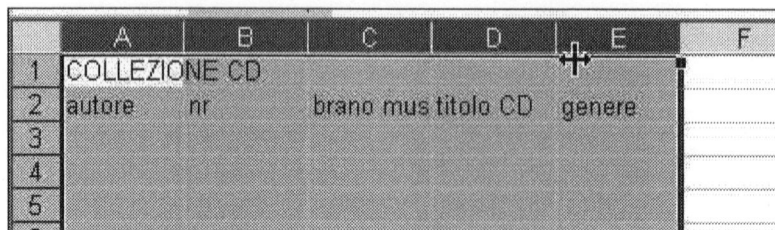

3 - clicca e tieni premuto il pulsante del mouse

4a - sposta a destra il puntatore per allargare le colonne o

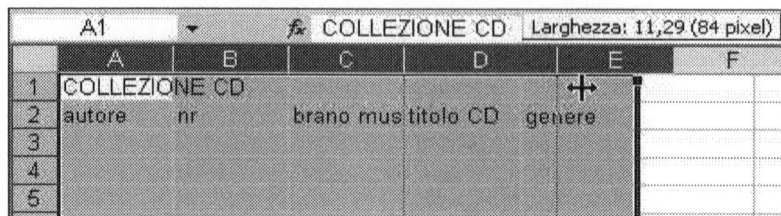

156

4b - sposta a sinistra il puntatore per restringere le colonne

5 - rilascia il pulsante del mouse.

ABBELLIRE IL FORMATO DEL MODELLO

– *Centra e unisci la cella A1 espandendola fino alla colonna E.*

Vedi anche Passo precedente 4.9.

- Seleziona la cella A1

- clicca su grassetto

- clicca su colore carattere (rosso nell'esempio)

- clicca su dimensione carattere (16 nell'esempio).

- Seleziona dalla cella A2 alla cella E2

- clicca su allineamento centrato

- clicca su grassetto

- clicca su colore carattere (blu nell'esempio)

- clicca su colore riempimento (giallo nell'esempio).

- Seleziona dalla cella A3 alla cella E20

- clicca su colore riempimento (verde chiaro nell'esempio).

AVERE IL CONTROLLO DELLO SPESSORE DEI BORDI

Nella lezione precedente ho descritto come inserire i bordi alle celle in modo veloce usando l'icona posta sulla barra degli strumenti.

Titolo: PC da Zero - Guida facile e pratica per usare il computer - Autore: Gianni Crestani

Ma in questo modo non si poteva scegliere lo spessore dei bordi.

Per poter controllare lo spessore dei bordi,

1 - seleziona l'area interessata (dalla cella A3 alla cella E20 nell'esempio)

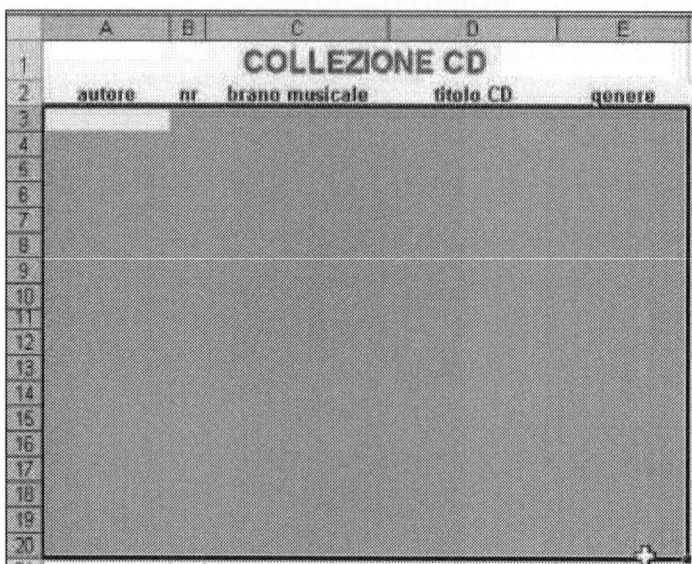

2 - dal menu "Formato" clicca su "Celle..."

3 - clicca sulla scheda "Bordo"

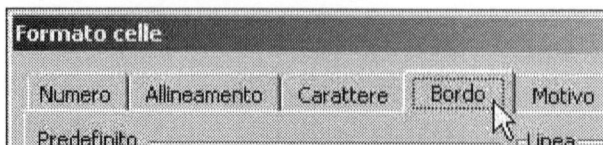

4 - scegli lo stile cliccando sulla linea desiderata (nell'esempio, clicca

sulla linea posta sotto "nessuno")

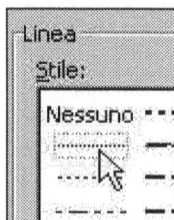

5 - clicca sul pulsante "Bordato" per applicare il bordo all'esterno

158

dell'area selezionata

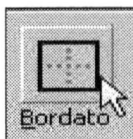

6 - clicca sul pulsante "Interno" per applicare il bordo anche all'interno di ogni cella dell'area selezionata

7 - clicca sul pulsante OK per confermare.

	A	B	C	D	E
1			COLLEZIONE CD		
2	autore	nr	brano musicale	titolo CD	genere
3					
4					
5					
6					
7					
8					
9					
10					
11					
12					
13					
14					
15					
16					
17					
18					
19					
20					

APPLICARE IL TESTO A CAPO SULLE CELLE

Ora se provi ad inserire i dati sulle celle, funziona tutto ma solo fino a quando i caratteri inseriti non superano la larghezza della cella.

Infatti, i caratteri che eccedono, o vanno a sconfinare nella cella successiva (quando la cella successiva è vuota) oppure sono nascosti (quando la cella successiva contiene dati).

Sarebbe quindi utile in questo caso che i caratteri eccedenti si posizionassero sotto e che la riga si allargasse automaticamente.

Per ottenere questo effetto, si deve applicare il "testo a capo".

159

1 - Seleziona l'area interessata (dalla cella A3 alla cella E20 nell'esempio)

2 - dal menu "Formato" clicca su "Celle..."

3 - clicca sulla scheda "Allineamento"

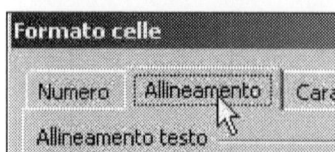

4 - clicca sulla casella di controllo "Testo a Capo".

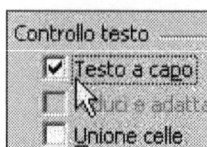

MANTENERE I DATI NELLA PARTE ALTA DELLA CELLA

... E visto che siamo qui (nella scheda "Allineamento"),

per mantenere i dati nella parte alta della cella, quando verrà automaticamente ingrandita,

5 - clicca sul triangolino nero sotto il comando "Verticale"

6 - dal menu a discesa clicca su "In alto".

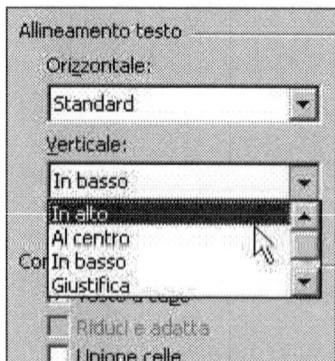

7 – Infine, clicca sul comando OK per confermare.

ORDINARE I DATI

I dati che vengono inseriti non devono necessariamente rispettare un ordine, perché in qualsiasi momento potrai ordinarli con un semplice clic.

Dopo aver inserito i dati,

1 - attiva una cella della colonna sulla quale vuoi ottenere l'ordinamento (colonna A "autore" nell'esempio)

160

ATTENZIONE : ATTIVA (seleziona) <u>SOLO UNA CELLA</u> ALTRIMENTI I DATI SARANNO ALTERATI.

2 - Dalla barra degli strumenti clicca sul comando "Ordinamento crescente" per avere appunto un ordine crescente dei dati (dalla A alla Z o da valore minore a valore maggiore).

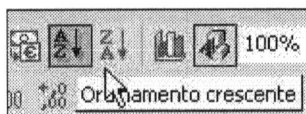

Per avere un ordine decrescente,

1 - clicca sul comando "Ordinamento decrescente".

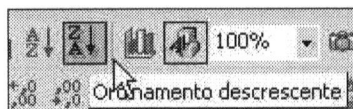

VISUALIZZARE SOLO UNA PARTE DEI DATI

Per poter visualizzare solo una parte dei dati inseriti (ovvero Filtrare i dati) procedi come segue:

1 - seleziona le celle di intestazione (dalla cella A2 alla cella E2 nell'esempio)

2 - dal menu "Dati" scegli "Filtro" e quindi clicca su "Filtro automatico"

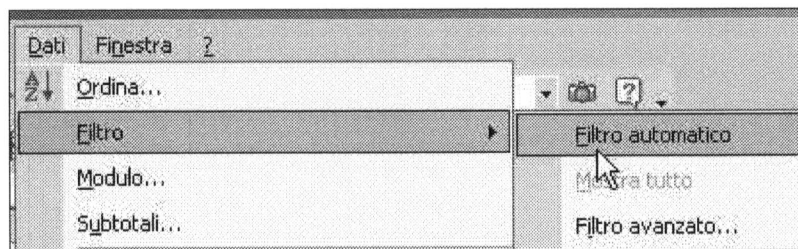

Osserva: a fianco di ogni cella di intestazione appare un triangolino nero.

1 - Clicca su un triangolino nero (autore nell'esempio)

2 - dal menu a discesa clicca sul dato da filtrare.

161

Osserva: il triangolino a fianco della cella filtrata è blu.

Per poter rivisualizzare tutti i dati,

1 - clicca sul triangolino blu

2 - dal menu a discesa clicca su "Tutto".

Titolo: PC da Zero - Guida facile e pratica per usare il computer - Autore: Gianni Crestani

Passo 4.11 - La stampa e l'anteprima di stampa

STAMPARE UN FOGLIO DI EXCEL

Un foglio di lavoro di excel è lungo oltre 300 metri e largo circa 6 metri.

Quando viene aperto un nuovo foglio di lavoro, sul tuo schermo, vedi solamente una piccolissima parte di esso:

l'angolo sinistro in alto di questo enorme foglio.

Se ti limiti ad inserire dati entro le prime 50 righe e le prime 9 colonne (da A a I), mantenendo l'altezza e la larghezza standard delle righe e colonne, potrai stampare il tutto in una singola pagina.

Per stampare,

1 - dalla barra standard, clicca sull'icona "Stampa".

COME VIENE DIVISO PER LA STAMPA UN FOGLIO DI EXCEL

Per vedere come un foglio di excel viene diviso per la stampa,

1 - inserisci almeno un dato su una cella e premi INVIO da tastiera

2 - clicca sull'icona "Anteprima di stampa" (oppure clicca su "File" > "Anteprima di stampa")

3 - clicca sul pulsante "Chiudi" (per chiudere l'anteprima di stampa).

Osserva, sulla destra dello schermo vedi una linea tratteggiata verticale.

Quella linea tratteggiata, corrisponde ad un "taglio della pagina".

163

4 - Usa la barra di scorrimento (oppure premi e tieni premuto il tasto cursore giu da tastiera), **per "scendere" e visualizzare le righe n.50 - n.60.** Osserva, vedi una linea tratteggiata orizzontale, che corrisponde alla fine della prima pagina.

5 - Riportati sulla cella A1

6 - dalla barra standard clicca sul triangolino nero a destra dell'icona "Zoom"

7 - dal menu a discesa clicca su 25%.

Questo comando ti permette di vedere una parte più ampia del foglio di lavoro e ti fa capire meglio come viene diviso nella stampa (vedi le linee tratteggiate).

Titolo: PC da Zero - Guida facile e pratica per usare il computer - Autore: Gianni Crestani

CONTROLLARE LA STAMPA CON "ANTEPRIMA DI STAMPA"

Prima di stampare è buona norma controllare la stampa con il comando *"File"* - *"Anteprima di stampa"*, che ti permette di vedere su schermo quante pagine vengono stampate e come vengono stampate, senza sprecare nessun foglio di carta.

Solo a titolo di esempio immetti alcuni dati sul foglio di lavoro.

1 - Riporta lo zoom al 100%

2 - inserisci dalla cella B1 alla cella AF1 i numeri da 1 a 31

3 - inserisci nella cella A2 gen-05 e con il riempimento automatico riempi le celle fino alla cella A100 (mar-09)

	A	B	C	D	E	F	G	H	I
1		1	2	3	4	5	6	7	8
2	gen-01								
3	feb-01								
4	mar-01								
5	apr-01								
6	mag-01								
7	giu-01								
8	lug-01								
9	ago-01								
10	set-01								
11	ott-01								
12	nov-01								
13	dic-01								
14	gen-02								
15	feb-02								
16	mar-02								
17	apr-02								
18	mag-02								
19	giu-02								
20	lug-02								

4 - clicca sull'icona "Anteprima di stampa".

"NAVIGARE" IN ANTEPRIMA DI STAMPA

Ora sei in modalità anteprima di stampa.

In basso a sinistra puoi vedere il numero di pagina visualizzata sullo schermo ed il numero di pagine totali.

Anteprima di stampa: pagina 1 di 7

Per visualizzare le pagine successive,

1 - clicca sul comando "Succ.".

Succ.

165

In alternativa al comando "Succ.", premi il "tasto cursore GIU" da tastiera.

In basso a sinistra osserverai il numero di pagina visualizzato (pag.2 di 7 – ecc.).

Per ritornare a visualizzare le pagine precedenti,

1 - clicca sul comando "Precedente". Precedente

In alternativa premi il "tasto cursore SU" da tastiera.

Per ingrandire,

1a - clicca sul pulsante "Zoom". Zoom

Oppure,

1b - porta il puntatore sul punto del foglio che vuoi ingrandire e cliccaci sopra.

Per togliere lo zoom,

1a - clicca sul pulsante "Zoom" oppure,

1b - clicca sopra il foglio.

Clicca sul comando chiudi per chiudere l'anteprima di stampa e rivisualizzare il foglio di lavoro.

Titolo: PC da Zero - Guida facile e pratica per usare il computer - Autore: Gianni Crestani

Passo 4.12 - Ridurre il numero di pagine stampate

OTTIMIZZARE LA LARGHEZZA DELLE COLONNE

Se stampi i dati del precedente esempio così come sono (vedi lezione precedente), dovresti consumare 7 fogli di carta.

In excel esistono diversi modi per ridurre il numero dei fogli stampati.

Prima di tutto puoi ottimizzare la larghezza delle colonne.

Ovvero ridurre al minimo le colonne in modo che i dati siano leggibili.

Esiste un modo rapidissimo per ottimizzare la larghezza delle colonne.

1 - Clicca sul quadratino grigio in alto a sinistra del foglio

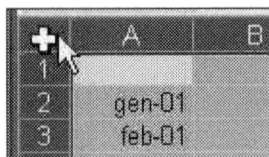

In questo modo tutto il foglio viene selezionato.

2 - Porta il puntatore sopra una intersezione di colonna

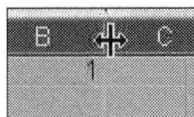

3 - clicca due volte in rapida successione (doppio clic).

Le colonne contenenti i dati vengono così ridotte al minimo.

Esegui l'anteprima di stampa per vedere gli effetti.

Le pagine si sono ridotte a 3.

Titolo: PC da Zero - Guida facile e pratica per usare il computer - Autore: Gianni Crestani

COME CAMBIARE L'ORIENTAMENTO DELLA PAGINA

Un altro modo per ridurre il numero di pagine, è quello di cambiare l'orientamento della pagina.

1 - Dalla barra dei menu clicca su "File" > "Imposta pagina..."

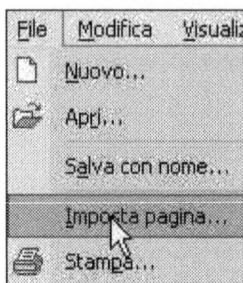

2 - dalla scheda "Pagina" clicca sull'opzione "Orizzontale"

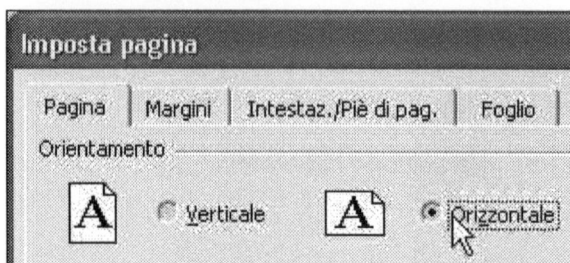

3 - clicca su OK per confermare.

Esegui l'anteprima di stampa per vedere gli effetti.

In questo caso però le pagine sono rimaste 3.

Per tornare all'orientamento verticale,

1 - dalla barra dei menu clicca su "File" > "Imposta pagina"

2 - dalla scheda "Pagina" clicca sull'opzione "Verticale"

3 - clicca su OK per confermare.

CAMBIARE I MARGINI DEL FOGLIO

Ridurre i margini del foglio può a volte essere sufficiente per ridurre il numero di pagine stampabili.

1 - Dalla barra dei menu clicca su "File" > "Imposta pagina"

2 - clicca sulla scheda "Margini"

Titolo: PC da Zero - Guida facile e pratica per usare il computer - Autore: Gianni Crestani

3 - clicca sui pulsanti di incremento e decremento per ridurre o
allargare i margini del foglio.

Nell'esempio, il margine destro e sinistro sono stati dimensionati ambedue a
0,5 cm.

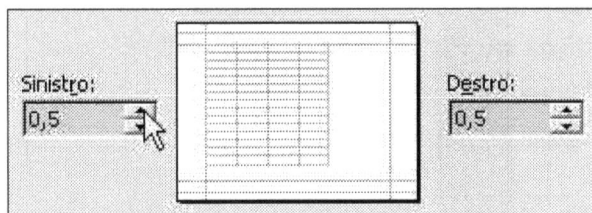

4 - Clicca su OK.
Esegui l'anteprima di stampa per vedere gli effetti.
Le pagine si sono ridotte a 2.

COME RIDURRE TUTTO IN UNA SOLA PAGINA

Esiste un modo veloce ed efficace per ridurre tutti i dati presenti in un foglio
di lavoro, ad una sola pagina di stampa.

1 - Dalla barra dei menu clicca su "File - Imposta pagina"
2 - clicca sulla scheda "Pagina"

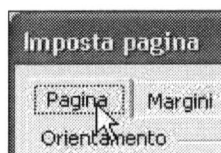

3 - clicca sul pulsante di opzione "Adatta a:" (1 pag. di larghezza per 1
di altezza)

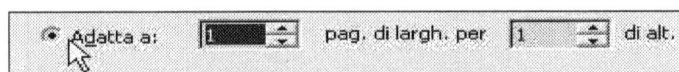

4 - clicca su OK.
Esegui l'anteprima di stampa per vedere gli effetti.

La stampa si è ridotta ad una pagina.

Tutti i dati del foglio di lavoro sono stati rimpiccioliti per essere stampati in
una sola pagina.

Questo comando, dovrai usarlo con il "buon senso", perché il risultato della
stampa potrebbe essere illeggibile.

Un'alternativa possibile a quest'ultimo problema e quella di cambiare il

169

numero di pag. di larghezza o di altezza sulla riga dell'opzione "Adatta a:".

COME RITORNARE ALLA STAMPA "ORIGINALE"

Se il comando che adatta tutto in una sola pagina non ti soddisfa,
puoi tornare alla stampa originale.

1 - Dalla barra dei menu clicca su "File" > "Imposta pagina"

2 - clicca sulla scheda "Pagina" (se occorre)

3 - clicca sul pulsante di opzione "Imposta al:"

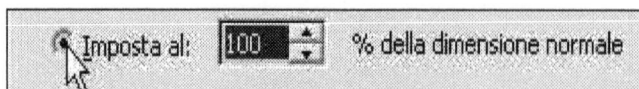

*4 - clicca sui pulsanti di incremento per portare a 100% della
dimensione normale* (o digita **100**)

5 - clicca su OK.

Titolo: PC da Zero - Guida facile e pratica per usare il computer - Autore: Gianni Crestani

STAMPARE SOLO UNA DETERMINATA PAGINA

Per stampare solo una o più pagine del foglio di lavoro,

1 - dopo aver cliccato su "Anteprima di stampa"

e quindi dopo aver individuato le pagine da stampare, rimanendo in "Anteprima di stampa",

2 - clicca sul comando "Stampa..."

3 - dalla finestra di dialogo "Stampa", clicca sull'opzione "Pagine"

4 - e quindi digita l'intervallo di pagine da stampare sulle caselle "da" "a".

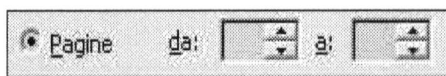

Se ad esempio vuoi stampare solamente la pagina 2,

digita **2** su entrambe le caselle "da" e "a".

4 - Clicca su OK per confermare ed avviare la stampa.

INSERIRE UN'INTERRUZIONE DI PAGINA

Excel, divide il foglio di lavoro in più pagine tagliandole in modo predeterminato.

Per cambiare il modo in cui viene "tagliato" il foglio di lavoro,

1 - attiva il punto (la cella) **in cui effettuare il taglio**

2 - dalla barra dei menu clicca su "Inserisci" > "Interruzione di pagina".

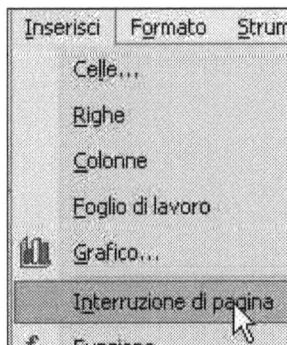

Per rimuover l'interruzione di pagina,

171

1 - riattiva la cella in cui hai inserito l'interruzione

2 - dalla barra dei menu clicca su "Inserisci" > "Rimuovi interruzione di pagina".

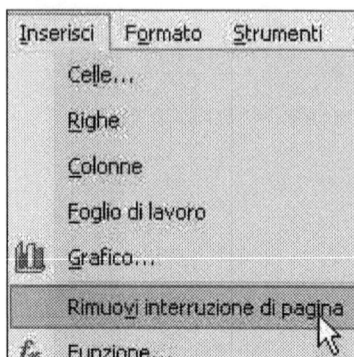

STAMPARE SOLO UN INTERVALLO DI CELLE (UNA SELEZIONE)

Molto utile è il comando che ti permette di stampare solo una piccola (o grande) parte del foglio di lavoro. Vediamo un esempio.

1 - Seleziona l'intervallo di celle da A1 a K10

2 - clicca su "File" >"Stampa"

3 - clicca sull'opzione "Selezione"

4a - clicca su OK per stampare solo la parte selezionata, oppure

4b - clicca sul comando "Anteprima" per vedere prima, cosa viene stampato.

Titolo: PC da Zero - Guida facile e pratica per usare il computer - Autore: Gianni Crestani

Passo 4.14 - Comandi rapidi da tastiera

COSA SONO IN COMANDI RAPIDI DA TASTIERA

In Excel, come in ogni altro programma, esiste la possibilità di usare delle scorciatoie per eseguire alcuni comandi.
Tali scorciatoie, consistono nel premere più tasti per muoversi più velocemente e per effettuare le operazioni più comuni.

Alcune combinazioni, qui di seguito esposte, possono essere usate anche in molti altri programmi.

CTRL + HOME

Ad esempio se devi attivare la prima cella,

1 - premi e mantieni premuto il tasto CTRL

2 - premi il tasto HOME (la freccia obliqua).

Per velocizzare, premi il tasto CTRL con il pollice e il tasto HOME con il medio !

I MIEI PREFERITI

Qui di seguito elenco le combinazioni di tasti che personalmente uso frequentemente.

CTRL + FINE

attiva l'ultima cella. Ovvero rende attiva la cella posta nell'intersezione dell'ultima colonna in uso con l'ultima riga in uso.

CTRL + Z

anulla l'ultima operazione effettuata.

CTRL + C

copia. Equivale al comando "Modifica" > "Copia".

CTRL + V

incolla. Equivale al comando "Modifica" > "Incolla".

CTRL + X

Titolo: PC da Zero - Guida facile e pratica per usare il computer - Autore: Gianni Crestani

taglia. Equivale al comando "Modifica" > "Taglia".

MAIUSC + F12

salva. Equivale al comando "File" > "Salva".

CTRL + MAIUSC + F12

stampa. Equivale al comando "File" > "Stampa".

CTRL + MAIUSC + T

trova. Equivale al comando "Modifica" > "Trova".

CTRL + G

formatta la selezione in grassetto.

CTRL + I

formatta la selezione in corsivo.

CTRL + S

formatta la selezione in sottolineato.

CTRL + B

formatta la selezione in barrato.

MAIUSC + CURSORE

seleziona un gruppo di celle.

CTRL + INVIO

riempe l'intervallo di celle selezionato con l'immissione corrente.

Vediamo un esempio.

- Seleziona un gruppo di celle

- scrivi `ciao`

- premi CTRL + INVIO.

Tutte le celle conterranno la parola `ciao`.

CTRL + >

copia il contenuto della cella che sta sopra.

Se viene usato dopo aver selezionato più celle, tutte le celle saranno

riempite o sovrascritte dal contenuto delle prime celle in alto, selezionate.

CTRL + MAIUSC + >

copia il contenuto della cella che sta a sinistra.

CTRL + PAG_GIU

attiva il Foglio successivo.

CTRL + PAG_SU

Titolo: PC da Zero - Guida facile e pratica per usare il computer - Autore: Gianni Crestani

attiva il Foglio precedente.

CTRL + TAB

passa alla cartella di lavoro successiva.

In questo caso devi avere aperto più file di excel.

CTRL + 1

visualizza la finestra di dialogo "Formato celle".

Equivale al comando "Formato" > "Celle".

ALTRI COMANDI RAPIDI DA TASTIERA

Qui di seguito elenco altri comandi rapidi da tastiera, degni di nota.

CTRL + N

apre una Nuova Cartella di lavoro. Equivale al comando "File" > "Nuovo".

CTRL + F12

apre un file esistente. Equivale al comando "File" > "Apri".

F11

crea un grafico dall'intervallo selezionato.

Equivale al comando "Inserisci" > "Grafico" > "OK".

MAIUSC + F3

avvia la procedura guidata "Incolla Funzione".

Equivale al comando "Inserisci" > "Funzione".

CTRL + MAIUSC + punto e virgola

inserisce la data del giorno.

CTRL + MAIUSC + due punti

inserisce l'ora corrente.

CTRL + barra spaziatrice

seleziona la colonna corrente.

MAIUSC + barra spaziatrice

seleziona la riga corrente.

CTRL + MAIUSC + barra spaziatrice

seleziona tutto il foglio di lavoro attivo.

Titolo: PC da Zero - Guida facile e pratica per usare il computer - Autore: Gianni Crestani

IL DATABASE ACCESS

Scopri cos'è e come funziona un database.

Microsoft Access 2000 è il programma che sarà preso in considerazione per le prossime lezioni.

OpenOffice_Base è il programma gratuito alternativo.

WWW.JPErGRAFANDO.IT

Titolo: PC da Zero - Guida facile e pratica per usare il computer - Autore: Gianni Crestani

COS'E' UN DATABASE

Un **DATABASE** è un archivio di dati.

Una rubrica telefonica è un database.

Uno schedario cartaceo dove vengono memorizzati i libri di una biblioteca è un database.

Questi ultimi sono però, database in formato cartaceo.

Un database in formato elettronico lo puoi creare anche con un foglio elettronico.

Puoi costruire una semplice rubrica telefonica immettendo nella colonna A il nome della persona, e nella colonna B il suo numero telefonico.

In un database, le colonne A e B vengono denominati *CAMPI*.

In questo caso avremmo quindi il **CAMPO nome** e il **CAMPO numero di telefono**.

	A	B
1	nome	numero di telefono
2	caio	123-125698
3	tizio	321-450288
4	sempronio	225-448899

Su ogni riga verranno quindi inseriti i dati della persona e del suo corrispondente numero telefonico.

In gergo informatico le righe di un DATABASE vengono denominate **RECORD**.

Un database semplice come una rubrica telefonica, può essere gestito tranquillamente con un foglio elettronico.

Quando però i CAMPI di un database aumentano e i dati sono ripetitivi (**RIDONDANTI**), dovresti valutare se è il caso di passare ad un programma specifico che gestisce i database.

Tra i più comuni e semplici programmi che gestiscono database troviamo **Microsoft Access** e **Openoffice Base**.

Titolo: PC da Zero - Guida facile e pratica per usare il computer - Autore: Gianni Crestani

ACCESS ... 2000

La mia esperienza sui database si fonda principalmente sul programma Access.

La mia scelta naturale, nel proseguimento delle lezioni, ricade quindi su questo programma e nello specifico sulla versione **Access 2000**.

Access fa anche parte del pacchetto **Office Professional**.

Vediamo come funziona.

APRIRE UN DATABASE

Per aprire il programma Access (se installato sul PC !),

1 - clicca sul pulsante start

2 - posiziona il puntatore su "Tutti i programmi"

3 - individua e clicca su "Microsoft Access".

Dopo averlo aperto, Access ti chiede se vuoi aprire un database esistente o se vuoi crearne uno nuovo.

4 - Clicca sul pulsante di opzione "Database di Access vuoto" e quindi sul pulsante OK.

A questo punto Access, ti chiede subito di salvare il database.

Questo, a differenza di quasi tutti gli altri programmi, dove ti veniva chiesto di salvare alla fine (quando decidevi di chiudere il programma).

5 - Digita il nome del database (ad esempio biblioteca)

| Nome file: | biblioteca |
| Tipo file: | Database Microsoft Access (*.mdb) |

6 - e clicca sul pulsante "Crea".

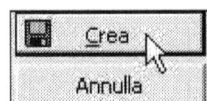

Titolo: PC da Zero - Guida facile e pratica per usare il computer - Autore: Gianni Crestani

ESTENSIONE DI ACCESS

L'estensione del nome di un database tipo Access è **.mdb**

A differenza di Excel che ha estensione **.xls**, Word **.doc** e Powerpoint **.ppt**

biblioteca.mdb

Titolo: PC da Zero - Guida facile e pratica per usare il computer - Autore: Gianni Crestani

LE TABELLE DI UN DATABASE

A questo punto, già dalla prima finestra, puoi intuire la complessità di questo programma.
Devi liberare la mente dagli schemi degli altri programmi che già conosci (Word, Excel e Powerpoint) e ... seguire attentamente.

La struttura di un database si appoggia sostanzialmente sulle **TABELLE**.

Un database formato da una sola tabella può essere considerato tale.

Un database è solitamente composto da più TABELLE.

Nella TABELLA vengono memorizzati i **DATI**.

I DATI sono inseriti nelle singole celle della TABELLA.

La TABELLA è strutturalmente composta da **CAMPI** e **RECORD**.

I CAMPI e RECORD corrispondono rispettivamente a colonne e righe.

CREARE UNA TABELLA

Il modo più semplice per creare una tabella è avviare una "creazione guidata".

Per creare una tabella,

1 - dopo aver attivato con un clic la scheda Tabelle (se occorre)

2 - fai doppio clic su "Crea una tabella mediante una creazione guidata"

3 - scegli l'ambito, ad esempio un clic su "Ambito privato"

4 - scorri il primo elenco a sinistra e scegli una tabella, ad esempio clicca su "Autori".

Titolo: PC da Zero - Guida facile e pratica per usare il computer - Autore: Gianni Crestani

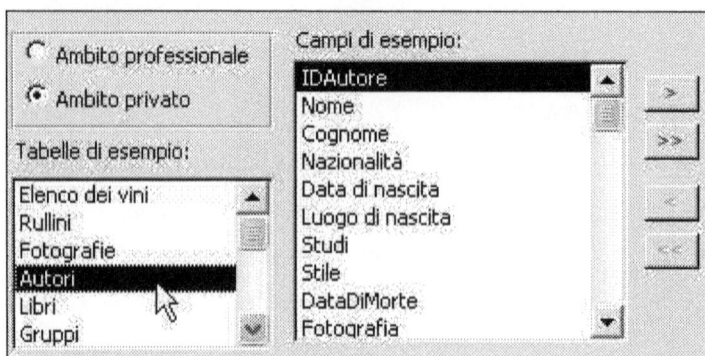

Nell'elenco "Campi di esempio" dovrai ora scegliere i campi della tabella.

Ad ogni campo scelto, corrisponderà una colonna.

Ogni tabella di un database deve avere un campo a **CHIAVE PRIMARIA**.

Un campo a CHIAVE PRIMARIA corrisponde sostanzialmente ad una colonna, dove non esistono valori ripetuti. Ovvero ogni valore è **UNIVOCO**.

E' buona norma aggiungere un campo, nominarlo Idnometabella e assegnarlo come CHIAVE PRIMARIA.

E' buona norma numerare progressivamente il campo a CHIAVE PRIMARIA con numeri interi.

Impostandolo con il formato **CONTATORE**, il campo a CHIAVE PRIMARIA verrà automaticamente compilato ad ogni record aggiunto.

Non disperare se non comprendi tutto, vai pure avanti, l'esempio dipanerà ogni tuo dubbio (almeno spero!).

5 - Seleziona con un clic il campo (es.IdAutore) *da inserire e clicca sul pulsante a singola freccia destra*

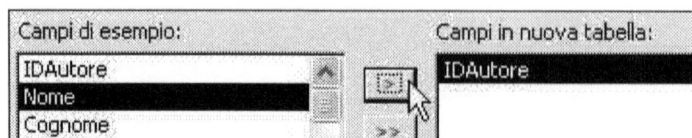

6 - ripeti l'operazione anche per gli altri campi (Nome, Cognome e Nazionalità).

Se commetti un errore (ad esempio aggiungi un campo indesiderato),

- dall'elenco "Campi in nuova tabella" seleziona con un clic il campo da rimuovere e clicca sulla singola freccia sinistra.

7 - Clicca sul pulsante "Avanti".

Da questa finestra puoi cambiare il nome alla tabella.

Titolo: PC da Zero - Guida facile e pratica per usare il computer - Autore: Gianni Crestani

Lascia attiva l'opzione "Chiave primaria impostata in modo automatico".

8 - Clicca ancora su "Avanti".

Lascia attiva l'opzione "Immissione di dati direttamente nella tabella".

9 - Clicca sul pulsante "Fine".

La TABELLA è stata creata e viene automaticamente aperta, pronta per essere riempita di dati.

Inizialmente la TABELLA ha una sola riga. Quando immetti i dati, le altre righe vengono automaticamente aggiunte.

ID autore	Nome	Cognome	Nazionalità
(Contatore)			

IMMETTERE DATI IN UNA TABELLA

Procedi quindi ad inserire i dati.

Il campo Idautore viene compilato automaticamente.

1 - Premi il tasto TAB e digita il nome del primo autore (es.Grazia)

2 - premi il tasto TAB e digita il cognome del primo autore (es.Deledda)

3 - premi il tasto TAB e digita la nazionalità del primo autore (es.Italia)

4 - procedi ad inserire altri nomi di autori / scrittori.

Nota: i dati che vengono inseriti sono memorizzati automaticamente nella tabella, ovvero non serve come per gli altri programmi cliccare sul comando salva !

Ogni dato viene memorizzato direttamente sul disco fisso.

CANCELLARE DATI DA UNA TABELLA

Per cancellare i dati di una tabella puoi usare i classici metodi.

1 - Seleziona il dato da cancellare e premi il tasto CANC da tastiera, oppure **il tasto BACKSPACE.**

Per cancellare invece un intero record (riga),

1 - posiziona il cursore sulla riga da cancellare

2a - dalla barra dei menu clicca su "Modifica" > "Elimina record" oppure,

2b - dalla barra degli strumenti clicca sul comando "Elimina record".

183

Passo 5.3 - Creare maschere

COS'E' UNA MASCHERA PER UN DATABASE

In un database, una *MASCHERA* ha una funzione coreografica.

Ovvero serve per abbellire un database.

Se ben progettata una maschera facilita l'immissione dei dati.

Puoi benissimo progettare un database senza l'uso di maschere, la sua funzionalità rimarrà inalterata.

CREARE UNA MASCHERA

Per creare una maschera,

1 - dal database (es. biblioteca)*, seleziona con un clic l'oggetto "Maschera"*

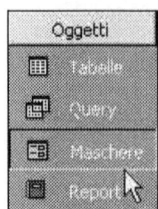

2 - fai doppio clic su "Crea una maschera mediante una creazione guidata"

3 - dal menu a discesa scegli la tabella (o query) *sulla quale vuoi creare una maschera.*

Seguendo l'esempio, non è necessario selezionare la tabella perché ne esiste una sola.

4 - Scegli i campi da visualizzare nella tabella.

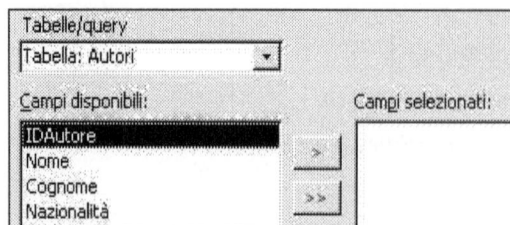

Seleziona con un clic il campo e clicca sulla singola freccia destra.

Titolo: PC da Zero - Guida facile e pratica per usare il computer - Autore: Gianni Crestani

Per aggiungere velocemente tutti i campi clicca sulla doppia freccia destra.

Nell'esempio "tabella autori", scegli i campi Nome, Cognome e Nazionalità.
Non occorre visualizzare il campo IdAutori, perché viene compilato automaticamente.

5 - Clicca sul pulsante "Avanti"

6 - scegli il layout della maschera, ovvero in che modo devono essere disposti i campi.

Nell'esempio è stato scelto il layout "A colonne".

7 - Clicca sul pulsante "Avanti"

8 - scegli lo stile della maschera con un clic su una voce.

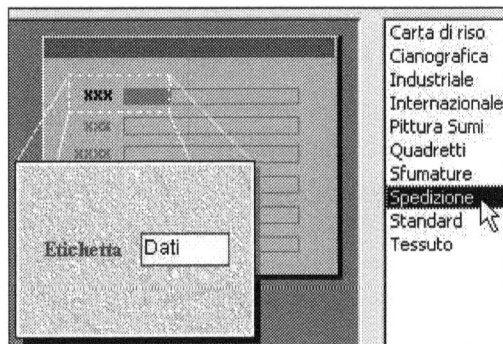

Nell'esempio è stato scelto lo stile "Spedizione".

9 - Clicca sul pulsante "Avanti"

10 - clicca sul pulsante "Fine".

La Maschera è stata creata.

Titolo: PC da Zero - Guida facile e pratica per usare il computer - Autore: Gianni Crestani

Autori			_ □ ✕
Nome	Grazia		
Cognome	Deledda		
Nazionalità	Italia		

Record: |◄ ◄ [1] ► ►| ►* di 2

MASCHERE ED ANALOGIE

Ora che hai creato una maschera, potrai usarla per inserire dati.

Nell'esempio hai creato una maschera che si appoggia sulla tabella Autori.

Quindi ora hai la possibilità di immettere dati nella "tabella Autori" o direttamente da essa o dalla "maschera Autori".

Sostanzialmente non cambia nulla. I dati immessi tramite la "maschera Autori", vengono comunque sempre memorizzati nella "tabella Autori".

Per fare una analogia, puoi pensare ad un viso di una persona.

Mangiare con o senza una maschera (carnevalesca), in sostanza non cambia nulla.

Il cibo ingerito va a finire sempre nello stesso stomaco della persona che indossa la maschera.

Per similitudine, quindi, la tabella è paragonata alla persona e la maschera di un database è paragonata alla maschera carnevalesca indossata dalla persona stessa.

INSERIRE E CONSULTARE DATI TRAMITE MASCHERA

Per aprire una maschera,

1 - clicca su oggetti: "Maschera"

2 - apri la Maschera con un doppio clic (es. Autori).

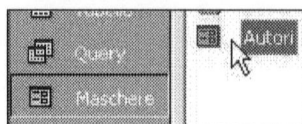

186

Per inserire un record tramite maschera,

3a - clicca sulla freccia destra con asterisco

3b - immetti i dati spostandoti poi con il tasto TAB da tastiera.

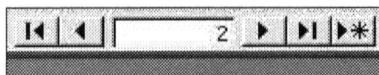

Per visualizzare il record precedente,

4 - clicca sulla freccia sinistra.

Per visualizzare il primo record,

5 - clicca sulla freccia sinistra con linea verticale.

Per vedere il record successivo,

6 - clicca sulla freccia destra.

Per vedere l'ultimo record,

7 - clicca sulla freccia destra con linea verticale.

Titolo: PC da Zero - Guida facile e pratica per usare il computer - Autore: Gianni Crestani

Titolo: PC da Zero - Guida facile e pratica per usare il computer - Autore: Gianni Crestani

CREARE PRESENTAZIONI CON POWERPOINT

Creare presentazioni per proiettare album fotografici su PC, presentare tesi di laurea, o esporre prodotti e servizi.

Tutto questo lo puoi fare usando un programma di presentazione.

Microsoft Powerpoint 2002 è il programma base per le prossime lezioni.

OpenOffice-Impress è il programma gratuito alternativo.

Titolo: PC da Zero - Guida facile e pratica per usare il computer - Autore: Gianni Crestani

Passo 6.1 - Creare una diapositiva con un'immagine e lo sfondo

POWERPOINT

Ora che hai preso un po' di dimestichezza con i programmi di scrittura e calcolo, possiamo passare a questo simpatico programma.

Se Word è stato il sostituto della macchina da scrivere, ed excel il sostituto della calcolatrice, Powerpoint potrebbe considerarsi il sostituto del proiettore di diapositive e/o lucidi.

E' utilizzato per creare presentazioni animate, album fotografici, tesi di laurea, prodotti e servizi commerciali e non.

Premessa:

le lezioni che tratterò su Powerpoint, sono basate sulla versione 2002 del programma, come del resto è stato fatto anche per Word ed Excel.

Ma a differenza degli altri due programmi, la versione "2002" di Powerpoint, differisce da quelle precedenti, principalmente per la diversa disposizione e impostazione dei comandi fondamentali.

Dovrai quindi fare un piccolo sforzo (se possiedi una versione precedente alla "2002") per cercare di capire come impartire gli stessi comandi proposti dagli esercizi.

APRIRE POWERPOINT

Apri il programma powerpoint.

Titolo: PC da Zero - Guida facile e pratica per usare il computer - Autore: Gianni Crestani

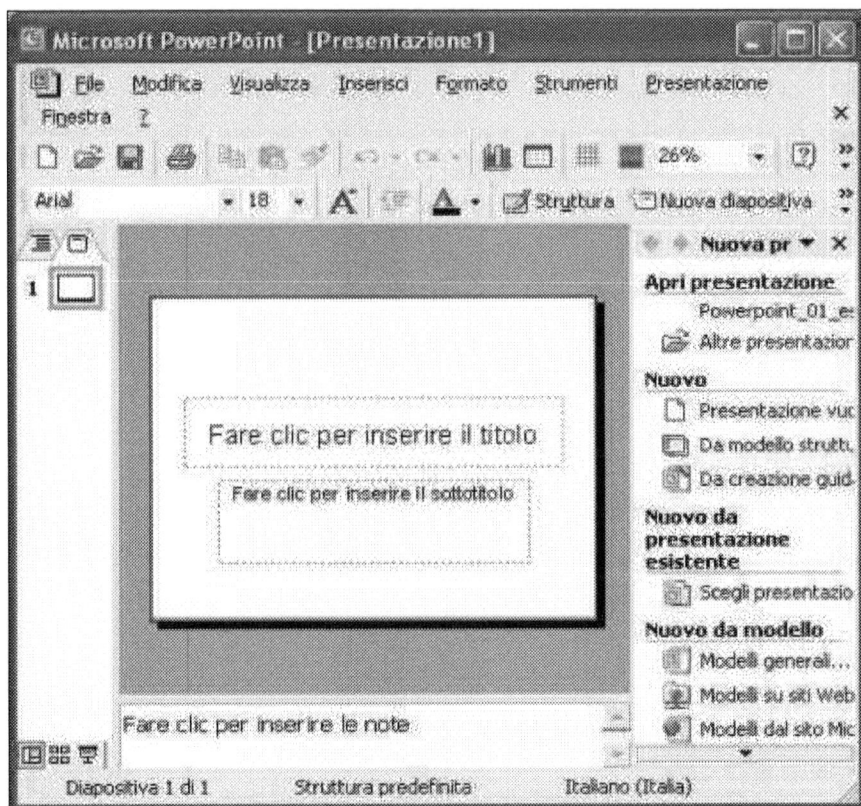

Come vedi le barre dei comandi hanno un aspetto famigliare con i programmi Word ed Excel.

Osserva la barra del titolo. In questo caso il file inizialmente viene "battezzato" con il nome di "Presentazione1".

Le barre degli strumenti hanno molte icone in comune con quelle di Word. La parte centrale è divisa in tre finestre. La finestra di sinistra serve per "navigare" facilmente tra le diapositive create. La finestra centrale mostra il foglio/diapositiva attiva. La finestra di destra ti permetterà di accedere facilmente ai comandi principali.

LA MIA PRIMA DIAPOSITIVA

Clicca sulla casella "titolo" della finestra centrale e digita **LA MIA PRIMA DIAPOSITIVA**.

Clicca sul "sottotitolo" e digita **creata da "tuonome"**.

Titolo: PC da Zero - Guida facile e pratica per usare il computer - Autore: Gianni Crestani

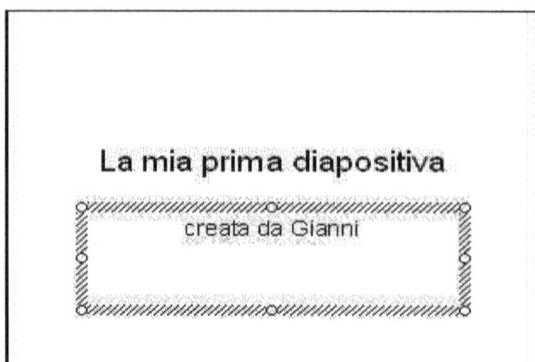

La mia prima diapositiva

creata da Gianni

INSERIRE UNA CLIPART

Per inserire una clipart (un piccola immagine),

1 - dalla barra dei menu clicca su "Inserisci"

2 - posiziona il puntatore sula voce "Immagine"

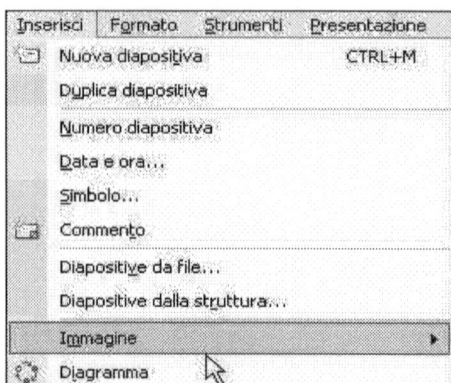

3 - Clicca su "Clip Art...".

Sulla finestra di destra appare la schermata "inserisci ClipArt".

4 - Clicca sulla casella "Trova" e digita una parola a piacere (ad esempio aereo)

Titolo: PC da Zero - Guida facile e pratica per usare il computer - Autore: Gianni Crestani

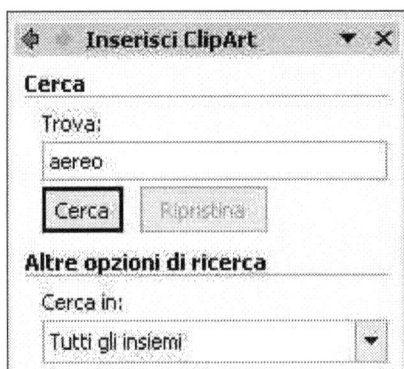

5 - clicca sul comando "Cerca" che si trova subito sotto, oppure **premi il tasto "invio" da tastiera.**

La finestra visualizzerà tutte le ClipArt attinenti alla parola digitata.

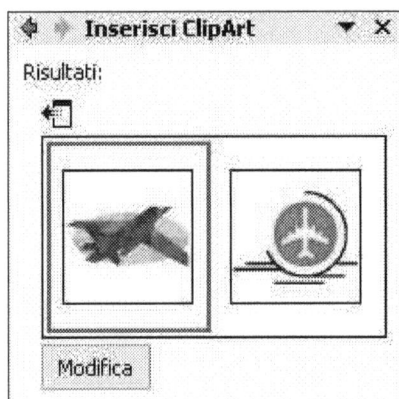

6 - Ora inserisci una ClipArt sulla diapositiva, facendo un clic al centro della ClipArt.

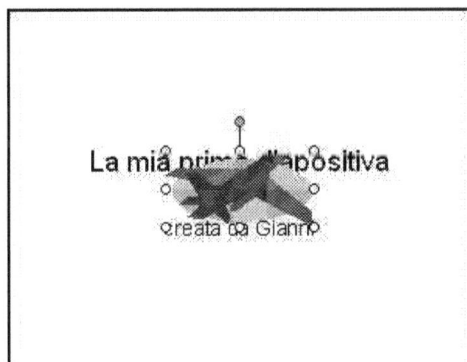

SPOSTARE E DIMENSIONARE LA CLIPART

La ClipArt è stata inserita al centro della diapositiva.

Titolo: PC da Zero - Guida facile e pratica per usare il computer - Autore: Gianni Crestani

Per spostarla, la devi trascinare, ovvero

1 - clicca al centro della ClipArt e tenendo premuto il tasto del mouse, sposta il mouse finché il puntatore sullo schermo si trova nel punto in cui vuoi posizionare la ClipArt

2 - rilascia quindi il tasto del mouse.

Per dimensionare la ClipArt,

1 - posiziona il puntatore sulle maniglie (rappresentate dai pallini/quadratini bianchi situate ai bordi)

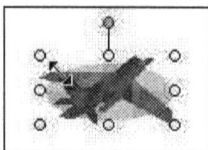

2 - quando il puntatore si trasforma in una doppia freccia divergente, clicca, tieni premuto e sposta il puntatore verso il centro dell'immagine per rimpicciolirla, oppure **verso l'esterno per ingrandirla.**

Se usi le maniglie situate negli angoli, la ClipArt, mantiene le proporzioni.

CREARE LO SFONDO

Per colorare lo sfondo della diapositiva,

1 - dalla barra dei menu clicca su "Formato"

2 - clicca sulla voce "Sfondo".

Si apre una finestrella come da figura.

Titolo: PC da Zero - Guida facile e pratica per usare il computer - Autore: Gianni Crestani

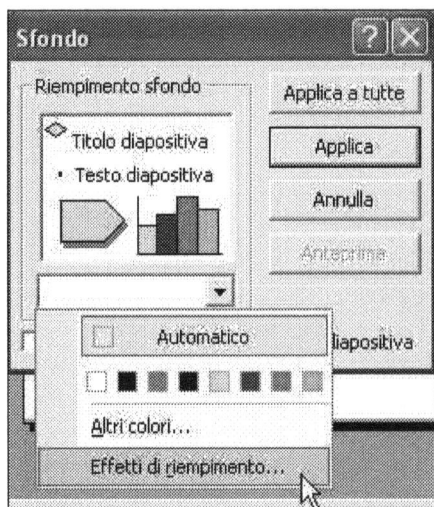

3 - Clicca sul triangolino nero in basso al centro

4 - dal sottomenu clicca su "Effetti di riempimento".

Si apre un'ulteriore finestra come da figura.

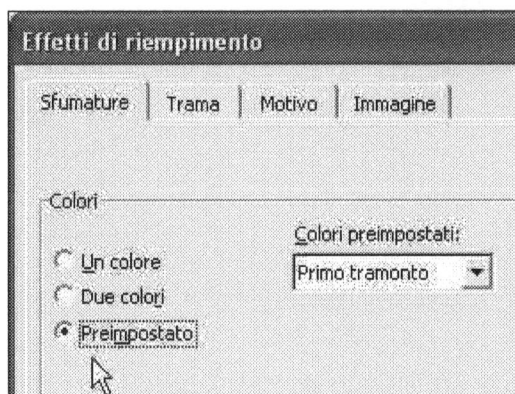

5 - Sulla scheda "Sfumature" clicca sull'opzione "Preimpostato"

6 - dalla casella "Colori preimpostati" clicca sul triangolino nero

7 - e clicca sulla voce desiderata (ad esempio "Alba")

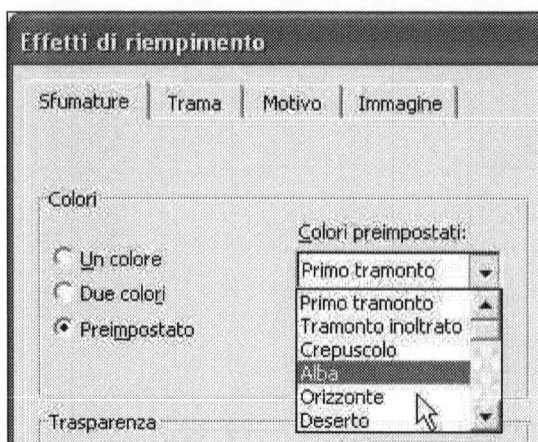

8 - clicca sull'opzione sfumatura "Diagonale giù"

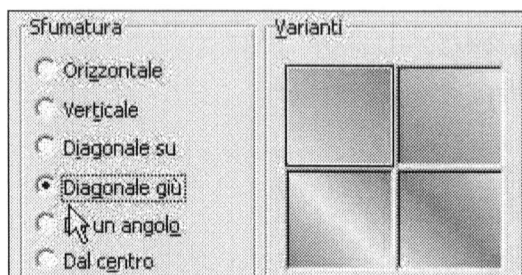

9 - clicca su OK.

La finestra "Effetti di Riempimento" si chiude ma rimane ancora aperta la finestrella "Sfondo".

10 - Clicca su Applica per applicare lo sfondo alla diapositiva attiva oppure,

11 - clicca su "Applica a tutte" per applicare lo sfondo a tutte le diapositive create e a quelle che verranno create in questa presentazione.

Titolo: PC da Zero - Guida facile e pratica per usare il computer - Autore: Gianni Crestani

VISUALIZZARE LA PRESENTAZIONE

Creata la diapositiva, avvia la presentazione.

1 - Dalla barra dei menu clicca su "Presentazione"

2 - clicca su "Visualizza Presentazione".

Oppure più velocemente, *premi il tasto F5 da tastiera.*

Ora vedi la diapositiva a tutto schermo.

Per scorrere la presentazione,

1 - clicca

2 - clicca una seconda volta per terminare.

Titolo: PC da Zero - Guida facile e pratica per usare il computer - Autore: Gianni Crestani

Passo 6.2 - Inserire e cancellare diapositive. Impostare la transizione

INSERIRE UNA NUOVA DIAPOSITIVA 1

Per inserire una nuova diapositiva,

1 - dalla barra dei menu, clicca su "Inserisci"

2 - dal menu che si apre clicca "Nuova diapositiva".

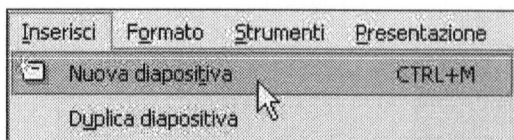

Osserva, nella finestra centrale è stata creata una nuova diapositiva,

e nella finestra di sinistra si vedono ora due icone che rappresentano le due diapositive.

Per visualizzare nuovamente la prima diapositiva,

1 - dalla finestra di sinistra clicca sulla prima icona.

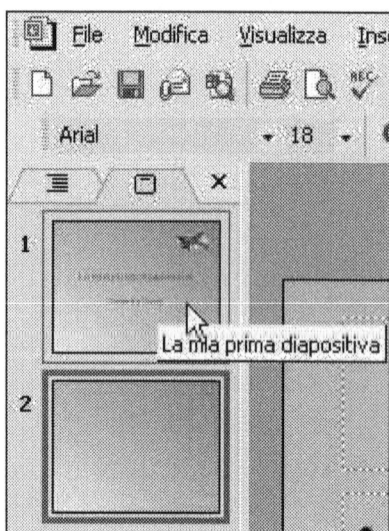

INSERIRE UNA NUOVA DIAPOSITIVA 2

Esiste un altro metodo per inserire nuove diapositive, e in modo più veloce.

1 - Chiudi e riapri il programma Powerpoint

2 - dalla finestra di sinistra clicca sull'icona struttura

che si trova sotto la casella "Tipo di carattere" della barra della

Titolo: PC da Zero - Guida facile e pratica per usare il computer - Autore: Gianni Crestani

formattazione.

La finestra di sinistra cambia aspetto.

3 - Clicca a fianco dell'icona per posizionare il cursore

4 - digita da tastiera il titolo della diapositiva `Prima diapositiva`

5 - premi il tasto invio.

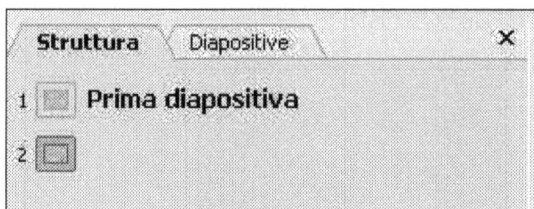

Viene creata così una nuova diapositiva.

6 - Digita `Seconda diapositiva` **e premi invio**

7 - digita `Terza Diapositiva` ... e così via !

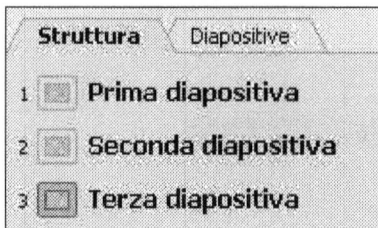

VISUALIZZARE LE DIAPOSITIVE

Per visualizzare le diapositive,

dalla finestra di sinistra clicca sull'icona relativa alla diapositiva che

vuoi visualizzare.

Nell'esempio, clicca su diapositiva 1.

199

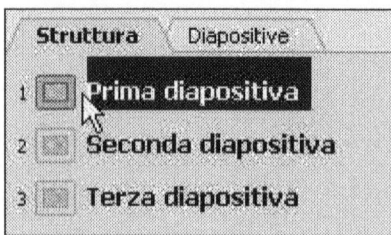

INSERIRE TESTO

Se vuoi inserire del testo su una diapositiva,

o usi le caselle di testo esistenti, oppure devi inserirne una nuova.

1 - Dalla barra dei menu clicca su "Inserisci"

2 - clicca su "Casella di testo"

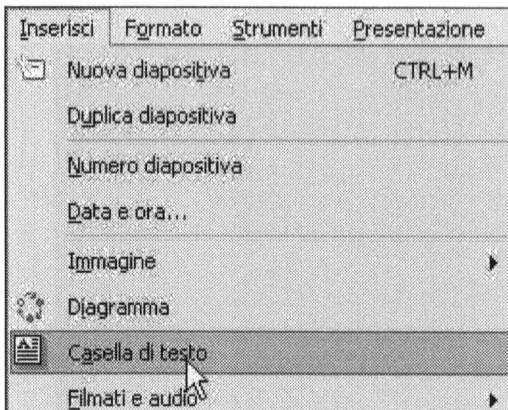

3 - posiziona il puntatore sulla diapositiva (che si è trasformato in una freccina) *e clicca*

4 - digita da tastiera questa casella di testo l'ho inserita io

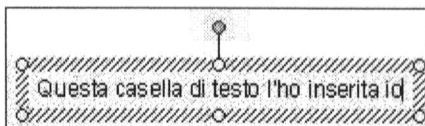

5 - clicca su un punto vuoto della diapositiva per deselezionare la casella di testo.

SPOSTARE UNA CASELLA DI TESTO

Per spostare una casella di testo,

1 - clicca sulla casella di testo

2 - posiziona il puntatore sul bordo (non sulle maniglie)

200

quando si trasforma in quattro frecce divergenti (non due),

3a - clicca, tieni premuto, sposta il mouse e rilascia.

Oppure,

3b - clicca sul bordo e usa le frecce cursore da tastiera.

IMPOSTARE LA TRANSIZIONE DELLE DIAPOSITIVE

Per impostare la transizione delle diapositive,

1 - dalla barra dei menu clicca su "Presentazione"

2 - clicca su "Transizione diapositiva ...".

La finestra di destra cambia aspetto.

3 - Porta il puntatore sulla finestra di destra e clicca sulla transizione desiderata

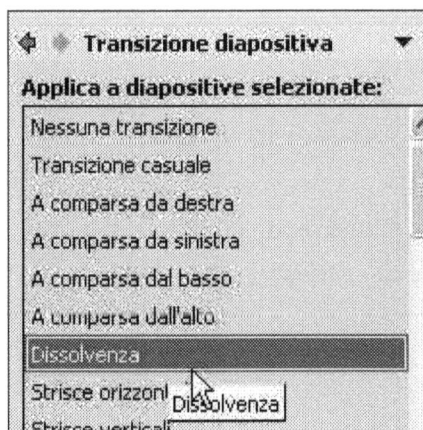

Titolo: PC da Zero - Guida facile e pratica per usare il computer - Autore: Gianni Crestani

4 - clicca sulla casella "Velocità" e dal menu che si apre clicca sulla voce "Lento".

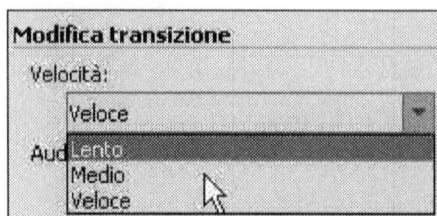

Ora puoi cambiare l'effetto della transizione ed osservarla meglio sulla finestra centrale.

Sempre dalla finestra di destra, puoi impostare l'avanzamento delle diapositive.

Per impostazione predefinita, la casella di controllo "con un clic del mouse" è attiva,

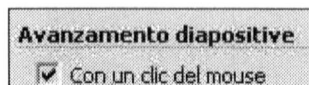

questo significa che una volta avviata la presentazione, per visualizzare la diapositiva successiva, dovrai cliccare ogni volta.

Se invece vuoi che lo scorrimento delle diapositive avvenga senza il tuo intervento,

5 - fai un clic sulla casella di controllo "Automaticamente dopo".

La casella viene riempita con un segno di spunta.

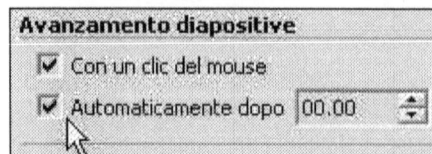

Ora per impostare quanti secondi devono trascorrere per la visualizzazione delle diapositive successive,

6 - clicca sulla casella a destra di "Automaticamente dopo"

7 - cancella lo 0 (zero) **e digita il numero di secondi.**

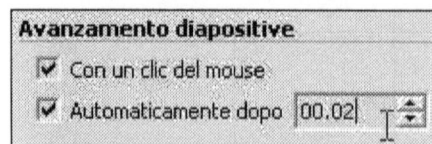

Oppure clicca sui pulsantini di incremento e decremento che si trovano a

202

destra della casella.

8 - Clicca sul pulsante "Applica a tutte le diapositive"

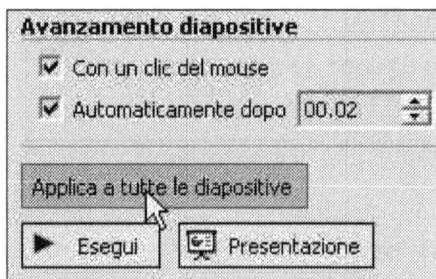

9 - clicca sul pulsante "Presentazione" o premi il tasto F5 per avviare la presentazione e vedere quindi gli effetti.

CANCELLARE UNA DIAPOSITIVA

Per cancellare una diapositiva,

1a - dalla finestra di sinistra clicca sulla diapositiva da cancellare

2a - premi il tasto CANC da tastiera.

Oppure,

1b - clicca con il pulsante destro del mouse sulla diapositiva da cancellare

2b - dal menu contestuale clicca su "Elimina diapositiva".

Titolo: PC da Zero - Guida facile e pratica per usare il computer - Autore: Gianni Crestani

Passo 6.3 - Creare una animazione

AGGIUNGERE UN EFFETTO DI ANIMAZIONE

Vediamo ora come animare un'immagine o clipart su una diapositiva di powerpoint.

Dopo aver aperto il programma Powerpoint, prima di tutto inserisci un'immagine.

1 - Dalla barra dei menu clicca su "Inserisci" > "Immagine" > "Clip Art"

2 - dalla finestra di destra, nella casella "Trova", digita auto
3 - clicca sul comando "Cerca"

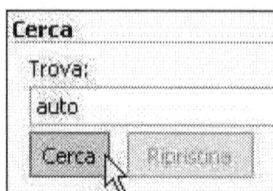

4 - fai un clic sull'immagine scelta per inserirla al centro della diapositiva.

Ora per animare l'oggetto,

1 - dalla barra dei menu clicca su "Presentazione" > "Animazione personalizzata".

204

La finestra di destra cambia di nuovo aspetto.

2 - Con un clic, seleziona l'oggetto da animare sulla diapositiva

3 - dalla finestra di destra, clicca su "Aggiungi effetto" > "Entrata" >
"Entrata Veloce".

Vedrai l'oggetto muoversi.

Per rivedere l'animazione,

4 - clicca sul comando "Esegui" che si trova nella finestra a destra in
basso.

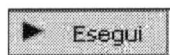

Oppure, se vuoi vedere la presentazione a tutto schermo,

5 - clicca sul comando "Presentazione" (oppure ancora, premi il tasto F5
da tastiera).

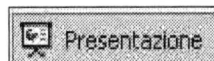

COME CAMBIARE L'ANIMAZIONE PREDEFINITA

Per cambiare la direzione dell'animazione,

clicca sulla casella "Direzione" e "da destra".

Titolo: PC da Zero - Guida facile e pratica per usare il computer - Autore: Gianni Crestani

Per cambiare la velocità

clicca sulla casella "Velocità" e "Medio".

Per animare l'oggetto senza usare il clic del mouse,

clicca sulla "triangolino nero" a destra della casella dell'animazione e

clicca su "Inizia con il precedente".

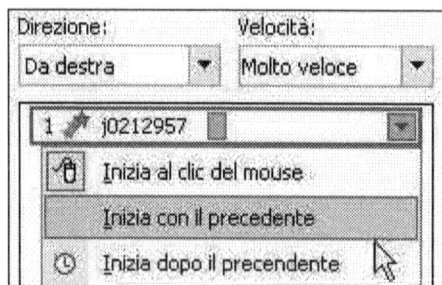

Ora, quando premerai F5, non ci sarà bisogno di cliccare per vedere l'animazione.

AGGIUNGERE UN SECONDO EFFETTO ALLO STESSO OGGETTO

La novità della versione "2002" di Powerpoint dà la possibilità di aggiungere più effetti allo stesso oggetto.

1 - Seleziona l'oggetto sulla diapositiva con un clic

2 - clicca su "Aggiungi Effetto" > "Enfasi" > "Ingrandimento Riduzione"

Titolo: PC da Zero - Guida facile e pratica per usare il computer - Autore: Gianni Crestani

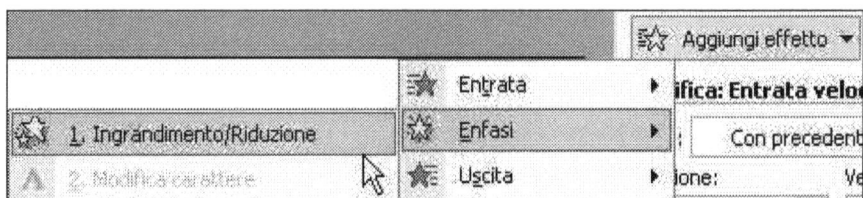

3 - clicca su "Esegui" per rivedere l'effetto.

Cambia ora le dimensioni del secondo effetto,

4 - clicca sulla casella "Dimensioni" e "Più piccolo".

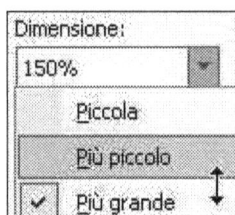

APPLICARE DUE EFFETTI ALLO STESSO OGGETTO CONTEMPORANEAMENTE

L'animazione dell'auto (in questo caso) consiste in un'entrata da destra, una fermata al centro della diapositiva ed in seguito in un rimpicciolimento della stessa.

Per vedere l'auto entrare e rimpicciolirsi contemporaneamente,

1 - clicca sulla casella del secondo effetto e su "Inizia con il precedente"

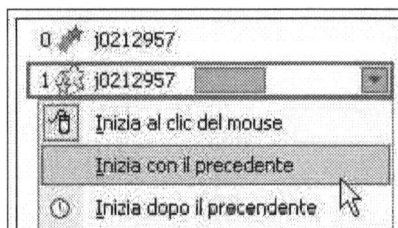

2 - clicca su "Esegui" per vedere l'effetto.

FARE SCOMPARIRE L'OGGETTO DALLA DIAPOSITIVA

Completiamo ora l'animazione facendo scomparire l'oggetto dalla diapositiva.

1 - Seleziona l'oggetto sulla diapositiva con un clic

2 - clicca su "Aggiungi Effetto" > "Uscita" > "Uscita veloce"

207

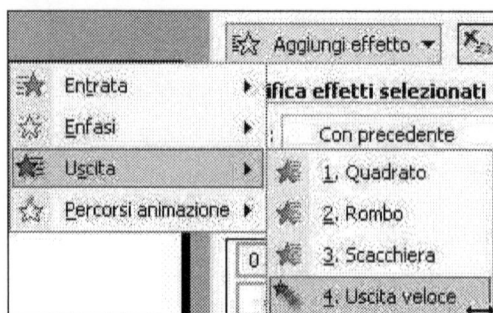

3 - clicca sulla casella "Direzione" e su "Verso sinistra".

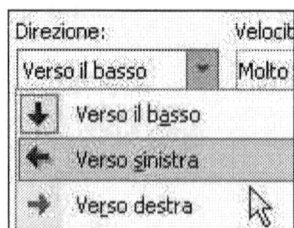

Per vedere questo ultimo effetto, dopo quelli precedenti, senza cliccare,

4 - clicca sulla casella del terzo effetto e clicca su "Inizia dopo il precedente".

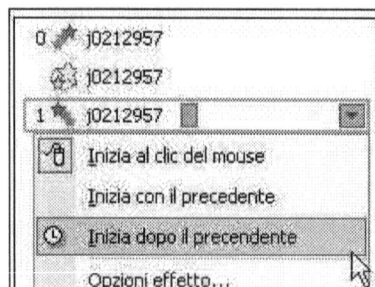

208

NAVIGARE IN INTERNET

Inizia a capire e scoprire Internet.

Hai un amico/a che non lo conosce ?

Fai un piccolo regalo: fotocopia le prime 4 lezioni e donagliele!

Una raccomandazione: prima di avventurarti troppo nella "Giungla Internet" segui le lezioni PC sicuro che potrai leggere sul sito www.pcdazero.it, alla pagina http://www.pcdazero.it/3000indice.php

WWW.JPErGRAFANDO.IT

Titolo: PC da Zero - Guida facile e pratica per usare il computer - Autore: Gianni Crestani

Passo 7.1 - Internet cos'è e a cosa serve

COSA SIGNIFICA NAVIGARE IN INTERNET

La navigazione in internet
può essere paragonata alla
consultazione di una grande
biblioteca \ videoteca
virtuale, di dimensioni ...
mondiali.

In una biblioteca prendi un libro. Sfogli il libro e inizi a leggere pagina per pagina, oppure solo le pagine che ti interessano. Poi deponi il libro e passi alla consultazione di qualche altro tomo.

In internet visualizzi una pagina (web), sul monitor del computer.
Scorri con la rotellina del mouse per visualizzare tutto il contenuto della pagina (quando è più lunga del monitor).
Sposti il puntatore del mouse su una parola o immagine.
Se il puntatore si trasforma in una manina con l'indice puntato, fai un clic con il mouse.

Sul tuo monitor, verrà visualizzata un'altra pagina (oppure una parte della stessa pagina).
Da quest'altra pagina, con lo stesso procedimento, potrai visualizzarne un'altra, e così via.
Questo procedimento viene detto **NAVIGARE IN INTERNET**, ovvero consultare pagine web.

A differenza di una biblioteca "fisica", la navigazione in internet ti permette, potenzialmente, di passare da una pagina ad un'altra qualsiasi, tra le miliardi di pagine disponibili nella rete mondiale.

A COSA SERVE NAVIGARE IN INTERNET

La navigazione in internet ti permette di accedere a miriadi di informazioni:

Titolo: PC da Zero - Guida facile e pratica per usare il computer - Autore: Gianni Crestani

- leggere quotidiani (ad esempio: www.corriere.it - www.repubblica.it)

- consultare siti che contengono informazioni mediche (ad esempio:

www.dica33.it)

- consultare gli orari dei treni (www.trenitalia.it)

- consultare le leggi (www.parlamento.it/leggi)

- consultare norme e decreti (www.normeinrete.it - www.gazzettaufficiale.it)

- leggere o ricercare libri e ascoltare musica

(www.liberliber.it - www.letteraturaitaliana.net)

- imparare l'uso stesso del computer

(www.pcdazero.it - www.caspur.it/formazione/mais/)

e molto altro.

I SERVIZI DISPONIBILI CON INTERNET

Un collegamento ad Internet ti permette anche di usufruire di innumerevoli

servizi:

- comunicare con amici e parenti attraverso la posta elettronica, ovvero puoi

inviare e ricevere messaggi con il computer

- scambiare informazioni attraverso bacheche virtuali (i newsgroup)

- dialogare in tempo reale (via tastiera) con più persone site in ogni parte del

mondo (le chat)

- mettere a disposizione dell'intera comunità (internet) i propri pensieri, opere

o servizi, pubblicando tu stesso/a pagine web (blog, siti web).

Puoi programmare un viaggio e prenotare hotel (maps.google.it -

www.venere.com)

- prenotare uno spettacolo (www.arena.it - www.teatroallascala.org -

www.teatroeliseo.it)

- compilare la dichiarazione dei redditi e versare le imposte

(fisconline.agenziaentrate.it - www.agenziaentrate.it)

- accedere ai servizi della pubblica amministrazione (www.italia.gov.it)

- controllare l'estratto conto bancario ed effettuare operazioni bancarie

- svolgere operazioni finanziarie.

Titolo: PC da Zero - Guida facile e pratica per usare il computer - Autore: Gianni Crestani

Per un approfondimento dell'argomento, consiglio di leggere la pagina raggiungibile da questo indirizzo:

http://www.laterza.it/internet/leggi/internet2004/online/04_considerazionigen erali.htm

Titolo: PC da Zero - Guida facile e pratica per usare il computer - Autore: Gianni Crestani

Passo 7.2 - Primi passi con Internet

COSA OCCORRE PER POTER NAVIGARE IN INTERNET

Per poter navigare in internet occorre:

1 - un *computer*,

2 - un *modem* (l'apparecchio che permette al computer di comunicare attraverso la linea telefonica. Può essere già all'interno del computer)

3 - una *linea telefonica* (fissa o da cellulare)

4 - un *fornitore di connettività* (o Internet provider, che ti permette di accedere tramite linea telefonica alla rete internet)

5 - uno o più *programmi* installati sul computer (solitamente già installati sul computer acquistato).

COME COLLEGARSI ED INIZIARE A NAVIGARE IN INTERNET

Se il computer è già predisposto al collegamento internet, per poter iniziare a navigare in internet,

1 - apri il programma di navigazione (detto browser) **con un clic su start > Internet Explorer** (oppure Firefox o Opera)

2 - ed eventualmente (se non ti trovi nelle università o uffici dove il collegamento è permanente) **clicca sul pulsante "Connetti" dalla finestra "Connessione remota".**

Se tutto funziona, ora sei collegato ad Internet.

COME SCOLLEGARSI DA INTERNET

Una cosa importantissima è sapere e ricordarsi di sconnettersi da Internet. Questo soprattutto quando hai una tariffa a tempo.

Chiudere la finestra del browser (Internet Explorer, Firefox, Opera o altro) non ti sconnette da internet (a meno che sia stata impostata l'opzione di disconnessione automatica).

Quindi, potresti avere chiuso tutte le finestre, visualizzare solamente il desktop e ciononostante essere ancora connesso ... e la bolletta telefonica

213

aumenta!

L'icona posta in basso a destra del desktop,

raffigurante due computer sovrapposti, ti indica la presenza di un collegamento internet.

Per sconnetterti da internet,

1 - clicca con il tasto destro sull'icona in basso a destra rappresentante due computer sovrapposti

2 - dal menu contestuale clicca su "Disconnetti".

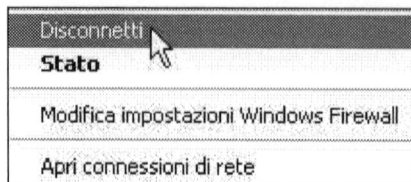

N.B.: Non sempre l'icona con i due minuscoli computer appare quando si è collegati ad interne. Dipende dalla versione di Windows in uso e dalla sua configurazione.

Titolo: PC da Zero - Guida facile e pratica per usare il computer - Autore: Gianni Crestani

LA VELOCITA' DI INTERNET

Quando si naviga in internet, le pagine non sono subito caricate (visualizzate sul monitor).

Occorre un po' di tempo.

Questo dipende dal tipo di connessione (*analogica 56K, ISDN, ADSL*), dalla congestione del traffico di rete in quel dato momento (più utenti che accedono allo stesso provider e alla stessa risorsa), dalla "pesantezza" della pagina da visualizzare (più la pagina è formata da immagini e più tempo occorre per visualizzarla).

Il tipo di connessione incide in maniera predominante sulla velocità.

Esistono collegamenti lenti alla velocità di 56 Kbps 128 Kbps, collegamenti veloci con velocità 640 Kbps - 2 Mbps - 4 Mbps, collegamenti superveloci con velocità 20 Mbps.

Una velocità di 56 kbps significa che una pagina di 56 bit equivale a circa 7 Kilobyte, impiega 1 secondo per essere caricata e quindi visualizzata sul tuo monitor.

Per caricare e visualizzare una pagina di 70 Kbyte occorrono come minimo 10 secondi.

La velocità è però teorica. Solitamente si viaggia a velocità inferiori a quelle teoriche (20% / 50% in meno).

Quindi per visualizzare una pagina di 70Kbyte potranno servire:

- 20 secondi per una normale connessione a 56 Kbps,

- 10 secondi per una normale connessione a 128 Kbps,

- 2 secondi per una connessione ADSL a 640Kbps,

- meno di 1 secondo per connessioni superiori (2Mbps o 20 Mbps pari rispettivamente a 2000 Kbps e 20000 Kbps).

Titolo: PC da Zero - Guida facile e pratica per usare il computer - Autore: Gianni Crestani

Quindi 1 Mbps (mega bit per secondo) equivale a 1000 Kbps (kilobit per secondo).

1 bit non è 1 byte. - 1 byte equivale a 8 bit.

QUALE CONNESSIONE SCEGLIERE

Esistono principalmente i seguenti tipi di connessione comune:

1 - linea telefonica tradizionale 56 Kbps o ISDN fino a 128 Kbps

2 - linea ADSL da 640 Kbps, da 2 Mbps, da 4 Mbps, da 12 Mbps, da 20 Mbps.

Se hai una linea telefonica fissa hai senza dubbio la possibilità di collegarti ad internet con il primo tipo di connessione (detta anche *DIAL UP*).

La connessione ADSL è a disposizione solo di coloro che sono coperti da tale connessione.

Non tutte le zone d'Italia sono coperte da ADSL.

Nei portali dei provider, libero.it, alice.it, tiscali.it, tele2.it, potrai verificare se il tuo numero telefonico o la tua zona ha la possibilità di accedere alla linea ADSL.

Se hai a disposizione la copertura ADSL ti consiglio di optare per essa.

In caso contrario, la tua scelta è a senso unico: la linea tradizionale a 56 Kbps o ISDN a 128 Kbps.

INTERNET, MA QUANTO MI COSTI ?

Mentre scrivo (novembre 2006), i costi per connettersi ad Internet sono:

- **Connessione DIAL UP a 56 Kbps a tempo** - per un'ora di connessione continuativa.

Da euro 0,50 (tele2) a euro 1,26,

a seconda del gestore telefonico e della fascia oraria.

- **Connessione DIAL UP *flat*** (ovvero si paga un fisso).

A partire da 12 euro mensili,

per accedere ad Internet tutti i giorni, a tutte le ore, senza alcun limite (vedi ad esempio Teleconomy Internet).

- **Connessione ADSL.**

Titolo: PC da Zero - Guida facile e pratica per usare il computer - Autore: Gianni Crestani

Da euro 16,90 (tele2) a euro 19.95 (Alice) mensili,

per accedere ad Internet con ADSL 2 Mbps tutti i giorni, a tutte le ore, senza alcun limite.

Le offerte sono molte e in continuo cambiamento.

Per analizzare meglio le offerte aggiornate, ti rimando ai seguenti link:

- http://adsl.alice.it/navigare/index.html

- http://internet.libero.it/adsl/

- http://www.tele2.it/internet/index.html

- http://abbonati.tiscali.it/adsl/

- http://www.fastweb.it

Titolo: PC da Zero - Guida facile e pratica per usare il computer - Autore: Gianni Crestani

Passo 7.4 - Come creare la prima connessione

CREARE LA PRIMA CONNESIONE E REGISTRAZIONE - DIAL UP a 56 Kbps

Se hai un computer, un normale modem analogico e una linea telefonica fissa hai la possibilità di accedere fin da subito ad Internet.

Da link

http://assistenza.libero.it/dialup/primo_collegamento_registrazione.phtml

potrai vedere come eseguire la tua prima connessione (con libero.it).

Dal PC di un amico, o da un Internet Point, o da una biblioteca o dall'università,

1 - collegati al link

http://assistenza.libero.it/dialup/primo_collegamento_registrazione.phtml

2 - stampa la pagina.

3 - Da casa tua, **collega il tuo modem/computer alla linea telefonica con il filo telefonico in dotazione**

4 - dal tuo computer non ancora connesso ad internet segui la procedura indicata (dalla pagina stampata).

ALTRE CONNESIONI DIAL UP a 56 Kbps

Puoi creare più connessioni con modem 56 Kbps.

Avere più connessioni, è utile, per avere un'alternativa, quando una di queste è fuori uso (per svariati motivi), oppure è in quel momento molto lenta.

Qui sotto sono indicati alcuni link, da dove potrai registrarti e creare altre connessioni DIAL UP:

- http://registrazione.libero.it/
- http://www.alice.it/home/offerta/internet_gratis.html
- http://abbonati.tiscali.it/internet/
- http://www.tele2.it/internet/dialup/offerta.html

COME CREARE UNA CONNESSIONE AD INTERNET ADSL

Per creare una connessione ADSL, dovrai fare un vero e proprio contratto con uno dei gestori disponibili.

Titolo: PC da Zero - Guida facile e pratica per usare il computer - Autore: Gianni Crestani

L'attivazione non è immediata. Dovrai aspettare l'attivazione ed il modem ADSL eventualmente richiesto.

Scegli uno dei link sotto indicati e segui la procedura guidata.

- http://adsl.alice.it/navigare/index.html
- http://internet.libero.it/adsl/
- http://www.tele2.it/internet/index.html
- http://abbonati.tiscali.it/adsl/
- http://www.fastweb.it

Titolo: PC da Zero - Guida facile e pratica per usare il computer - Autore: Gianni Crestani

Passo 7.5 - Cosa sono i collegamenti ipertestuali e come scaricare file

NAVIGARE CLICCANDO

Una delle cose più belle di una pagina web è il poter aprirne un'altra cliccando sopra un **COLLEGAMENTO IPERTESTUALE**.

Cos'è un collegamento ipertestuale?

Un collegamento ipertestuale (o **LINK**) è una parola o un'immagine o un segno che ti permette di accedere ad una RISORSA web. L'esempio più classico è l'apertura di una pagina web.

1 - Collegati ad Internet e apri il tuo browser (clicca su START > Internet Explorer o simili)

2 - posiziona il puntatore del mouse sopra ad un collegamento ipertestuale.

Vedi che il puntatore cambia forma e si trasforma in una manina con l'indice puntato.

3 - Clicca.

E' proprio la **trasformazione del puntatore in una manina con l'indice puntato** che ti fa capire che in quell'area si trova un collegamento ipertestuale (o link).

VISUALIZZARE IL CONTENUTO DI UNA PAGINA WEB

Se all'estrema destra vedi una barra di scorrimento, significa che non stai visualizzando l'intera pagina, ma solo una parte di essa.

Se non sai cos'è la barra di scorrimento vedi Passo 2.2.

Per visualizzare il contenuto nascosto della pagina web,

1a - clicca più volte sulla freccia che si trova in basso a destra della stessa pagina web oppure,

1b - clicca un po' al di sopra della stessa freccia oppure,

1c - premi il tasto cursore giù che si trova nella tastiera.

Se non sai cos'è il tasto cursore leggi il Passo 3.2. Oppure ancora, se il tuo mouse è dotato di una rotellina, *scorri la rotellina* stessa.

Titolo: PC da Zero - Guida facile e pratica per usare il computer - Autore: Gianni Crestani

APRIRE UNA PAGINA WEB SU UNA NUOVA FINESTRA

Un collegamento ipertestuale,

a) può aprire una pagina web nella stessa finestra, oppure

b) può aprire una pagina web su una nuova finestra.

Questo dipende da chi ha creato quella pagina web.

Da Internet Explorer, collegati al link:

www.pcdazero.it/061navigoininternet.php .

Per collegarti al link www.pcdazero.it/061navigoininternet.php,

1 – effettua la connessione ad Internet

2 – apri Internet Explorer

3 – fai un clic sulla BARRA DEGLI INDIRIZZI (la lunga casella bianca

posta in alto, sotto la barra del titolo)

4 – cancella il suo contenuto con il tasto CANC

5 – digita da tastiera www.pcdazero.it/061navigoininternet.php.

Osserva in fondo allo schermo del monitor (sulla barra delle applicazioni).

Vedi un'icona con il titolo "Navigare in Internet - ..."

Ora scorri la pagina e clicca sul collegamento ipertestuale:

a) Bene, ora clicca qui .

Vedrai visualizzata questa nuova pagina:

Osserva in fondo nella barra delle applicazioni.

Al posto del titolo "Navigare in Internet - ..."

Vedi un'icona con il titolo "Titolo cambiato"

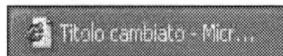

Quindi hai aperto una nuova pagina web nella stessa finestra

e automaticamente si è chiusa quella precedente

Ora per tornare alla pagina precedente *clicca sul pulsante indietro*

221

che si trova in alto a sinistra della barra degli strumenti.

oppure *clicca qui*

Clicca quindi sul PULSANTE INDIETRO per tornare a visualizzare la pagina precedente.

Clicca ora sul collegamento ipertestuale:

b) Nota ora la differenza, invece, e *clicca qui* .

Verrà aperta una nuova finestra con questa pagina:

Osserva in fondo nella barra delle applicazioni.

L'icona con il titolo "Navigare in Internet - ..." è rimasta.

Navigare in Interne...

A fianco si è aperta un'altra icona con il titolo "Altra Finestra" che corrisponde a questa finestra.

Altra Finestra - Micr...

Quindi hai aperto una pagina web in una nuova finestra.

Ora per tornare a visualizzare la pagina precedente,

chiudi questa finestra cliccando sulla crocetta in alto a destra ,

oppure se non vuoi chiudere questa finestra,

clicca sull'icona con il titolo "Navigare in Internet - ..." sulla barra delle applicazioni

Navigare in Interne...

Se vuoi che un collegamento apra una pagina web sempre in una nuova finestra,

1 - clicca con il pulsante destro del mouse sopra il collegamento

2 - e dal menu contestuale clicca su "Apri in un'altra finestra".

222

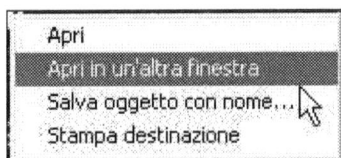

IMMAGINI COME COLLEGAMENTI IPERTESTUALI

Non solo il testo si presta a collegare altre pagine web, ma anche un'immagine può essere un collegamento ipertestuale.

Posiziona il puntatore sopra un'immagine, se il puntatore cambia forma trasformandosi in una manina con l'indice puntato, allora, *cliccando, accederai ad una nuova pagina web.*

Proseguendo l'esempio, dal tuo computer, *scorri la pagina fino a trovare l'immagine come da figura e cliccaci sopra.*

SCARICARE FILE

A volte però, cliccando su alcuni collegamenti, non viene aperta una nuova pagina web, ma, ti viene proposto di scaricare un file (leggi: *fail*).

Se non sai cosa significa "file" ti rimando al Passo 1.2.

Cosa significa scaricare un file?

Scaricare un file da internet significa fare una copia di un file (che si trova nel disco fisso che ospita un sito), nel proprio disco fisso.

Proseguendo l'esempio precedente, sempre dalla stessa pagina web,

1 - scorri la pagina in basso e clicca su:

Ad esempio *cliccando qui,*

Viene aperta una finestra di dialogo, che ti propone di scaricare il file.

223

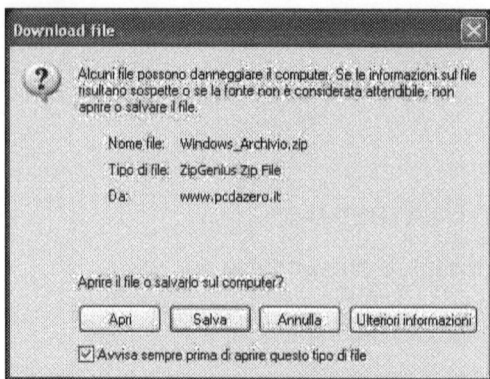

"ATTENZIONE !!! Alcuni file possono danneggiare il computer.

Se le informazioni sul file risultano sospette o se la fonte non è considerata

attendibile, non aprire o salvare il file."

Appurato quanto scritto sopra,

2 - puoi tranquillamente *cliccare sul pulsante salva.*

Verrà quindi aperta la finestra di dialogo "Salva con nome".

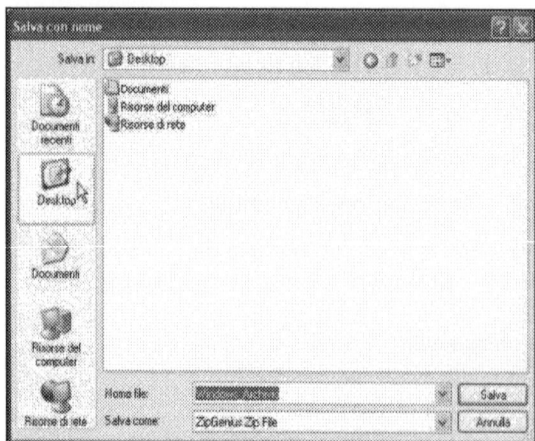

Questa finestra ti chiede di salvare il file sul tuo disco fisso

(per chiarimenti sul salvataggio dei file, segui il Passo 3.3).

Se la cartella e il nome proposto dalla finestra di dialogo sono di tuo

gradimento,

3 - clicca sul pulsante "Salva" in basso a destra.

224

Inizierà quindi il salvataggio del file da internet,
che viene anche detto **DOWNLOAD**.

Al termine del download,
4 - clicca sul pulsante "Apri cartella".

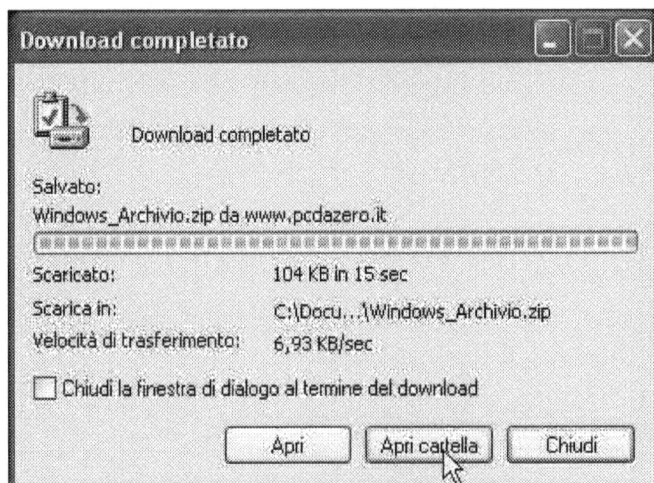

Si aprirà la finestra dalla quale potrai vedere ed eventualmente aprire il file
scaricato.

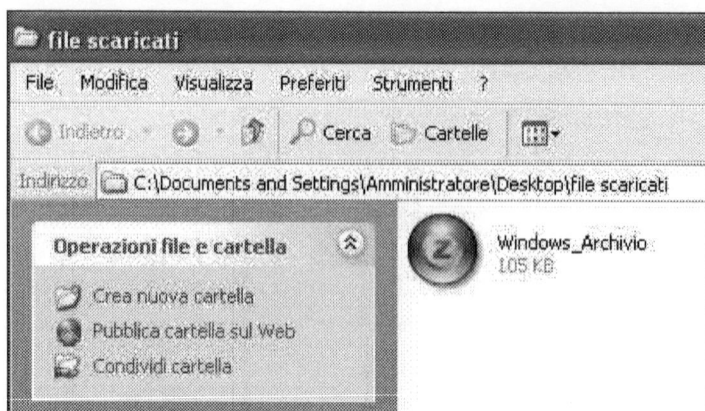

Passo 7.6 - Memorizzare indirizzi e impostare la pagina iniziale

Se navighi con Internet Explorer 7 leggi anche il Passo 7.13.

Per sapere quale versione di Internet Explorer è installata sul tuo PC,

1 - dalla barra dei menu clicca su **?** (punto di domanda)

2 - clicca sulla voce "Informazioni su Internet Explorer".

LA BARRA INDIRIZZO

A cosa serve la **BARRA INDIRIZZO** (o barra degli indirizzi) ?

Indirizzo	http://www.pcdazero.it/062navigoininternet.html

Innanzitutto ti fa capire quale sito e pagina web stai visualizzando.

In questo caso il testo

"http://www.pcdazero.it/062navigoininternet.html"

significa che stai visualizzando la pagina web *"062navigoininternet.html"* che si trova nel sito *"www.pcdazero.it"*.

Altre volte l'indirizzo è più complesso perché separato da più barre (/) come ad esempio il seguente indirizzo:

"http://www.pcdazero.it/navigo/navigo002.html"

in questo caso stai visualizzando la pagina *"navigo002.html"* che si trova nella cartella *"navigo"* la quale a sua volta si trova all'interno del sito *"www.pcdazero.it"*.

PUNTARE DIRETTAMENTE AD UN SITO WEB

Se conosci l'indirizzo di un sito web e vuoi visitarlo,

puoi scriverlo direttamente sulla barra indirizzo.

1 - Clicca all'interno della barra indirizzo

Indirizzo	http://www.pcdazero.it/062navigoininternet.html

2 - premi il tasto canc o backspace da tastiera

(opzionale se l'indirizzo è evidenziato)

3 - digita l'indirizzo (ad esempio, digita **www.yahoo.it**)

Titolo: PC da Zero - Guida facile e pratica per usare il computer - Autore: Gianni Crestani

4a - clicca sul pulsante "Vai" [→ Vai] oppure,

4b - premi il tasto INVIO da tastiera.

In questo modo, vedrai visualizzarsi sulla finestra la prima pagina del sito digitato.

I MOTORI DI RICERCA

Per visitare invece un sito web senza conoscerne l'indirizzo, puoi usare i motori di ricerca, per trovarlo.

A questo riguardo, ti rimando al <u>Passo 7.12</u>.

MEMORIZZARE UN INDIRIZZO NEI "PREFERITI"

A volte è utile memorizzare l'indirizzo della pagina web che si sta visualizzando, per poter poi facilmente rivisitare in un secondo momento.

1 - Dalla barra dei menu clicca "Preferiti"

2 - clicca su "Aggiungi a Preferiti"

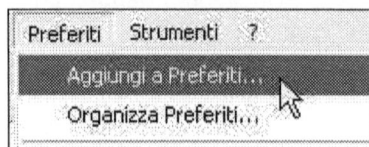

Preferiti	Strumenti	?
Aggiungi a Preferiti...		
Organizza Preferiti...		

3 - clicca su OK.

Aggiungi a Preferiti [?][X]

La pagina verrà aggiunta a Preferiti.

Disponibile in modalità non in linea   Personalizza

OK

Annulla

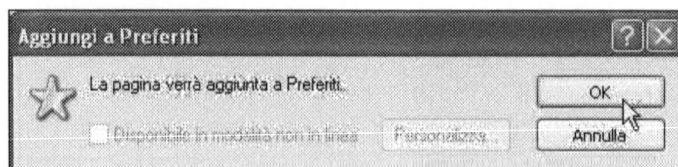

L'indirizzo della pagina web verrà quindi memorizzato nella cartella "Preferiti".

Quando vorrai rivedere la pagina,

1 - dalla barra dei menu, clicca su "Preferiti"

2 - clicca sul titolo della pagina memorizzata.

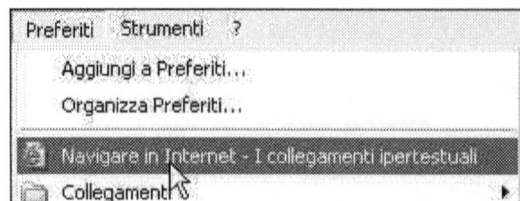

Preferiti	Strumenti	?
Aggiungi a Preferiti...		
Organizza Preferiti...		
Navigare in Internet - I collegamenti ipertestuali		
Collegament		▶

228

ELIMINARE UN INDIRIZZO DAI PREFERITI

Per eliminare un indirizzo dalla cartella "Preferiti",

1 - dalla barra dei menu, clicca su "Preferiti"

2 - posiziona il puntatore sul titolo da eliminare

3- clicca con il pulsante destro del mouse

4 - e dal menu contestuale, clicca su elimina.

```
Apri
Stampa

Invia a           ▶

Taglia
Copia

Crea collegamento
Elimina
Rinomina

Ordina per nome
Proprietà
```

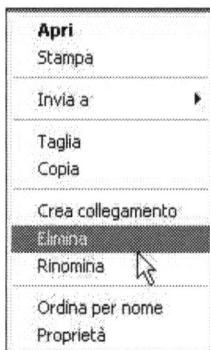

IMPOSTARE LA PAGINA INIZIALE

Quando apri il browser "Internet Explorer", viene visualizzata la pagina iniziale predefinita.

Per cambiare la pagina iniziale,

1 - dalla barra dei menu clicca su "Strumenti"

2 - clicca su "Opzioni Internet ...".

```
Strumenti   ?

  Posta elettronica e news      ▶
  Sincronizza...
  Windows Update

  Mostra collegamenti correlati

  Opzioni Internet...
```

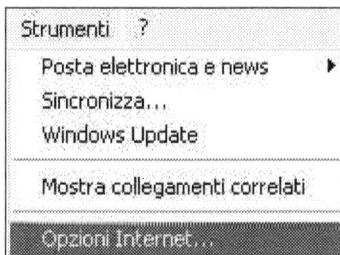

Dalla scheda Generale,

3a - clicca su "Pagina corrente" per impostare la pagina che stai visualizzando (come pagina iniziale), oppure

3b - digita l'indirizzo completo sulla casella "Indirizzo"

4 - al termine clicca sul pulsante "OK" posto in fondo.

Titolo: PC da Zero - Guida facile e pratica per usare il computer - Autore: Gianni Crestani

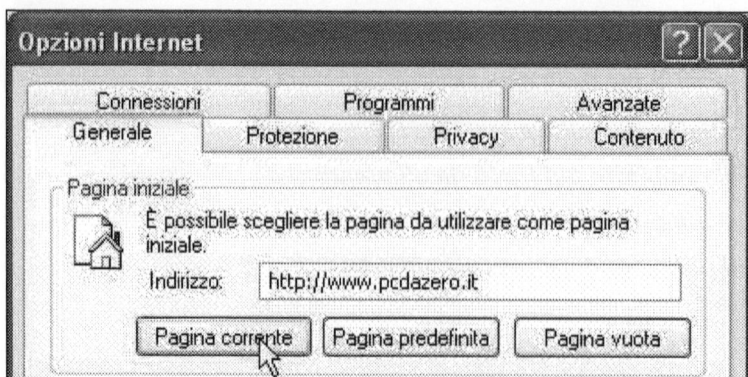

Titolo: PC da Zero - Guida facile e pratica per usare il computer - Autore: Gianni Crestani

Passo 7.7 - Consultare pagine web, senza essere collegati

ONLINE - OFFLINE

Essere ONLINE significa essere collegati ad Internet e quindi pagare la connessione telefonica (ad eccezione di chi è abbonato a tariffa fissa). Viceversa, OFFLINE, significa non essere collegati telefonicamente. Quindi se vuoi risparmiare sulla bolletta telefonica devi ottimizzare le tue consultazioni in Internet.

NAVIGARE OFFLINE

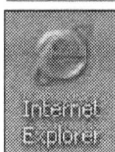

Apri il programma "Internet Explorer".

Se appare una finestra che ti chiede di collegarti, tu *clicca sul comando "Non in linea".*

Ora dalla barra dei menu, *clicca su File* e osserva il menu che appare.

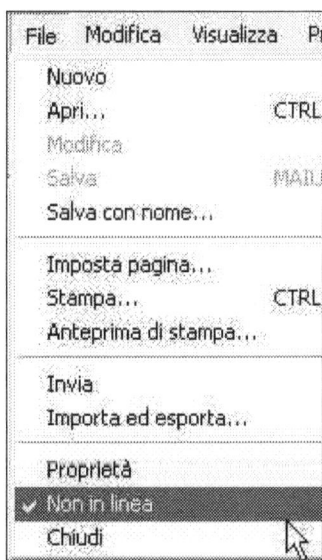

File   Modifica   Visualizza   P|

Nuovo
Apri...   CTRL
Modifica
Salva   MAIL
Salva con nome...

Imposta pagina...
Stampa...   CTRL
Anteprima di stampa...

Invia
Importa ed esporta...

Proprietà
✓ Non in linea
Chiudi

A sinistra del comando "Non in linea" c'è un segno di spunta (che indica appunto che il browser Internet Explorer non è connesso).

Se non c'è il segno di spunta, allora *clicca sopra lo stesso comando "Non in linea"* (il segno di spunta quindi, apparirà).

Titolo: PC da Zero - Guida facile e pratica per usare il computer - Autore: Gianni Crestani

LA CRONOLOGIA ovvero RIVEDERE LE PAGINE WEB GIA' VISITATE

Bene, ora che siamo offline cosa possiamo fare?

In Internet Explorer esiste la possibilità di visualizzare gli indirizzi delle ultime pagine web consultate tramite il comando *"Visualizza"* > *"Barra di Explorer"* > *Cronologia"* situato nella barra dei menu.

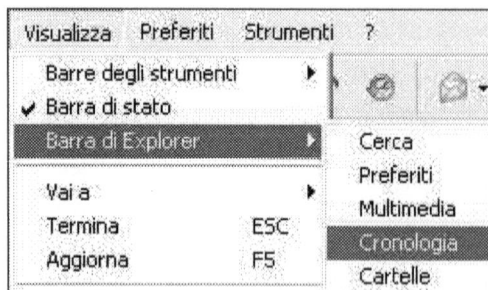

Oppure cliccando direttamente sul comando "Cronologia"

sulla barra degli strumenti.

Attiva il comando cronologia.

Sulla sinistra del browser, verrà aperta una finestra verticale (che potrai allargare o restringere a piacimento).

Da questa finestra puoi vedere gli indirizzi delle pagine web visitate nelle ultime settimane.

Clicca su un giorno della settimana.

Automaticamente si espanderà il menu con delle sottocartelle che rappresentano i siti che sono stati visitati quel giorno.

232

Clicca su una di queste cartelle ... e vedrai visualizzati gli indirizzi delle pagine web di quella cartella/sito.

Osserva, alcuni di questi indirizzi sono ben visibili (neretto), altri sono meno visibili (grigietto).

La differenza sta nel fatto che solo quelli ben visibili, possono essere consultati OFFLINE.

Clicca su uno di questi indirizzi (in neretto) e vedrai apparire sul browser la pagina web.

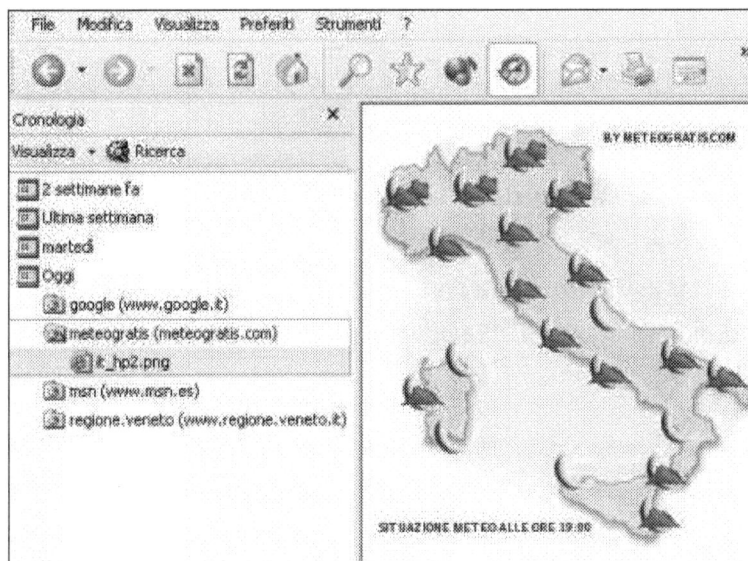

Ora potrai consultarla in tutta tranquillità senza essere collegato telefonicamente.

SALVARE UN'INTERA PAGINA WEB

Se durante la navigazione in internet trovi una pagina web che preferiresti consultare OFFLINE, come fare?

Ci sono vari metodi oltre alla "Cronologia" già vista.

Metodo A Salvare l'intera pagina web su una cartella del proprio disco fisso.

1 - Dalla barra dei menu clicca su "File"

2 - clicca su "Salva con nome ..."

Titolo: PC da Zero - Guida facile e pratica per usare il computer - Autore: Gianni Crestani

3 - dalla finestra di dialogo "Salvataggio pagina web"

4 - scegli una cartella dove salvare la pagina web, oppure crea una
nuova cartella

5 - infine clicca sul pulsante "Salva".

SALVARE IMMAGINI DAL WEB

Metodo B - Salvare alcune parti della pagina web (immagini e/o testo).

Se ti interessa salvare solamente delle immagini,

1 - Clicca con il tasto destro sopra l'immagine,

2 - dal menu contestuale scegli "Salva immagine con nome ..."

**3 - dalla finestra dialogo che viene aperta, scegli la cartella dove
salvare l'immagine** ed eventualmente se il nome proposto non ti è gradito,
digita sulla casella "Nome file" il nome che vuoi dare all'immagine

4. clicca sul pulsane "Salva".

SALVARE PARTI DI TESTO

Se invece è del testo che ti interessa salvare,

1 - seleziona il testo desiderato con il mouse.

Porta il puntatore del mouse all'inizio della parola, quindi, tenendo premuto il

234

pulsante sinistro del mouse, sposta il mouse fino a selezionare la parola o frase voluta.

2 - Rilascia il pulsante sinistro, posiziona il puntatore sopra la selezione

3 - clicca con il pulsante destro del mouse

4 - dal menu clicca su "Copia".

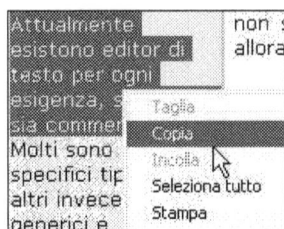

A questo punto le cose si complicano un po'!

5 - Apri un programma di elaborazione testi (ad esempio "Word" o semplicemente il "blocco note")

6 - clicca con il pulsante destro sul "foglio bianco" appena aperto

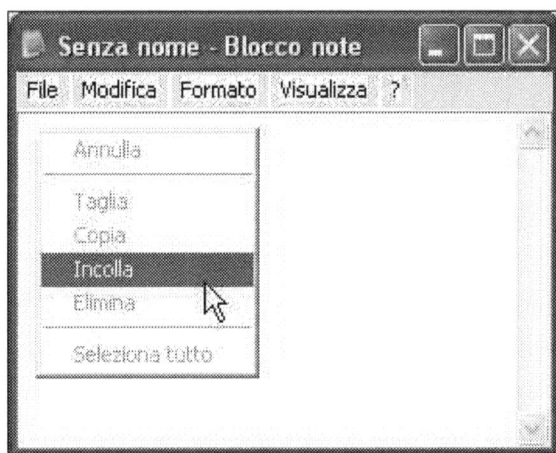

7 - dal menu contestuale clicca su "Incolla".

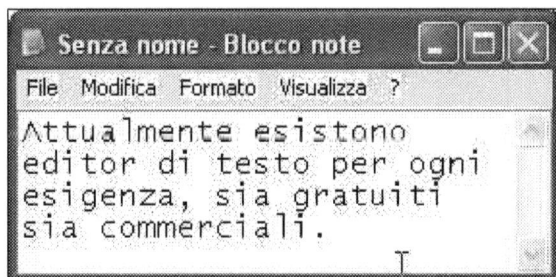

Titolo: PC da Zero - Guida facile e pratica per usare il computer - Autore: Gianni Crestani

8 - Salva quindi il documento.

Se non ricordi come salvare vedi <u>Passo 3.3</u>).

Metodo C - Stampare la pagina web

Un altro metodo per leggere pagine web, senza rimanere connessi ad internet, è quello di stamparle.

Ma tutto questo fa parte del Passo successivo.

Titolo: PC da Zero - Guida facile e pratica per usare il computer - Autore: Gianni Crestani

Passo 7.8 - Stampare pagine e immagini dal web

STAMPARE PAGINE WEB

Per stampare una pagina web puoi semplicemente,

cliccare sull'icona "Stampa".

Ma spesso quello che viene stampato non è ben organizzato.

Per avere un controllo sulla stampa conviene prima eseguire una

"Anteprima di Stampa".

1 - Clicca Su "File" e quindi

2 - clicca su "Anteprima di Stampa".

Dalla finestra "Anteprima di Stampa", puoi ora usare i seguenti comandi:

1 - clicca "Pagina successiva" (freccetta destra) per vedere come tutte le

pagine verrebbero stampate.

Ed ora per cambiare l'orientamento della pagina da "Verticale" a

"Orizzontale",

2 - clicca su "Imposta Pagina"

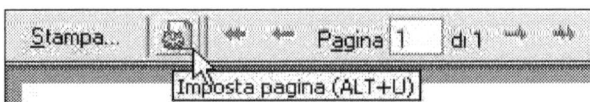

3 - clicca sul pulsante di opzione a sinistra della scritta "Orizzontale" e

4 - clicca su OK.

237

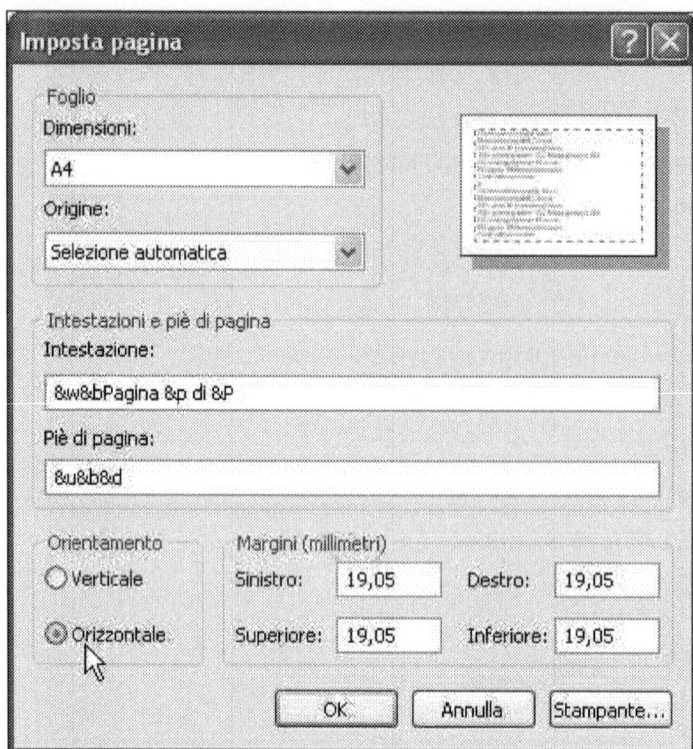

Questo serve nel caso in cui la stampa "Verticale" non ti permette di stampare la pagina interamente.

Ora puoi procedere a stampare.

1 - Clicca sul pulsante "Stampa...".

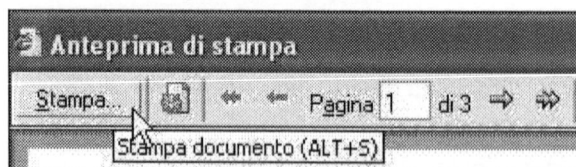

Per stampare solo una pagina o le pagine che si desiderano,

2 - clicca sulla casella "Pagine:" e

3a - digita il numero della pagina, oppure

3b - digita il numero delle pagine separate dalla virgola per stampare le singole pagine, oppure

3c - digita il numero delle pagine separate dal trattino per stampare l'intervallo di pagine.

Titolo: PC da Zero - Guida facile e pratica per usare il computer - Autore: Gianni Crestani

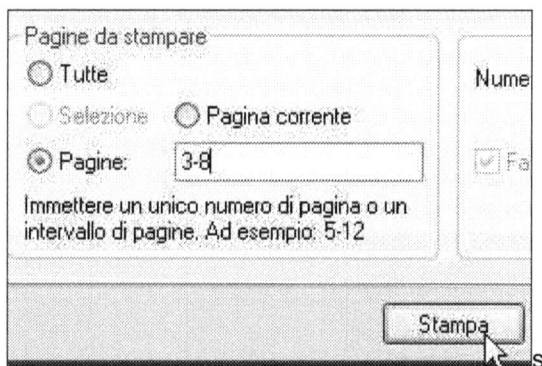

Ad esempio se digiti **3,8** verrà stampata la pagina 3 e la pagina 8.

Mentre se digiti **3-8** verranno stampate le pagine 3,4,5,6,7,8.

4 - Clicca sul pulsante "Stampa" (situato nella parte bassa della finestra).

STAMPARE SOLO UN'IMMAGINE

Per stampare un'immagine,

1 - posiziona il puntatore sull'immagine desiderata

2 - clicca con il pulsante destro

3 - clicca su "Stampa immagine..."

4 - dalla finestra di dialogo clicca sul comando "Stampa".

STAMPARE SOLO UNA PARTE DEL TESTO

Per stampare una parte di testo,

1 - seleziona il testo

2 - posiziona il puntatore sopra la selezione

3 - clicca con il pulsante destro

4 - clicca su "Stampa"

239

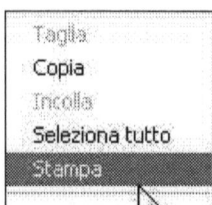

5 - dalla finestra di dialogo clicca sul pulsante di Opzione "Selezione"

6 - dalla finestra di dialogo clicca sul comando "Stampa".

STAMPARE OLTRE OGNI LIMITE IMPOSTO !

Ovvero, come forzare (se il sito è protetto) la stampa della pagina web.

A volte chi costruisce un sito non gradisce che vengano salvate, stampate e/o copiate, le loro pagine web e quindi disabilitano alcuni comandi.

Per poter aggirare questa protezione procedi in questo modo,

1 - dalla tastiera, tenendo premuto il pulsante ALT, premi il pulsante "Stamp" (che si trova vicino al pulsante Pausa - in alto a destra della tastiera).

Apparentemente non succede nulla, ma in realtà viene copiata/fotografata la finestra attiva.

Ora dovrai incollarla in qualche programma di disegno.

2 - Apri il programma Paint (Start > Programmi > Accessori > Paint)

3 - clicca su "Modifica" e quindi su "Incolla".

In questo modo vedrai apparire l'immagine.

4 - Clicca su "File" > "Salva" per salvarla sul proprio disco fisso.

Se ti interessa solo un'immagine o una parte di quel sito,

allora continua nel seguente modo, mantenendo attivo il programma Paint.

5 - Clicca sul pulsante seleziona (seconda icona della prima riga)

6 - posiziona il puntatore sull'angolo in alto a sinistra dell'immagine che vuoi estrarre

7 - clicca e tieni premuto il pulsante sinistro

8 - e trascina fino all'angolo a destra in basso della stessa immagine.

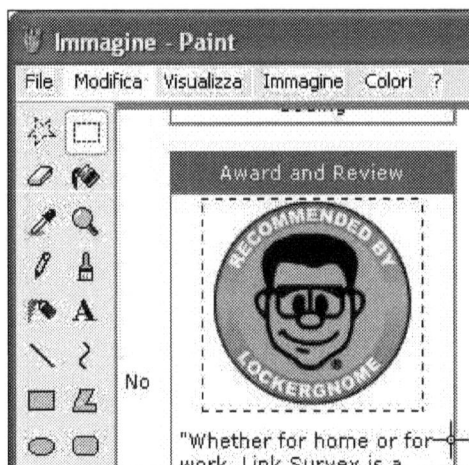

9 - Posiziona il puntatore sopra l'immagine

10 - clicca il pulsante destro e clicca su "Copia" (o "Taglia")

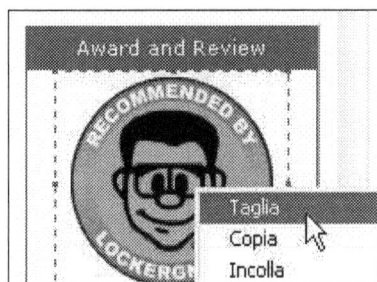

11 - dalla barra dei menu clicca su "File" e quindi su "Nuovo"

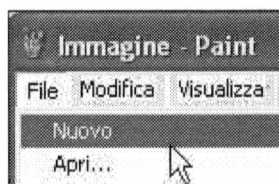

12 - alla richiesta di salvare le modifiche clicca su "No"

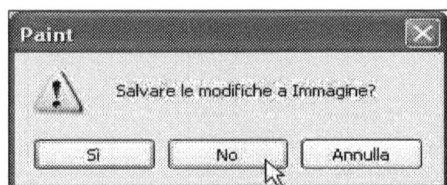

13 - clicca su "Modifica" > "Incolla"

241

14 - Salva l'immagine ("File" > "Salva").

Titolo: PC da Zero - Guida facile e pratica per usare il computer - Autore: Gianni Crestani

LA BARRA DEGLI STRUMENTI DI INTERNET EXPLORER

La barra orizzontale che si trova nella parte alta della finestra con tante piccole icone (immagini) viene detta **BARRA DEGLI STRUMENTI**.

Usando gli strumenti di questa barra si riesce a rendere la navigazione più comoda e veloce.

Inoltre sarà possibile personalizzare la barra, ovvero aggiungere e/o togliere le icone della stessa barra.

IL COMANDO INDIETRO

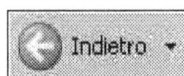

Il comando **INDIETRO**, serve per visualizzare la pagina precedentemente vista.

A volte capita, però che la pagina che state visualizzando, sia stata aperta in una nuova finestra. Il comando indietro sarà in questo caso disattivo.

Per rivedere la finestra precedente dovrai quindi chiudere la finestra attiva,

con il pulsante chiudi.

Per saperne di più, segui il Passo 7.5.

Se vuoi rivisitare una pagina web che hai visualizzato (nella stessa finestra), parecchie pagine "fa",

1a - clicca più volte sul pulsante indietro, oppure più velocemente,

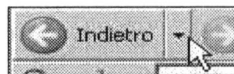

1b - clicca sulla triangolino nero che si trova a destra del pulsante indietro.

Si aprirà così un menu a discesa, con un elenco in ordine cronologico delle ultime pagine visitate.

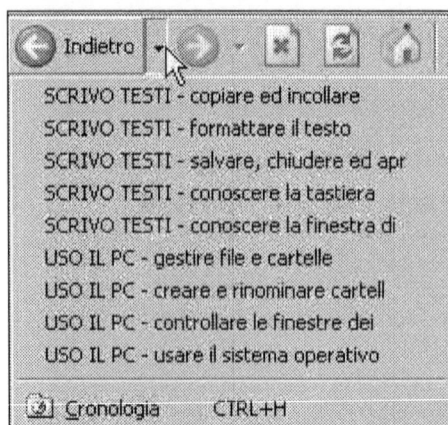

2b - posiziona il puntatore sopra la voce di elenco desiderata e cliccaci sopra.

Se la pagina desiderata non è nell'elenco,

3b - clicca sull'ultima voce di elenco, ed in seguito riapri l'elenco del pulsante indietro, e così via.

IL COMANDO AVANTI

Il pulsante **AVANTI** è analogo al pulsante indietro.

Questo inizialmente è disattivo.

Verrà reso attivo nel momento in cui inizierai ad usare il pulsante indietro.

Anche dal pulsante avanti potrai aprire il menu a discesa, *cliccando sul triangolino nero* che si trova a destra del pulsante stesso.

I COMANDI TERMINA ED AGGIONRA

Il comando *TERMINA* serve per interrompere il caricamento della pagina web.

Il comando *AGGIORNA* serve per ricaricare la pagina web.

Questi due comandi possono essere a volte utilizzati in abbinamento.

Quando accedi ad una nuova pagina web, e quest'ultima non si carica o si sta caricando molto lentamente,

Titolo: PC da Zero - Guida facile e pratica per usare il computer - Autore: Gianni Crestani

1 - clicca sul pulsante "termina" per interrompere il caricamento,

2 - quindi **clicca sul pulsante "aggiorna"** per ricaricare la pagina.

IL COMANDO HOME o PAGINA INIZIALE

Per tornare alla pagina predefinita,

clicca sul pulsante HOME o PAGINA INIZIALE .

Per sapere come personalizzare la pagina predefinita,

ovvero la pagina che viene inizialmente aperta quando apri il programma

"Internet Explorer", segui il Passo 7.6.

I COMANDI CERCA, PREFERITI, MULTIMEDIA E CRONOLOGIA

I comandi **CERCA,**  **PREFERITI,**  **MULTIMEDIA,**

 e **CRONOLOGIA,** hanno una caratteristica

comune:

attivandoli con un clic,

aprono automaticamente una finestra verticale sinistra all'interno della

stessa finestra di "Internet Explorer".

Da questa finestra potrai quindi scegliere le opzioni e i comandi, senza

nascondere o chiudere la finestra principale.

Per chiudere la finestra verticale sinistra,

clicca nuovamente sul pulsante premuto precedentemente (CERCA,

PREFERITI, MULTIMEDIA o CRONOLOGIA).

Vedi anche il Passo 7.7.

IL COMANDO POSTA

IL comando **POSTA** ti permette di accedere al programma (installato sul tuo

computer) per la gestione della posta elettronica.

Clicca sul comando posta,

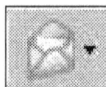

si apre un menu a discesa

Titolo: PC da Zero - Guida facile e pratica per usare il computer - Autore: Gianni Crestani

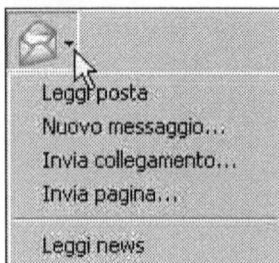

```
Leggi posta
Nuovo messaggio...
Invia collegamento...
Invia pagina...
Leggi news
```

dal quale potrai:

- *cliccare su "Leggi posta"* per aprire il programma di posta elettronica, e leggere quindi i messaggi;

- *cliccare su "Nuovo messaggio"* per scrivere un nuovo messaggio ed inviarlo subito;

- *cliccare su "Invia collegamento"* per aprire sempre un nuovo messaggio, ma con già preinserito il collegamento della pagina web che stai visitando.

- *cliccare su "Invia pagina"* per aprire sempre un nuovo messaggio, ma con già preinserito l'intera pagina web che stai visitando.

Queste ultime due scelte servono ad esempio, per far conoscere ad un amico la pagina web che stai visitando, tramite l'invio di una email (messaggio di posta elettronica).

Nella prima scelta (invia collegamento), l'amico che riceverà il messaggio (email) dovrà cliccare sul collegamento ipertestuale inserito per visualizzare la pagina.

Mentre nella seconda scelta (invia pagina), quando aprirà l'email, vedrà subito la pagina web, all'interno della stessa finestra del messaggio ricevuto.

246

Passo 7.10 - Giocare online

GIOCARE ONLINE

Giocare online significa giocare con il computer mentre si è collegati ad internet.

C'è la possibilità di giocare da soli oppure con un'altra persona che nello stesso momento è collegata ad internet.

Ci sono diversi tipi di siti che ti permetto di giocare online.

WWW.JPEcGRAFANDO.IT

Alcuni sono a pagamento altri sono gratuiti.

Tieni sempre presente però che mentre sei collegato ad Internet, paghi sempre la tariffa che hai pattuito con il tuo provider.

Tutti i servizi gratuiti che trovi in Internet, non ti pagano la bolletta telefonica !

APRIRE IL SITO YAHOO PER GIOCARE

A livello internazionale, uno dei più frequentati siti per giocare online (forse il primo in assoluto), è **Yahoo**.

Per poter giocare online,

1 - collegati al sito www.yahoo.it

2 - clicca sull'icona giochi

Giochi

3 - scegli un gioco dall'elenco

TOP GAMES

Biliardo
Litera
Scacchi
Mah Jong Solitario
Domino
Tutti i giochi...

Nell'esempio ho cliccato su biliardo.

247

Nota, le faccine a sinistra del titolo del gioco stanno a indicare:

"due faccine" - dovrai giocare con una o più persone online (multiplayer)

"una faccina" - giochi da solo/a contro il computer (sempre online).

Viene presentata una piccola descrizione del gioco.

Se sei appassionato del gioco del biliardo e vuoi sfidare i tuoi amici su Yahoo! puoi giocare quanto tempo e con chi vuoi!

Biliardo su Yahoo! giochi

Su Yahoo!, il regolamento di gioco si rifà alle regole mondiali standard, anche se alcuni dettagli minimi sono stati leggermente modificati per meglio adattarli alla versione online.

Scopo della partita è di mandare in buca il proprio gruppo di bilie, piene (da 1 a 7) oppure a strisce (da 9 a 15), e successivamente chiudere con la bilia nera, la "palla 8", in maniera regolamentare.

Inizia a giocare a Biliardo

---

4 - Clicca su "Inizia a giocare a biliardo".

A questo punto per poter giocare, dovrai registrarti su Yahoo (gratis).

Se possiedi una email su Yahoo, allora sei già registrato.

5a - Inserisci l'ID Yahoo e la password della tua email e clicca su entra.

Sei già registrato su Yahoo!?
Inserisci ID e password

ID Yahoo!: [   ]

Password: [   ]

☐ Ricordami l'ID su questo computer

[Entra]

Titolo: PC da Zero - Guida facile e pratica per usare il computer - Autore: Gianni Crestani

REGISTRARSI GRATIS SU YAHOO

Se ancora non possiedi una email su Yahoo,

5b - clicca su "Registrati" e segui la procedura di registrazione.

Se non sai come registrarti vedi il Passo 8.1 (registrarsi su Yahoo).

COME GIOCARE

Se vuoi maggiori informazioni sul gioco *clicca su "Come giocare".*

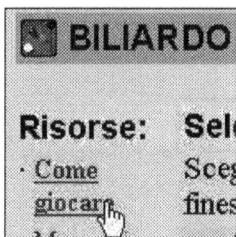

SCEGLIERE LA STANZA DOVE GIOCARE

Ora devi scegliere la stanza (virtuale) dove giocare.

Tieni presente che ogni stanza ha più tavoli di gioco.

1 - Dall'elenco scegli la stanza dove vuoi giocare.

Nell'esempio ho cliccato su "Gli Spacconi".

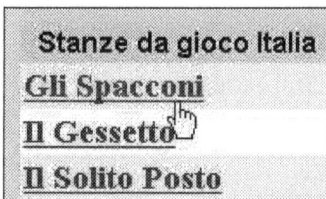

Viene aperta una nuova finestra.

249

Nella parte centrale di questa finestra, vedrai una serie di righe.

Tavol				Chi
#5	Guarda	sarrapaolo	PARTECIPA	
	opzioni: 8 ball, no timer a punti.			
#13	Guarda	PARTECIPA	re_dei_lich	
	opzioni: 8 ball, 10sec. per mossa.			
#2	Guarda	azigoazago77	iceberg_flui..	
	opzioni: 8 ball, no timer a punti.			
#3	Guarda	torneopoveg..	xsynox	
	opzioni: 8 ball, no timer a punti.			
#6	Guarda	foser64	lio985	
	opzioni: 8 ball, no timer.			
#7	Guarda	hollyvita	iuliano12	
	opzioni: 8 ball, no timer a punti.			

Ogni riga corrisponde ad un tavolo di gioco (biliardo).

Nella prima colonna è indicato il numero del tavolo,

nella seconda colonna c'è il pulsante "Guarda".

2 - Clicca sul pulsante "Guarda" per osservare la partita senza giocare.

Nella terza e quarta colonna sono indicati i nomi (soprannomi) dei giocatori

che stanno giocando su quel tavolo.

Nell'ultima colonna sono indicati i nomi degli osservatori.

Inoltre, su ogni riga (sotto in nomi dei giocatori), potrai vedere:

- se la partita è a punti (inizialmente hai 1200 punti, se vinci salgono, se

perdi vengono scalati. Comunque non ti preoccupare, perdi solo punti, non

soldi).

- il tempo massimo per effettuare il tiro (se c'è scritto "no timer" allora potrai

giocare senza limiti di tempo).

Per le prime partite, ti consiglio di giocare con "no timer", così avrai tutto il

tempo per pensare alle tue mosse.

SCEGLIERE IL TAVOLO

Nelle righe dove c'è il pulsante "partecipa" ed un nome,

quel nome è il giocatore in attesa di un avversario.

Se vuoi, potrai vedere anche delle informazioni sul giocatore, cliccando sul

suo nome.

Titolo: PC da Zero - Guida facile e pratica per usare il computer - Autore: Gianni Crestani

```
Rating: 1288
Games Completed: 69
Abandoned Games: 3
Wins: 31
Losses: 38
```

Potrai così vedere:

- i suoi punti (rating)
- le partite giocate (games completed)
- le partite abbandonate (abandoned games)
- le partite vinte (wins)
- le partite perse (losses).

Per scegliere di giocare su quel tavolo,

1 - clicca sul pulsante "PARTECIPA".

Verrà aperta la finestra, dove apparirà il tavolo di biliardo.

Clicca su "Inizia a giocare" per cominciare.

2 - Clicca sul pulsante in alto a sinistra "Inizia a giocare"

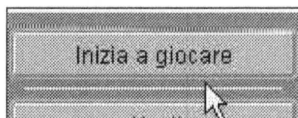

Inizia a giocare

3 - rimani in attesa finché il tuo avversario accetterà la sfida.

COME SPOSTARE E TIRARE CON LA STECCA

Per spostare la stecca,

1 - porta il puntatore sopra la stecca

2 - clicca tieni premuto, e sposta la stecca in linea con la palla da

251

colpire.

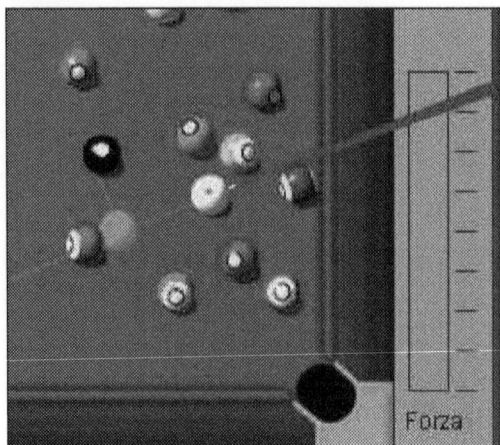

Per tirare,

1 - sempre con il puntatore sopra la stecca

2 - clicca il pulsante DESTRO del mouse e tenendolo premuto, tira indietro la stecca

3 - dosa la forza (più ti sposti indietro più forte sarà il tiro)

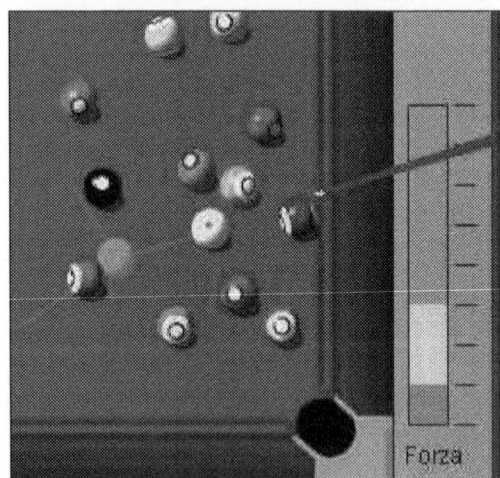

4 - rilascia il pulsante destro del mouse.

PARLARE MENTRE SI GIOCA

Durante il gioco, potrai inoltre parlare (chattare) con il tuo avversario. Chiedere dove si trova, che interessi ha e … chissà allacciare qualche amicizia online.

1 - Clicca sulla casella bianca sotto al biliardo

Titolo: PC da Zero - Guida facile e pratica per usare il computer - Autore: Gianni Crestani

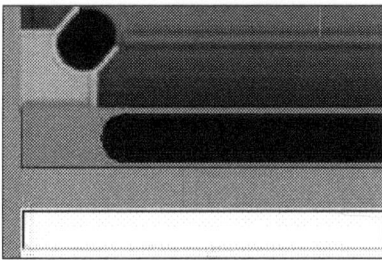

2 - digita la frase che vuoi comunicare

3 - premi il tasto invio da tastiera

4 - rimani in attesa della risposta.

Titolo: PC da Zero - Guida facile e pratica per usare il computer - Autore: Gianni Crestani

Passo 7.11 - Eliminare le tracce

LA NAVIGAZIONE IN INTERNET LASCIA TRACCE

Se qualcuno dopo di te accede al computer che hai usato per navigare in internet, può risalire a tutti i siti che hai visitato e non solo. Se accedi ad un servizio di webmail (la tua posta elettronica), anche il tuo username o addirittura la password può essere carpita. Per questo è utile conoscere il modo per eliminare le tracce della tua navigazione.

CANCELLARE OGNI TRACCIA ... O QUASI

Puoi eliminare gran parte delle tracce della tua navigazione in internet in questo modo.

1 - Dalla barra dei menu di Internet Explorer clicca su "Strumenti" > "Opzioni Internet"

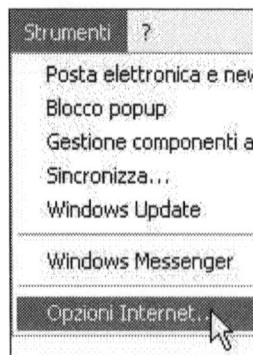

Strumenti	?
Posta elettronica e nev	
Blocco popup	
Gestione componenti a	
Sincronizza...	
Windows Update	
Windows Messenger	
Opzioni Internet...	

2 - dalla scheda "Generale" clicca su "Elimina cookie..." e quindi su OK

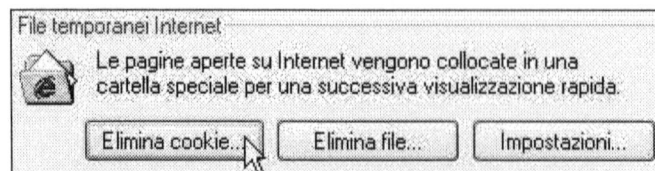

File temporanei Internet

Le pagine aperte su Internet vengono collocate in una cartella speciale per una successiva visualizzazione rapida.

[Elimina cookie...] [Elimina file...] [Impostazioni...]

3 - clicca su "Elimina file..." e quindi su OK

4 - clicca su "Cancella cronologia" e quindi su SI

Titolo: PC da Zero - Guida facile e pratica per usare il computer - Autore: Gianni Crestani

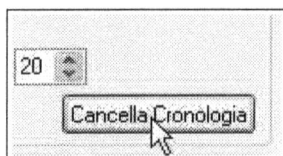

5 - ora clicca sulla scheda "Contenuto"

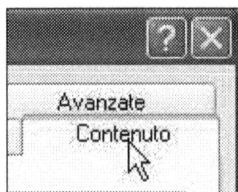

6 - clicca sul pulsante "Completamento automatico"

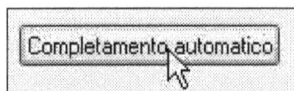

7 - clicca su "Cancella moduli" e quindi su OK

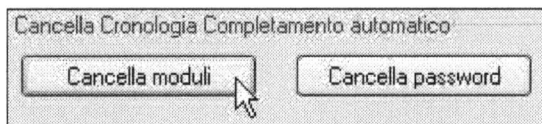

8 - clicca su "Cancella password" e quindi su OK

9 - clicca su OK per chiudere la finestra "Impostazioni contenuto"

10 - clicca su OK per chiudere la finestra "Opzioni internet".

QUANDO ESEGUIRE QUESTE OPERAZIONI

Ti consiglio di eseguire queste operazioni, soprattutto dopo aver navigato in un Internet Point, all'università o biblioteche, a casa di un amico, insomma in un posto diverso da casa tua.

Titolo: PC da Zero - Guida facile e pratica per usare il computer - Autore: Gianni Crestani

I MOTORI DI RICERCA

In Internet sono disponibili miliardi di pagine web.
Come puoi trovare l'informazione che stai cercando ?

Il modo più facile per trovare informazioni su internet è consultare i **MOTORI DI RICERCA**. Anch'essi si presentano come pagine web.

I motori di ricerca sono dei sistemi che registrano in automatico le pagine web presenti su internet e permettono di farle trovare agli utenti, secondo delle chiavi di ricerca.

Famosi esempi di motori di ricerca sono:

- www.google.it
- www.yahoo.it
- www.msn.it

Se vuoi consultare altri motori di ricerca collegati al seguente link:

www.pcdazero.it/utili_siti_motori.php

USARE I MOTORI DI RICERCA

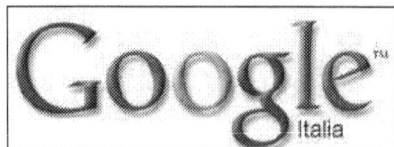

L'uso di un motore di ricerca è assai semplice.

1 - Apri la pagina principale di un motore di ricerca, ad esempio collegati al link www.google.it (digita sulla barra indirizzi www.google.it e premi il tasto INVIO da tastiera).

2 - Digita la parola chiave sulla casella di ricerca, ad esempio digita Venezia

3 - premi il tasto invio da tastiera oppure *clicca sul pulsante "Cerca".*

Il motore creerà una pagina web dove saranno, elencati i titoli di 10 pagine web che si trovano nel suo archivio, che contengono la parola Venezia.

Nella stessa pagina verrai anche informato/a, quante pagine sono state trovate complessivamente (nell'esempio: 52.300.000).

256

Per consultare le pagine trovate,

clicca su uno dei titoli trovati, di tuo interesse.

Per vedere i successivi 20 o 40 risultati dei 52.300.000 trovati,

vai a fondo pagina e clicca su "successive"

e così via per la consultazione di tutti gli altri risultati.

RAFFINARE LA RICERCA

Quando i risultati sono molti, puoi raffinare la ricerca, specificando con più parole chiave quello che vuoi trovare.

Seguendo l'esempio precedente, quando cerchi la parola `Venezia`, il motore di ricerca seleziona tutte quelle pagine web che contengono la parola `Venezia`, sia che si tratti di `Hotel Venezia` (che può trovarsi a Roma), sia che si tratti di `panchina tipo Venezia` (che potrebbe avere nessuna attinenza con la città di Venezia).

Pertanto se per esempio vuoi trovare informazioni riguardanti solo la città di Venezia, digita sulla casella di ricerca `Venezia città` e premi invio da tastiera.

Noterai che le pagine trovate sono diminuite (nell'esempio: 2.790.000 contro le 52.3000.000 di prima). Questo perché il motore di ricerca seleziona solo le pagine che contengono sia la parola `Venezia`, sia la parola `città`.

Non ci sono limiti sul numero delle parole chiave che si possono inserire.

Per eseguire una ricerca più mirata, puoi informare il motore di ricerca di **NON** considerare nei risultati le pagine che contengono una o più parole specifiche.

Per escludere tali parole devi farle precedere dal *segno meno*.

Seguendo l'esempio sopradescritto, se non vuoi che nelle pagine trovate sia contenuta la parola hotel, nella casella di ricerca digita `Venezia città -hotel`.

I risultati diminuiranno (nell'esempio si sono quasi dimezzati: 1.470.000).

Un altro piccolo trucco per trovare subito l'informazione che cerchi consiste nel racchiudere le parole chiavi tra *virgolette* (in questo modo, verranno

Titolo: PC da Zero - Guida facile e pratica per usare il computer - Autore: Gianni Crestani

considerate una parola unica!).

In questo caso il motore di ricerca seleziona solo le pagine che contengono le parole concatenate, così come sono state digitate.

Per esempio, digitando `"Corso per navigare in Internet"` (complete di virgolette), il motore di ricerca troverà solamente quelle pagine che contengono esattamente la frase `Corso per navigare in internet` (in questo esempio sono state trovate solamente 7 pagine su google.it).

Se vengono omesse le virgolette, invece, le pagine trovate saranno molte di più (755.000 nell'esempio). Questo perché è sufficiente che le parole siano presenti in qualsiasi punto disperso della pagina.

LE DIRECTORY

L'alternativa alla ricerca di informazioni su Internet, è la consultazione delle **DIRECTORY**.

Le *Directory* sono dei siti che catalogano in modo sistematico e ragionato altri siti, in base ai temi trattati.

L'inserimento dei dati avviene manualmente (quindi non automaticamente come solitamente avviene per i motori di ricerca).

Famosi esempi di directory sono:

- dmoz.org

- www.google.com/dirhp?hl=it

- www.segnaweb.it

Titolo: PC da Zero - Guida facile e pratica per usare il computer - Autore: Gianni Crestani

IE7 - APRIRE PAGINE WEB SOLO SU SCHEDE

Internet Explorer 7 è progettato per navigare a schede.

Ma se clicchi su un link,

- viene aperta una pagina sulla stessa scheda,

oppure

- viene aperta una pagina su un'altra finestra,

vanificando (in quest'ultimo caso) la navigazione a schede.

E' possibile cambiare le impostazioni di Internet Explorer 7,

modificando il tipo di comportamento sopradescritto.

Ovvero, far sì che un semplice clic con il tasto sinistro del mouse NON apra

una nuova finestra, ma eventualmente una nuova scheda.

Ecco la procedura:

1 - dalla barra dei comandi clicca su "Strumenti"

2 - clicca su "Opzioni Internet"

3 - dalla scheda "Generale" clicca sul pulsante "Impostazioni"

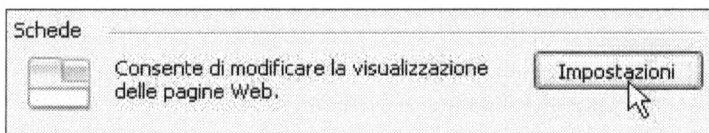

4 – seleziona con un clic l'opzione "Apri sempre popup in una nuova scheda"

5 - clicca su OK per confermare.

NAVIGAZIONE A SCHEDE CON IE7

Con Internet Explorer 7 (IE7) è possibile navigare a schede (come con gli altri browser, Firefox e Opera).

Ovvero, IE7 permette di aprire più pagine web nella stessa interfaccia ("finestra principale" !).

Vediamo cosa significa navigare a schede.

Senza la navigazione a schede, l'apertura di più pagine web corrispondono altrettante icone sulla barra delle applicazioni.

La navigazione a schede ti permette invece, di tenere un'unica icona (di Internet Explorer) sulla barra delle applicazioni e

aprire più pagine web, gestendole, appunto, con le schede,

navigabili con le "linguette" poste in alto, sotto la barra degli indirizzi.

Per aprire una nuova scheda,

clicca sul quadratino vuoto posto in alto sotto la barra degli indirizzi.

Prima di cliccare, attendi un attimo. Vedrai il messaggio "Nuova Scheda (CTRL T)".

Quel "CTRL+T" significa che,

se premi il tasto "CTRL" in combinazione con il tasto "T", ottieni lo stesso effetto, ovvero l'apertura di una nuova scheda.

Quando clicchi su un collegamento di una pagina web (link), possono verificarsi diversi tipi di eventi:

- apertura di una nuova pagina sulla stessa scheda

- apertura di una nuova pagina su un'altra finestra

- ... altri tipi di eventi che per semplicità non vengono qui elencati.

Per ottenere o forzare l'apertura di una pagina web su una nuova scheda,

1a - clicca con il tasto destro sopra il collegamento

2a - dal menu contestuale clicca su "Apri in una nuova scheda".

Oppure più semplicemente,

1b - clicca sopra il link con il tasto centrale del mouse.

Se hai la rotellina, premi sulla rotellina (dovrebbe funzionare ugualmente!)

Se stai consultando un motore di ricerca,

1 - clicca con il tasto centrale del mouse sopra tutti collegamenti che potrebbero interessarti.

260

In questo modo potrai aprire velocemente molte schede in pochi secondi.

La pagina del motore di ricerca rimarrà sempre in primo piano.

2 - Clicca quindi sulle varie schede (linguette) per consultarle.

Per avere una visione globale delle schede aperte,

clicca sull'icona a forma di 4 quadri, posta a destra delle stelline.

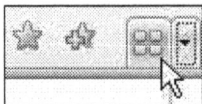

ELIMINARE LE TRACCE DA IE7

Con la nuova versione di Internet Explorer 7,

eliminare le tracce della nostra navigazione è diventato più semplice.

1 - Dalla barra dei comandi clicca su "Strumenti" (in alto a destra)

2 - clicca su "Elimina cronologia esplorazioni...".

Dalla finestra che verrà aperta,

3 - clicca su "Elimina tutto", oppure

scegli cosa eliminare cliccando sui pulsanti relativi.

STAMPARE PAGINE WEB

Per stampare una pagina web puoi semplicemente

cliccare sull'icona "stampa".

La stampa viene subito eseguita.

Ma spesso quello che viene stampato non è ben organizzato.

Per avere un controllo sulla stampa conviene prima eseguire una "Anteprima di Stampa".

1 - Dalla barra dei comandi clicca sul triangolino a destra dell'icona stampa

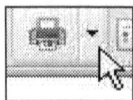

2 - clicca su "Anteprima di Stampa".

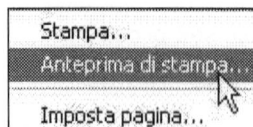

Avrai quindi una rappresentazione di come viene stampata la prima pagina.

Nella parte bassa della finestra, potrai vedere in quante pagine verrà stampata l'intera pagina web.

Per visualizzare come vengono stampate le altre pagine,

- clicca sulle freccette poste in basso.

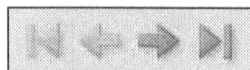

Per ingrandire o rimpicciolire i caratteri di stampa,

1 - clicca sulla casella "formato di stampa" ("Riduci e adatta")

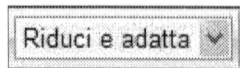

2 - clicca sulla percentuale di ingrandimento o ridimensionamento.

Puoi ottenere una stampa orizzontale della pagina,

- cliccando sull'icona corrispondente (la terza da sinistra).

Titolo: PC da Zero - Guida facile e pratica per usare il computer - Autore: Gianni Crestani

Puoi anche togliere i caratteri posti in alto ed in basso di ogni pagina (l'intestazione ed il piè di pagina),

- *cliccando sulla quinta icona* (da sinistra).

Puoi regolare i margini della pagina trascinando una per una, le quattro frecce divergenti poste al di fuori della pagina.

1 - Posiziona il puntatore sopra una di queste freccette divergente, fino a quando anche il puntatore si trasforma in una doppia freccia divergente

2 - clicca e tenendo premuto, sposta il puntatore a sinistra o a destra o in alto o in basso

3 - rilascia il pulsante nella posizione desiderata.

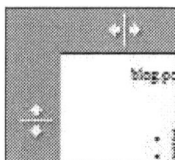

Se le modifiche all'anteprima di stampa ti soddisfano, puoi stampare il tutto

1 - con un clic sulla prima icona in alto a sinistra

2a - premi OK se vuoi stampare tutte le pagine.

Oppure, se non vuoi stampare tutte le pagine, prima di premere OK

2b - clicca sulla casella bianca in basso

3b - digita il numero della pagina che vuoi stampare

4b - digita 2-5 se vuoi stampare le pagine 2, 3, 4, e 5.

SALVARE UN'INTERA PAGINA WEB

Per salvare una pagina web nel tuo computer, e vederla poi tranquillamente

Titolo: PC da Zero - Guida facile e pratica per usare il computer - Autore: Gianni Crestani

offline, senza pagare i costi di connessione,

1 - dalla barra dei comandi clicca su "Pagina"

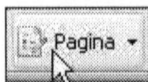

2 - clicca su "Salva con nome ..."

3 - dalla finestra di dialogo "Salva pagina web"

4 - scegli una cartella dove salvare la pagina web, oppure crea una

nuova cartella,

5 - infine clicca sul pulsante "Salva".

In seguito, dopo la disconnessione da internet, per rivedere le pagine,

1 - apri la cartella dove hai salvato le pagine web

2 - e con un doppio clic apri i file delle pagine salvate.

Titolo: PC da Zero - Guida facile e pratica per usare il computer - Autore: Gianni Crestani

Passo 7.14 - Mozilla Firefox 2

Mozilla Firefox è un programma che ti permette di navigare in Internet.

E' un programma alternativo ad Internet Explorer.

Se non vuoi (o non puoi !) scaricare la nuova versione (7) di Internet Explorer, ma non vorresti perderti il gusto di navigare a schede (vedi Navigazione a schede con IE7 – Passo 7.13),

scarica ed installa il programma gratuito Mozilla Firefox 2.0.

Non ha nulla da invidiare al più diffuso browser Internet Explorer, anzi, molti lo ritengono il migliore.

Mozilla Firefox 2.0, puoi scaricarlo dal sito http://www.mozilla.com/en-US/

1 - Clicca su "Download Firefox - Free"

2 - salva il file su una cartella.

Al termine del download,

3 - apri la cartella dove hai salvato il file

4 - avvia con un doppio clic l'installazione

5 - segui quindi la procedura guidata.

MEMORIZZARE UN INDIRIZZO WEB CON FIREFOX

Per memorizzare un indirizzo web con Mozilla Firefox,

1 - dalla barra dei menu clicca su "Segnalibri"

2 - clicca su "Aggiungi pagina nei segnalibri"

3 - clicca su OK.

L'indirizzo della pagina web verrà quindi memorizzato nella cartella "Segnalibri".

Quando vorrai rivedere la pagina,

1 - dalla barra dei menu clicca su "Segnalibri

2 - clicca, quindi sul titolo della pagina memorizzata.

265

ELIMINARE UN INDIRIZZO NEI SEGNALIBRI DI FIREFOX

Per eliminare un indirizzo dalla cartella "Segnalibri",

1 - dalla barra dei menu clicca su "Segnalibri",

2 - posiziona il puntatore sul titolo da eliminare

3 - clicca con il pulsante destro del mouse

4 - dal menu contestuale, clicca su elimina.

IMPOSTARE LA PAGINA INIZIALE

Per cambiare la pagina di apertura di Firefox,

1 - dalla barra dei menu clicca su "Strumenti"

2 - clicca sulla voce "Opzioni".

Dalla scheda "Principale",

3a - clicca su "Usa la pagina corrente" - per impostare la pagina visualizzata sullo schermo in quel momento, oppure

3b - clicca su "Usa segnalibro", scegli dall'elenco la pagina deiderata e clicca su OK

4 - terminate la scelta clicca su OK.

SALVARE UNA PAGINA WEB

Per salvare una pagina web con Firefox, per poi rivederla in tutta tranquillità in modalità offline (scollegato dalla connessione telefonica),

1 - dalla barra dei menu clicca su "File"

2 - clicca su "Salva pagina con nome"

3 - clicca sul pulsante "Salva".

In alternativa puoi usare i comandi veloci da tastiera.

1 - CTRL + S. Tieni premuto il tasto CTRL e premi il tasto con la lettera S.

2 – INVIO. Premi il tasto INVIO.

Titolo: PC da Zero - Guida facile e pratica per usare il computer - Autore: Gianni Crestani

LA POSTA ELETTRONICA

Una email è una casella di posta elettronica.

*La mia email è: **info@pcdazero.it***

Come funziona ? Facciamo un esempio.

Qualcuno manda un messaggio alla mia email

Il messaggio arriva (in pochi secondi) alla mia casella di posta elettronica che si trova in qualche computer disperso nella rete mondiale Internet.

Dopo 1 minuto, o 1 ora o un giorno o un mese ..

- mi collego, da qualsiasi parte del mondo, alla rete Internet, con qualsiasi computer

- accedo alla mia casella di posta elettronica e visualizzo il messaggio

- decido quindi di inviare a mia volta i miei messaggi.

Vuoi creare la tua email ? - Segui le prossime lezioni.

WWW. JPErGRAFANDO.IT

Titolo: PC da Zero - Guida facile e pratica per usare il computer - Autore: Gianni Crestani

Passo 8.1 - Creare una email personale gratis

NON POSSIEDI NESSUNA EMAIL !

Non hai ancora una email,

oppure ne possiedi una ma vuoi creartene

un'altra, magari gratis?

Bene, questa lezione fa per te.

SCEGLIERE UN PORTALE

Esistono molti provider che ti offrono gratuitamente questo servizio.

Una email è composta da due parti divise dal carattere chiocciola:

primaparte@secondaparte.

Se l'email è gratuita, tu puoi decidere di scegliere solo la prima parte del nome, quello a sinistra del carattere @ (chiocciola).

La seconda parte del nome, a destra del carattere @, varia a seconda del provider scelto.

Se scegli Yahoo.it avrai una email del tipo *tuonome@yahoo.it*,

se scegli Libero.it avrai una email del tipo *tuonome@libero.it*,

se scegli Tiscali.it avrai una email del tipo *tuonome@tiscali.it* e così via.

Yahoo.it è stato scelto come esempio per il proseguimento della lezione.

Di seguito elenco una serie di link alternativi dove potrai crearti una email gratuita.

- Yahoo.it
- Gmail.com
- Hotmail.com
- Libero.it
- Alice.it
- Tiscali.it
- Infinito.it
- Poste.it
- Supereva.it

COLLEGARSI AD INTERNET

Se non sei già collegato, collegati ad Internet.

Titolo: PC da Zero - Guida facile e pratica per usare il computer - Autore: Gianni Crestani

Digita sulla barra dell'indirizzo www.yahoo.it *e premi invio.*
Ora ti trovi sulla pagina principale di yahoo.it.

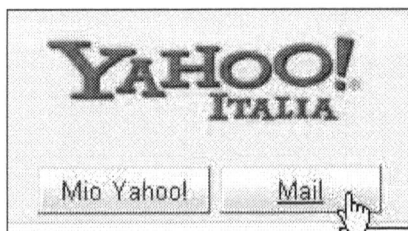

Da qualche parte della pagina c'è un'icona e/o un collegamento che ti condurrà alla creazione guidata di una email personale.
Nel nostro caso, **clicca in alto a sinistra sul pulsante "Mail".**

REGISTRARSI

Una pagina ti chiederà, di crearti una casella di posta elettronica gratuita.

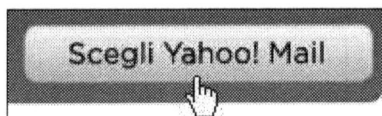

Clicca sul pulsante "Scegli Yahoo! Mail".
Verrà aperta una nuova finestra, nella quale, Yahoo ti inviterà ad inserire alcuni dati.

INSERIRE I DATI

Dovrai a questo punto **digitare nelle caselline bianche una serie di informazioni.**

Prima tra tutte,
digita il tuo nome e cognome

269

dal menu a discesa scegli il sesso.

Di seguito,

scegli l'IDYahoo che corrisponderà alla tua futura personale email.

Tu potrai scegliere il nome che sta a sinistra della chiocciolina

Quello che sta a destra della chiocciolina è già predefinito.

In questo caso sarà @yahoo.it.

Se scegli il portale www.libero.it, allora l'estensione della tua email

corrisponderà a @libero.it.

Poi, dovrai **digitare una password**.

Scegli con cura la tua password, che deve essere facile da ricordare per te,

ma assolutamente indecifrabile per i tuoi amici e conoscenti.

... E così via, digita le varie informazioni richieste.

Digita il codice che viene visualizzato all'interno di una casellona.

In questo caso il codice è "GDX7AT", ma ogni volta cambia.

ACCETTARE LE CONDIZIONI

In fondo alla pagina sei invitato/a a leggere le condizioni di utilizzo del
servizio.

Se le condizioni ti aggradano,

clicca sulla casellina bianca (spunta) **"ho letto, compreso e accettato"**

o ... altrimenti devi dire addio alla tua email su yahoo!

Titolo: PC da Zero - Guida facile e pratica per usare il computer - Autore: Gianni Crestani

Quindi **clicca sul pulsante "Accetto"**.

```
ACCETTO
```

RIDIGITA IL CONTENUTO DEI CAMPI SEGNALATI

Purtroppo, non sempre riesce al primo colpo!

> ⚠ **Correggi i campi evidenziati in giallo: le informazioni non risultano sufficienti o comprensibili.**
>
> • Qualcun'altro ha già scelto lo stesso **nome di login**. Scegli un altro ID Yahoo!: usa la fantasia, ad esempio prova ad aggiungere alla fine del nome un numero facile da ricordare.

Se ti capita di vedere ora una finestra come questa, non arrenderti !

Leggi bene le istruzioni e inserisci le informazioni richieste.

In particolare, può succedere più volte che ti venga richiesto l'IDYahoo, perché un'altra persona lo ha già scelto e registrato.

Non demordere ! *Scegli con accuratezza il tuo IDYahoo.*

```
Crea LA TUA ID Yahoo!
        * Nome:   Gianni
     * Cognome:   Crestani
      * Genere:   Maschile
    * ID Yahoo!:  pcdazero|              @yahoo.it
                  L'ID può contenere solo caratteri alfanumerici (a-z, 0-9) e il trattino basso.
    * Password:   [Nascosta per motivi di sicurezza]

        🔒        Invia questo modulo in modalità sicura
```

In questo caso io ho scelto "pcdazero",

e quindi la mia nuova email sarà *pcdazero@yahoo.it*.

L'EMAIL E' STATA CREATA

Bene ora hai creato la tua email personale.

YAHOO! MAIL
ITALIA

🔒 **Registrazione completata: benvenuto pcdazero!**

Titolo: PC da Zero - Guida facile e pratica per usare il computer - Autore: Gianni Crestani

Passo 8.2 - Ricevere ed inviare messaggi

COLLEGARSI ON LINE

Premetto, che la procedura che sto per descriverti, non è l'unico modo per ricevere ed inviare email, ma è molto comoda, perché si può usarla in modo veloce su qualsiasi computer esistente al mondo che abbia una connessione ad internet.

Se hai seguito la lezione precedente e ti sei creato una email con yahoo.it, allora, dopo aver stabilito la connessione ad internet,

collegati a *it.yahoo.com* ,

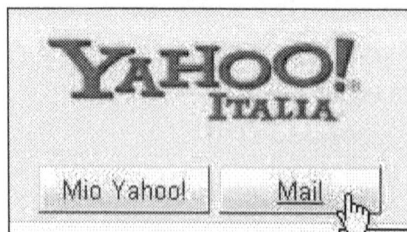

e dalla pagina principale **clicca sul pulsante "Mail"** in alto a sinistra (sotto il titolo).

INSERIRE ID E PASSWORD

Dalla finestra che verrà aperta,

inserisci nelle relative caselle la tua ID e password corrispondente.

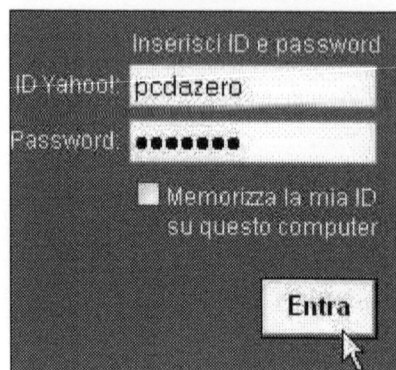

Nell'esempio ho digitato l'ID dell'esempio della prima lezione: "pcdazero".

Quindi, **clicca sul pulsante "Entra".**

Titolo: PC da Zero - Guida facile e pratica per usare il computer - Autore: Gianni Crestani

SCEGLIERE LA NUOVA YAHOO O ... NO GRAZIE !

Ora ti vengono prospettate due possibilità:

Gestire la tua posta con il vecchio o il nuovo metodo.

Per gestire la tua posta con la vecchia interfaccia yahoo,

1a - clicca su "no grazie, ricordamelo più tardi".

È GRATUITO

Provalo subito

No grazie, ricordamelo più tardi

Se invece vuoi iniziare con la nuova interfaccia,

1b - clicca sul pulsante "Provalo subito"

Provalo subito

La scelta non è definitiva.

In seguito potrai sempre cambiare il tipo di interfaccia.

Per ora clicca su "no grazie, ricordamelo più tardi",

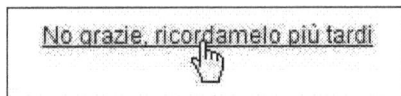

No grazie, ricordamelo più tardi

e segui le prossime indicazioni.

Personalmente preferisco il nuovo tipo di interfaccia.

E' molto più dinamico ed è simile al programma Outlook Express.

Se scegli quest'ultima interfaccia, salta il seguito di questa lezione e vai al Passo 8.3 (Ricevere ed inviare messaggi con nuovo Yahoo).

LEGGERE I MESSAGGI

Dopo aver inserito ID e password, ovvero dopo esserti loggato,

accederai alla tua pagina personale, dove potrai gestire i tuoi messaggi.

Titolo: PC da Zero - Guida facile e pratica per usare il computer - Autore: Gianni Crestani

Per leggere gli eventuali messaggi che hai ricevuto,

clicca sul collegamento "In arrivo".

La finestrella di destra cambierà aspetto e ti farà vedere un elenco dei messaggi che hai ricevuto.

Per visualizzare il contenuto dei messaggi *clicca sopra l'oggetto del messaggio.*

SCRIVERE UN MESSAGGIO

Ora che hai letto i messaggi, magari ti verrebbe voglia di scriverne uno anche tu !

Nulla di più semplice ...

Clicca sul pulsante Nuovo Messaggio,

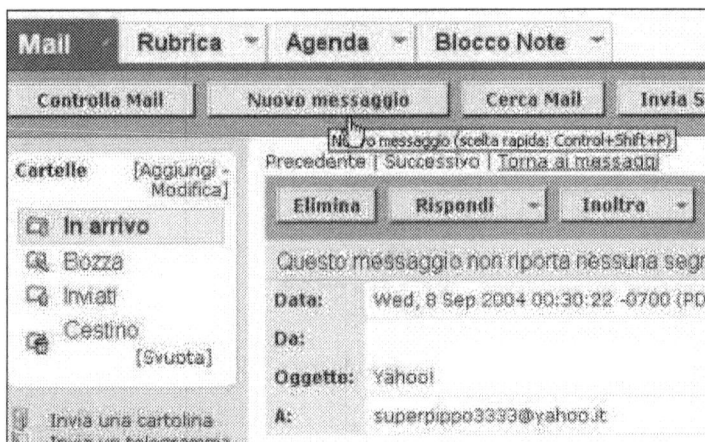

Dalla nuova finestra aperta,

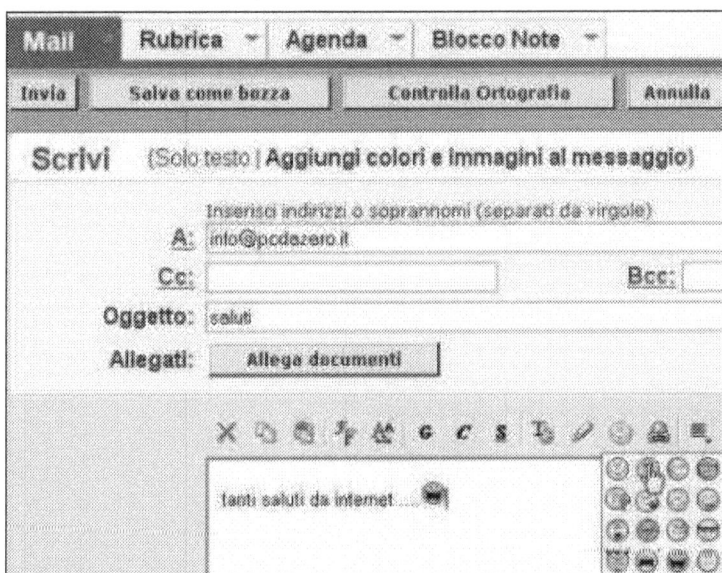

digita nella casella a destra di "A:" l'esatto indirizzo email a cui vuoi
inviare il messaggio.

Per esempio puoi inviarlo a me digitando info@pcdazero.it .

Nella casella oggetto, scrivi qualcosa che sia attinente al messaggio
che stai spedendo.

Ad esempio digita saluti.

Titolo: PC da Zero - Guida facile e pratica per usare il computer - Autore: Gianni Crestani

Infine *nel corpo del messaggio* (la casellona bianca in basso), *scrivi tutto quello che vuoi.*

Ad esempio digita `tanti saluti da Internet`.

Se poi vuoi dare un po' di colore ai tuoi messaggi,

clicca sull'icona smail e scegli dal menu che si apre (cliccandoci sopra), *lo smail preferito.*

Quando il messaggio è preparato, *clicca sul pulsante "Invia".*

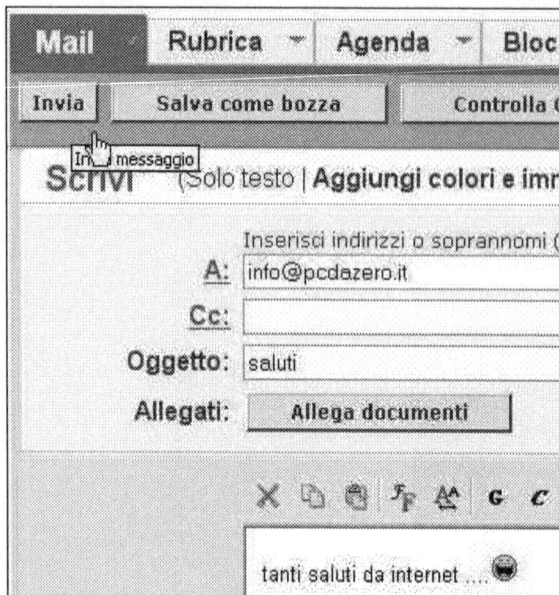

Ti apparirà quindi una conferma, che il messaggio è stato inviato.

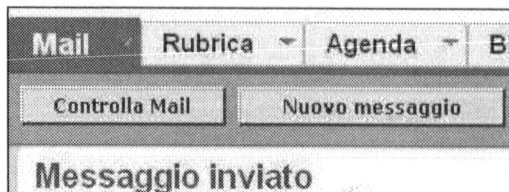

RILEGGERSI I MESSAGGI INVIATI

Se vuoi controllare i messaggi che tu hai inviato,

a sinistra della finestra *clicca su "Inviati".*

Titolo: PC da Zero - Guida facile e pratica per usare il computer - Autore: Gianni Crestani

A destra ti verrà presentato un elenco di tutte le copie dei messaggi che tu hai inviato.

Clicca sul loro oggetto per rileggerli.

USCIRE DALLA GESTIONE DELLA PROPRIA EMAIL

Un ultimo consiglio,

prima di ritornare a navigare in Internet, *clicca*

sul pulsante "Esci" in alto della finestra.

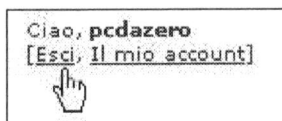

Questa è una sicurezza in più per non favorire malintenzionati che potrebbero cercare di infilarsi nella gestione del tuo ID.

277

Passo 8.3 - Ricevere ed inviare messaggi con Nuovo Yahoo

Questa lezione riguarda la gestione della posta elettronica, con il nuovo tipo di interfaccia di Yahoo.it.

SEGUIRE LA LEZIONE GUIDATA

La prima volta che accedi al nuovo tipo di interfaccia di Yahoo!, ti verrà proposto si seguire un minicorso interattivo.

Segui le indicazioni che ti vengono impartite dal piccolo omino.

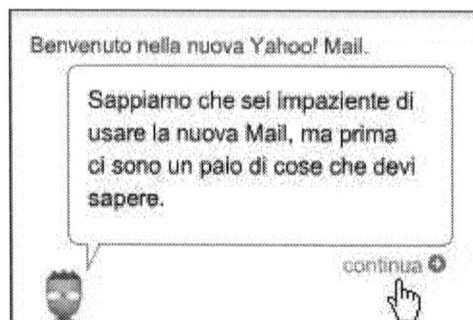

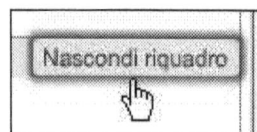

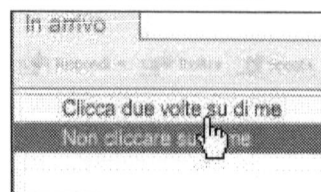

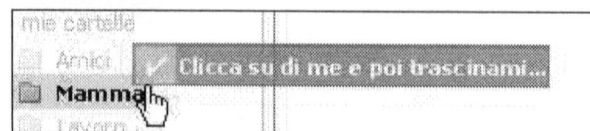

Clicca su di me

Benvenuto nella nuova Yahoo! Mail.

Sappiamo che sei impaziente di usare la nuova Mail, ma prima ci sono un paio di cose che devi sapere.

continua ➡

Nascondi riquadro

In arrivo

Clicca due volte su di me

Non cliccare su di me

In arrivo

mie cartelle

Amici

✔ Clicca su di me e poi trascinami...

📁 Mamma

Lavoro

Oppure *clicca sul pulsante posto in fondo: "Vai alla mia mail"* per saltare

278

l'introduzione.

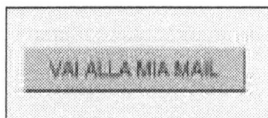

LEGGERE I MESSAGGI

Per leggere i messaggi che hai ricevuto,

clicca sulla scheda in alto "In arrivo".

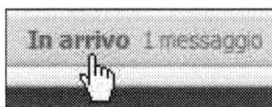

La finestra cambierà aspetto e ti farà vedere un elenco dei messaggi che hai ricevuto.

Per visualizzare il contenuto dei messaggi *clicca sulla riga del messaggio.*

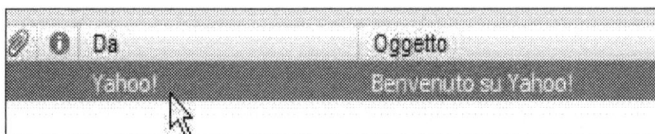

Nella finestra sottostante, verrà visualizzato il messaggio.

Per poterlo visualizzare completamente,

usa la barra di scorrimento verticale.

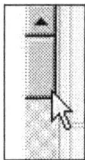

SCRIVERE UN MESSAGGIO

Ora che hai letto i messaggi, magari ti verrebbe voglia di scriverne uno anche tu!. Nulla di più semplice ...

Clicca sul pulsante "Componi",

oppure più semplicemente *premi il tasto "N" da tastiera.*

Dalla nuova finestra aperta,

Titolo: PC da Zero - Guida facile e pratica per usare il computer - Autore: Gianni Crestani

digita nella casella a destra di "A:" l'esatto indirizzo email a cui vuoi inviare il messaggio.

Per esempio puoi inviarlo a me digitando **info@pcdazero.it** .

Nella casella oggetto, scrivi qualcosa che sia attinente al messaggio che stai spedendo,

Ad esempio digita **saluti**.

Infine nel corpo del messaggio (la casellona bianca in basso), *scrivi tutto quello che vuoi.*

Ad esempio digita *tanti saluti da Internet.*

Se poi vuoi dare un po' di allegria ai tuoi messaggi,

clicca sull'icona smail e scegli dal menu che si apre (cliccandoci sopra), *lo smail preferito.*

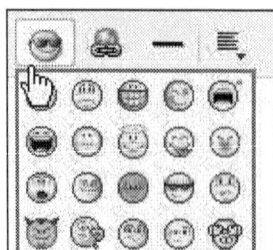

Quando il messaggio è pronto, *clicca sul pulsante "Invia".*

Ti apparirà quindi una conferma, che il messaggio è stato inviato.

Titolo: PC da Zero - Guida facile e pratica per usare il computer - Autore: Gianni Crestani

INSERIRE GLI INDIRIZZI IN RUBRICA

Dopo l'invio del primo messaggio,

Yahoo mail ti propone di inserire l'indirizzo email (al quale hai destinato il messaggio) nella rubrica, in modo da non doverlo ridigitare.

Destinatari non presenti in Rubrica (seleziona i contatti da aggiungere):

☑ info@pcdazero.it

nome   cognome

OK   ☑ Aggiungi automaticamente i destinatari in Rubrica (da ora in poi)

Seleziona con un clic le caselle di controllo e clicca su OK

per accettare le opzioni proposte.

RILEGGERSI I MESSAGGI INVIATI

Se vuoi controllare i messaggi che tu hai inviato,

a sinistra della finestra *clicca sula voce "Inviati".*

In arrivo
Bozze
Inviati
Antis...
Cestino

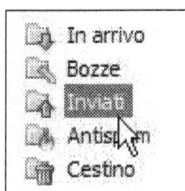

Nella finestra di destra ti verrà presentato un elenco di tutte le copie dei messaggi che tu hai inviato.

Cliccaci sopra per rileggerli.

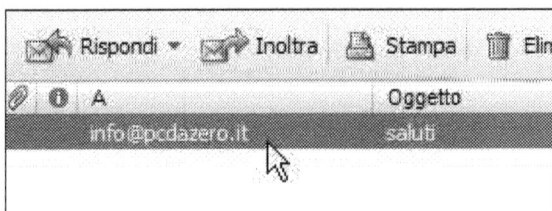

Rispondi ▾   Inoltra   Stampa   Elim

@ ❶ A   Oggetto
info@pcdazero.it   saluti

USCIRE DALLA GESTIONE DELLA PROPRIA EMAIL

Un ultimo consiglio, prima di ritornare a navigare in Internet,

clicca sul pulsante "Esci" in alto della finestra.

Ciao, **pcdazero**
[Esci, Il mio account]

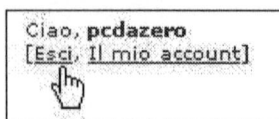

Questa è una sicurezza in più per non favorire malintenzionati che potrebbero cercare di infilarsi nella gestione del tuo ID.

Titolo: PC da Zero - Guida facile e pratica per usare il computer - Autore: Gianni Crestani

Passo 8.4 - Introduzione ad Outlook Express

Nelle lezioni precedenti hai visto come gestire la posta elettronica, utilizzando il servizio disponibile direttamente dal web.

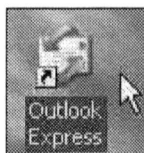

Esiste un altro metodo per gestire la posta elettronica: utilizzare un programma apposito come **Outlook Express**.

Se hai come sistema operativo Windows, Outlook Express lo troverai sicuramente tra i tuoi programmi.

POSTA ELETTRONICA GESTITA DAL WEB - VANTAGGI E SVANTAGGI

Il servizio disponibile dal web,

ha il VANTAGGIO

di essere accessibile da qualsiasi computer collegato ad internet.

Quindi se ti trovi in vacanza o in qualsiasi luogo del mondo, potrai gestire la tua posta elettronica a patto di avere appunto un PC collegato ad internet.

Ha lo SVANTAGGIO,

di esigere una connessione ad internet più lunga.

Ovvero, devi rimanere collegato alla linea telefonica più a lungo per poter gestire la posta (ricezione, invio, eliminazione, creazione cartelle, eccetera), con conseguente costo economico più oneroso (se hai un contratto a tempo).

POSTA ELETTRONICA GESTITA CON OUTLOOK EXPRESS
VANTAGGI E SVANTAGGI

I vantaggi e svantaggi si invertono nellla gestione della posta elettronica con un programma installato sul proprio PC.

La posta elettronica gestita con un apposito programma come Outlook Express, ha il VANTAGGIO

di poter rimanere collegati alla linea telefonica per un tempo relativamente breve, sufficiente per ricevere ed inviare i messaggi.

Tutta la gestione della posta riguardante

- la creazione di messaggi e/o cartelle,

Titolo: PC da Zero - Guida facile e pratica per usare il computer - Autore: Gianni Crestani

- l'eliminazione o spostamento dei messaggi e/o cartelle,

- l'inserimento o cancellazione di indirizzi personali nella rubrica,

- l'immissione di regole e criteri per i messaggi,

potrà essere gestita OFFLINE, ovvero scollegati dalla linea telefonica.

Ha lo SVANTAGGIO

di poter essere gestita solamente dal proprio PC di casa o almeno da un

computer personale.

AVERE UNA EMAIL - AVERE UN ACCOUNT

Per poter mettere in pratica la prossima lezione dovrai avere un account

personale.

Se ancora non lo possiedi, ti invito a crearti una email personale (e seguente

account) seguendo il Passo 8.1 (creare una email personale gratis).

Titolo: PC da Zero - Guida facile e pratica per usare il computer - Autore: Gianni Crestani

CONFIGURARE UN ACCOUNT - COSA SIGNIFICA

Un altro svantaggio di un programma di posta elettronica (come Outlook Express) è il fatto che prima di poterlo usare dovrai configurare il tuo (o i tuoi) account.

Sembra un'operazione che possono fare solo tecnici o guru informatici, ma seguendo questa e la prossima lezione e con un po' di pazienza, raggiungerai l'insperata meta!

Cosa significa configurare un account ?

Configurare significa che dovrai preparare il programma (in questo caso Outlook Express) a ricevere ed inviare messaggi di posta elettronica usando il tuo account (email) personale.

Il tuo Account personale coincide quasi sempre con il tuo indirizzo di posta elettronica o parte di esso.

RECUPERARE I PARAMETRI PER CONFIGURARE L'ACCOUNT

Prima di tutto dovrai recuperare tutti i parametri che ti mette a disposizione il "server" che ha creato la tua email personale.

Qual è il tuo server ?

Il tuo server lo leggi direttamente dalla scritta che sta a destra del simbolo chiocciola (@) della tua email.

Se la tua email è *superpippo3333@yahoo.it*, il server di riferimento è *yahoo.it*.

Se la tua email è *topolino@libero.it*, *libero.it* sarà il server della tua email.

I parametri da recuperare sono:

1 - Email

2 - Account

3 - Password

4 - POP3

5 - SMTP

I primi tre parametri (email, account, password) variano a seconda della email e password che hai creato tu al momento della registrazione.

Quindi ad esempio,

per una email = *superpippo3333@yahoo.it,*

avrai un account = *superpippo3333*

ed una password = *nonteladico*

Oppure,

per una email = *topolino@libero.it*

avrai un account = *topolino@libero.it*

ed una password = *tidicominni*

Mentre per gli atri due parametri (POP3 e SMTP), ogni server ha i suoi specifici e sono comuni a tutte le email con uguale server.

PARAMETRI POP3 ED SMTP DEI PRINCIPALI SERVER

Qui di seguito elenco a titolo indicativo i parametri POP3 ed SMTP dei principali server.

Per maggior precisione ed aggiornamento ti consiglio comunque di consultare direttamente il sito del server.

Server / Fornitore email	POP3	SMTP
aliceposta.it	in.aliceposta.it	out.aliceposta.it
yahoo.it	pop.mail.yahoo.it	smtp.mail.yahoo.it
libero.it	popmail.libero.it	mail.libero.it
virgilio.it	in.virgilio.it	out.virgilio.it
tiscali.it	pop.tiscali.it	smtp.tiscali.it
tele2.it	pop.tele2.it	smtp.tele2.it
lycos.it	pop.lycos.it	smtp.lycos.it
inwind.it	popmail.inwind.it	mail.inwind.it
iol.it	popmail.iol.it	mail.iol.it
blu.it	popmail.blu.it	mail.blu.it
poste.it	relay.poste.it	relay.poste.it
jumpy.it	pop.jumpy.it	mail.jumpy.it
Infinito.it	pop3.infinito	smtp.infinito
kataweb.com	pop.katamail.com	smtp.katamail.com
aruba.it	pop3.aruba.it	smtp.aruba.it
email.it	popmail.email.it	smtp.email.it

C'è un'altra cosa da conoscere prima di configurare la posta elettronica:

il tuo provider di accesso ad internet.

Ovvero, ogniqualvolta ti connetti ad internet viene composto un numero, il

quale identifica il tuo provider di accesso ad internet.

Ovvero se hai una linea analogica a 56K prima del collegamento dovresti

vedere questo tipo di finestra:

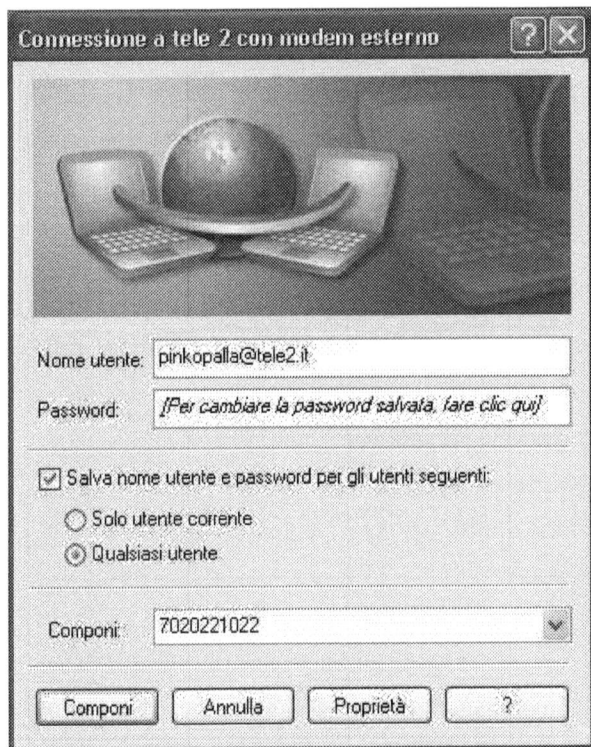

e da questa finestra potrai conoscere il tuo provider di accesso ad internet.

Nell'immagine dell'esempio il provider è tele2.

A titolo di esempio viene fornita qui di seguito una tabella dei principali

provider con relativi numeri di accesso.

Anche qui, per maggior precisione ed aggiornamento ti consiglio comunque

di consultare direttamente il sito del server.

Provider	Numero di telefono	SMTP
libero.it	7027020000	mail.libero.it
virgilio.it	7020001033	out.virgilio.it
tiscali.it	7023456789	smtp.tiscali.it

tele2.it	7020221022	smtp.tele2.it
inwind.it	7027020000	mail.inwind.it
iol.it	7027020000	mail.iol.it
blu.it	7027020000	mail.blu.it

Ho appositamente aggiunto la colonna del parametro SMTP perché il tuo parametro SMTP dipende dal tuo provider, ovvero dipende dal numero telefonico che componi quando ti connetti ad internet.

PRECISAZIONE

Un'ultima precisazione.

Alcuni server/provider (ad esempio libero.it) permettono di gestire la posta elettronica che loro forniscono (ad esempio ...@libero.it), con programmi come Outlook Express solamente se si usa la loro connessione (7027020000 - mantenendo l'esempio di libero.it).

ESEMPI CONCRETI DI CONFIGURAZIONE

Per capire meglio tutta questo "baradan" ti propongo degli esempi concreti.

1° esempio

Possiedi una email = *superpippo3333@yahoo.it*

ed hai una connessione = *tele2.it*

I parametri per la configurazione sono:

email = *superpippo3333@yahoo.it*

account = *superpippo3333*

password = *cipciop*

POP3 = *pop.mail.yahoo.it*

SMTP = *smtp.tele2.it*

2° esempio

Possiedi una email = *topolino@libero.it*

ed hai una connessione = *libero.it*

I parametri per la configurazione sono:

email = *topolino@libero.it*

account = *topolino@libero.it*

password = *tiptap*

POP3 = *popmail.libero.it*

Titolo: PC da Zero - Guida facile e pratica per usare il computer - Autore: Gianni Crestani

SMTP = *mail.libero.it*

3° esempio
Possiedi una email = *minni@libero.it*
ed hai una connessione = *virgilio.it*
I parametri per la configurazione sono:
NESSUNO perché non puoi gestire l'email @libero, collegandoti al provider virgilio.it.
La potrai solamente gestire dal web, su www.libero.it.

4° esempio
Possiedi una email = *pallino@poste.it*
ed hai una connessione = *libero.it*
I parametri per la configurazione sono:
email = *pallino@poste.it*
account = *pallino@poste.it*
password = *scripscrap*
POP3 = *relay.poste.it*
SMTP = *mail.libero.it*

POP3 ed SMTP COSA SONO ?

A titolo informativo,

POP3 è il parametro che ti permette di RICEVERE i messaggi,

SMTP è il parametro che ti permette di INVIARE i messaggi.

Pertanto se ricevi i messaggi, ma non riesci a spedirli, molto probabilmente hai impostato l'SMTP sbagliato.

Al contrario, se riesci ad inviare i messaggi, ma non riesci a riceverli, molto probabilmente hai impostato il POP3 sbagliato.

Titolo: PC da Zero - Guida facile e pratica per usare il computer - Autore: Gianni Crestani

Passo 8.6 - Configurare la posta elettronica in Outlook Express

PARAMETRI DI ESEMPIO

Se sei riuscito/a a recuperare i giusti parametri seguendo la lezione precedente. Passiamo ora a configurare la posta elettronica in Outlook Express con un esempio pratico.

Questi sono i parametri di esempio che tu dovrai opportunamente sostituire con i tuoi:

email = *superpippo3333@yahoo.it*

account = *superpippo3333*

password = *nonteladico*

POP3 = *pop.mail.yahoo.it*

SMTP = *smtp.tele2.it*

CREARE UN ACCOUNT

1 - Dopo aver aperto il programma Outlook Express

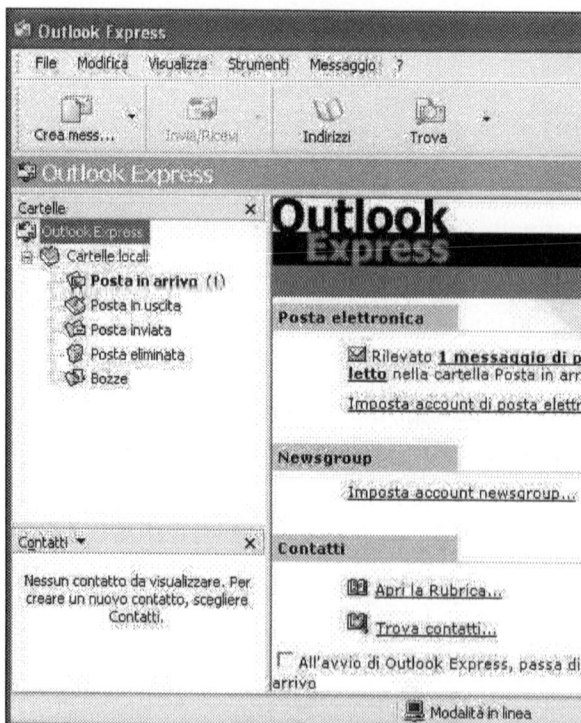

Titolo: PC da Zero - Guida facile e pratica per usare il computer - Autore: Gianni Crestani

2 - dalla barra dei menu clicca su "Strumenti" > "Account"

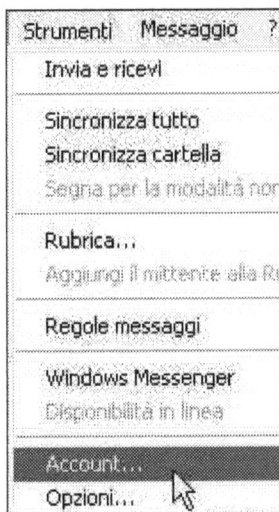

Strumenti	Messaggio	?
Invia e ricevi		
Sincronizza tutto		
Sincronizza cartella		
Segna per la modalità nor		
Rubrica...		
Aggiungi il mittente alla Rt		
Regole messaggi		
Windows Messenger		
Disponibilità in linea		
Account...		
Opzioni...		

3 - dalla finestra "Account Internet" clicca sulla scheda "Posta elettronica".

Da qui potrai sempre vedere l'elenco degli account impostati.

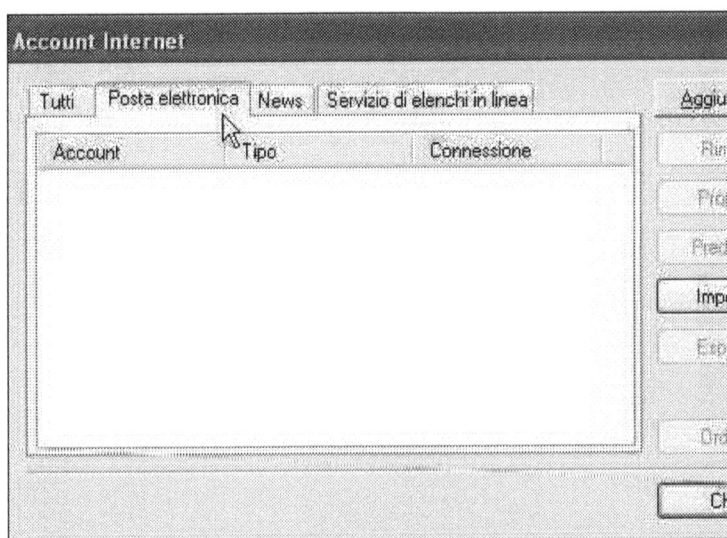

Account Internet

Tutti	Posta elettronica	News	Servizio di elenchi in linea		Aggiun
Account		Tipo	Connessione		Rim
					Prop
					Pred
					Imp
					Esp
					Ord
					Ch

4 - Clicca sul pulsante "Aggiungi" > "Posta elettronica"

Verrà avviata la creazione guidata per configurare la tua posta elettronica.

Aggiungi ►	Posta elettronica...
	News...
Rimuovi	Servizio di elenchi in linea...

5 - Inserisci il tuo nome o soprannome sulla scheda "nome utente".

Nell'esempio ho scritto **Super Pippo**, ma potevo benissimo scegliere qualsiasi altro nome.

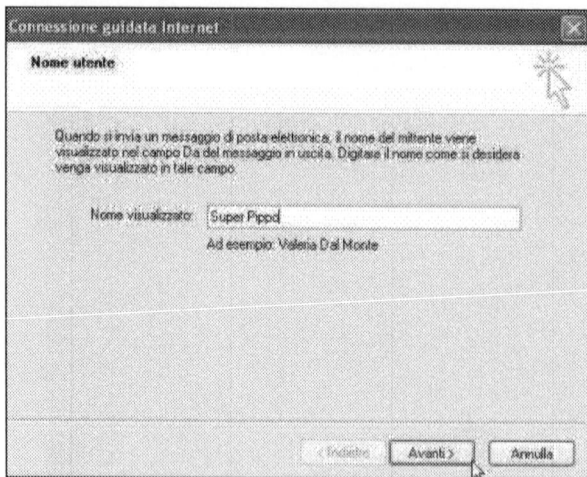

6 - Clicca su "Avanti"

7 - inserisci il tuo indirizzo esatto di posta elettronica sulla scheda "Indirizzo per la posta internet".

Stai attento/a a non commettere errori - non usare spazi.

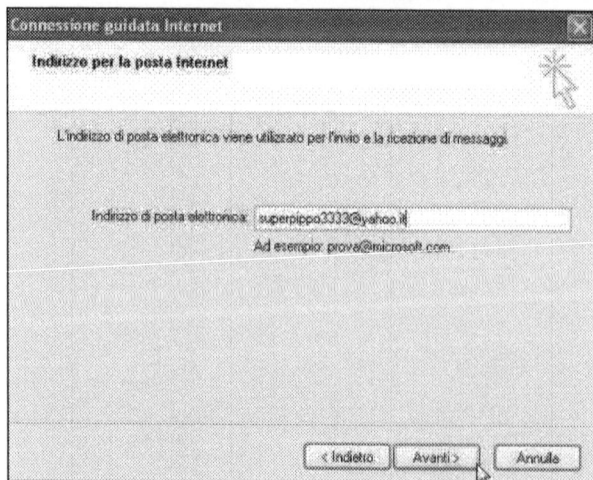

8 - Clicca su "Avanti".

Ed eccoci alla misteriosa scheda del POP3 ed SMTP.

Titolo: PC da Zero - Guida facile e pratica per usare il computer - Autore: Gianni Crestani

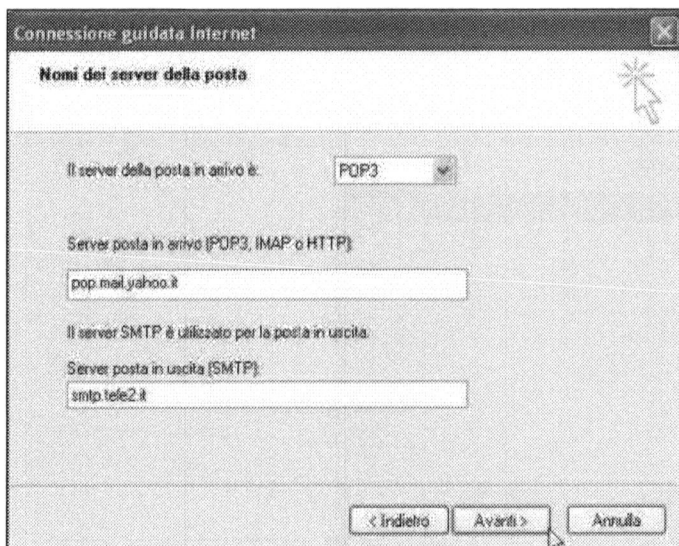

Qui dovrai inserire esattamente i parametri che hai rilevato dalla lezione precedente.

7 - Inserisci il server della posta in arrivo (POP3, IMAP o HTTP)

nell'esempio **pop.mail.yahoo.it**

8 - inserisci il server della posta in uscita (SMTP)

nell'esempio **smtp.tele2.it**

9 - clicca su "Avanti".

Nella scheda successiva "Accesso alla posta internet",

10 - inserisci esattamente il tuo nome account

nell'esempio **superpippo3333**

11 - inserisci la password.

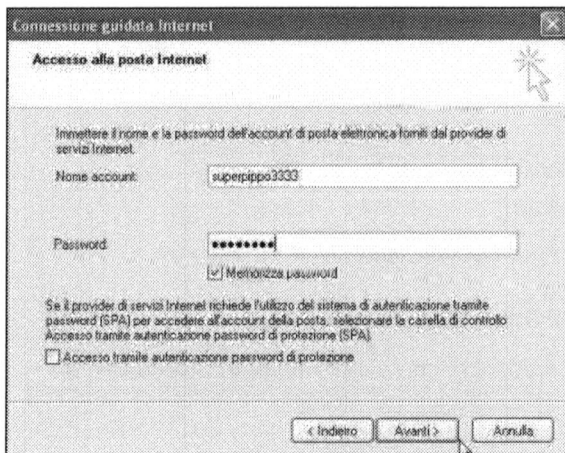

293

Se in seguito, non vuoi ogni volta inserire la tua password per inviare e/o scaricare i tuoi messaggi,

12 - spunta la casella "Memorizza password"

13 - clicca su "Avanti"

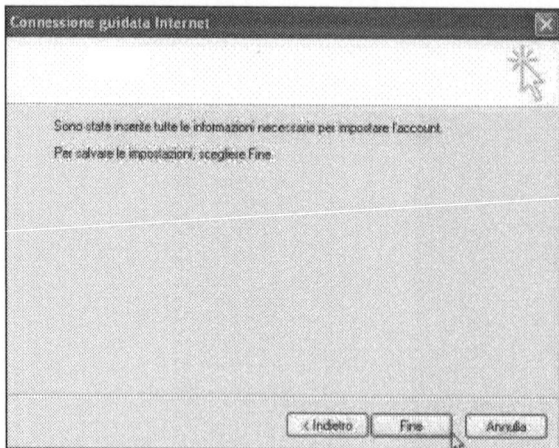

14 - clicca su "Fine" per terminare la configurazione della posta elettronica

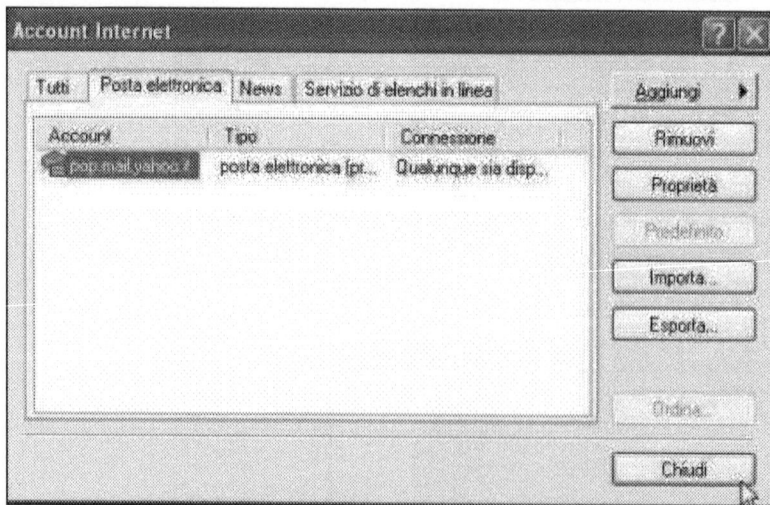

15 - clicca sul pulsante "Chiudi".

Ora Outlook Express è pronto per ricevere ed inviare i messaggi.

RICEVERE I MESSAGGI DI POSTA ELETTRONICA

Vediamo ora come ricevere i messaggi che eventualmente qualcuno ti ha spedito.

Titolo: PC da Zero - Guida facile e pratica per usare il computer - Autore: Gianni Crestani

1 - Collegati ad Internet

2 - apri il programma di posta elettronica Outlook Express

3 - clicca su pulsante "Invia e Ricevi" posto sulla barra degli strumenti.

Se non viene rilevato alcun errore, allora hai eseguito un buon lavoro.

Complimenti !

Titolo: PC da Zero - Guida facile e pratica per usare il computer - Autore: Gianni Crestani

Passo 8.7 - Personalizzare Outlook Express

Con le lezioni precedenti hai visto come configurare un account di posta elettronica. Ora prima di passare alla creazione ed invio dei messaggi, vediamo come personalizzare il programma Outlook Express.

PERSONALIZZARE OUTLOOK EXPRESS

Outlook Express ha (come tutti i programmi) delle impostazioni predefinite, ma alcune sono fastidiose e addirittura possono diventare pericolose ai fini della sicurezza.

Quindi prima di usarlo ti consiglio di procedere a personalizzarlo nel modo seguente.

1 - Dalla barra dei menu clicca su "Strumenti" – "Opzioni"

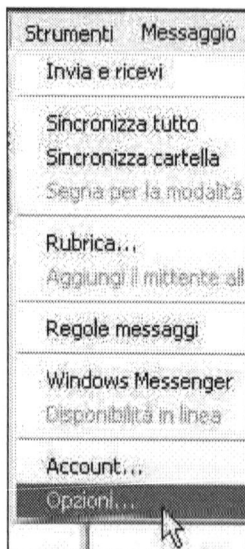

2 - Dalla finestra di dialogo "Opzioni" nella scheda "Generale"
cambia le impostazioni iniziali della finestra posta in alto con quella
visualizzate nella finestra posta in basso.

Titolo: PC da Zero - Guida facile e pratica per usare il computer - Autore: Gianni Crestani

Opzioni

Controllo ortografia	Protezione	Connessione	Manute
Generale	Lettura	Conferme	Invio	Composizione

Generale

☐ All'avvio, vai alla cartella Posta in arrivo

☑ Notifica la presenza di nuovi newsgroup

☑ Visualizza automaticamente le cartelle con messaggi non letti

☑ Accedi automaticamente a Windows Messenger

Invio/Ricezione di messaggi

☑ Riproduci suono all'arrivo di ogni messaggio

☑ Invia e ricevi messaggi all'avvio

☑ Rileva nuovi messaggi ogni [30] minuti

Opzioni

Controllo ortografia	Protezione	Connessione	Manute
Generale	Lettura	Conferme	Invio	Composizione

Generale

☑ All'avvio, vai alla cartella Posta in arrivo

☑ Notifica la presenza di nuovi newsgroup

☑ Visualizza automaticamente le cartelle con messaggi non letti

☐ Accedi automaticamente a Windows Messenger

Invio/Ricezione di messaggi

☑ Riproduci suono all'arrivo di ogni messaggio

☐ Invia e ricevi messaggi all'avvio

☐ Rileva nuovi messaggi ogni [30] minuti

Dettagliatamente,

2a - spunta la casella di controllo "All'avvio, vai alla cartella posta in arrivo".

In questo modo d'ora in avanti, quando aprirai il programma, verrà subito visualizzata la cartella contenente i messaggi che ricevi.

2b - Togli la spunta dalla casella di controllo "Accedi automaticamente a Windows Messenger".

297

Eviterai così di ricevere alcuni messaggi indesiderati.

2c - Togli la spunta dalla casella di controllo "Invia e ricevi messaggi all'avvio".

In questo modo, quando aprirai il programma, non ti verrà richiesto di effettuare subito una connessione ad Internet.

2d - Togli la spunta dalla casella di controllo "Rileva nuovi messaggi ogni 30 minuti".

Eviterai la fastidiosa richiesta di connessione ad Internet ogni 30 minuti, mentre stai lavorando con il programma sconnesso da Internet.

N.B.: Il vantaggio di un programma di posta elettronica come Outlook Express è quello di poter leggere e scrivere messaggi, rimanendo scollegati da Internet. Quando sarà opportuno ti collegherai per inviare e ricevere eventuali messaggi. Il tempo di trasmissione e ricezione di messaggi testuali è solitamente inferiore al minuto.

3 - Tieni aperta la finestra "Opzioni" e clicca sulla scheda "Invio"

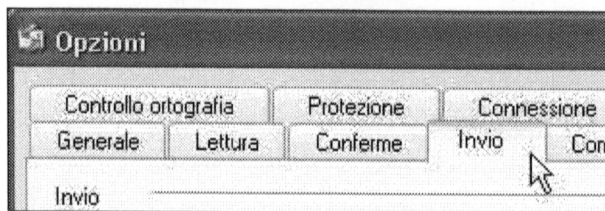

4 - togli la spunta dalla casella di controllo "Invia messaggi immediatamente"

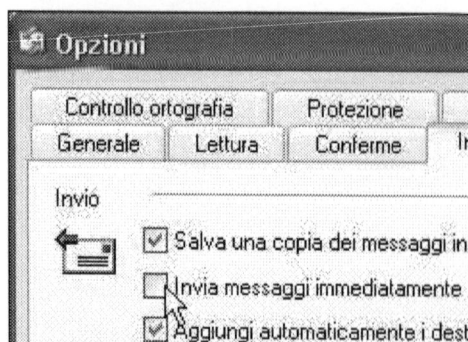

5 - clicca sul comando OK.

In questo modo i messaggi da te creati verranno collocati temporaneamente nella cartella "Posta in uscita" da dove potranno in seguito essere inviati

298

cliccando sul comando "Invia e Ricevi".

CAMBIARE IL LAYOUT DI OUTLOOK EXPRESS

Che cos'è il layout ?

Il layout è la disposizione degli oggetti che vengono visualizzati dalla finestra del programma.

Gli oggetti sono la barra dei menu, la barra degli strumenti, le finestre interne del programma.

Quindi cambiare o modificare il layout significa nascondere o disporre in posizioni diverse gli oggetti che compongono la finestra del programma.

Per modificare il layout,

1 - dalla barra dei menu clicca su "Visualizza" – "Layout"

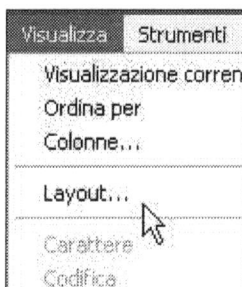

2 - dalla finestra di dialogo "Proprietà Layout" togli la spunta dalla casella di controllo "Visualizza riquadro in anteprima"

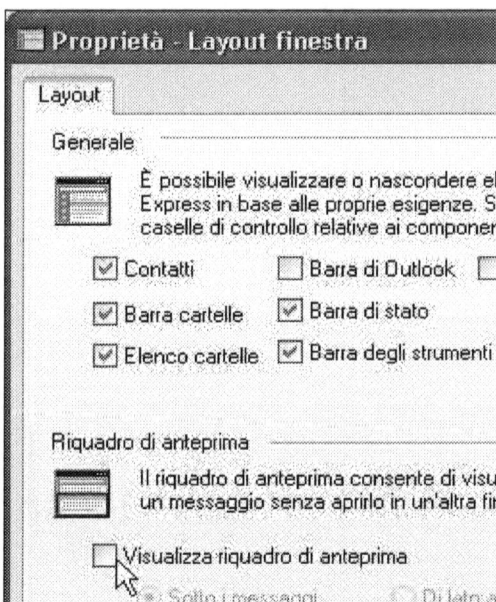

Titolo: PC da Zero - Guida facile e pratica per usare il computer - Autore: Gianni Crestani

3 - clicca sul comando OK.

Eviterai così di visualizzare subito il contenuto dei messaggi nella finestra di anteprima.

Questa impostazione è utile, perchè in questo modo, non vengano aperti automaticamente messaggi indesiderati e potenzialmente pericolosi per il tuo computer provenienti da mittenti invasivi.

Se il messaggio non viene aperto (mentre sei connesso ad internet), i mittenti non potranno sapere che il tuo indirizzo email esiste e/o capire che hai letto il loro messaggio e quindi forse, non ti invieranno altri messaggi.

Devi sapere, infatti, che all'interno dei messaggi, questi fantomatici mittenti potrebbero inserire delle immagini (anche seminascoste) collegate al loro server-computer e quindi capire se tu hai letto il messaggio o meno.

Se sei proprio curioso di vedere il messaggio, aprilo dopo esserti scollegato da Internet, ma mi raccomando non aprire gli eventuali allegati di provenienza dubbia ... e poni comunque attenzione anche a quelli apparentemente "famigliari".

Se non sai cos'è un allegato, segui le prossime lezioni e lo scoprirai.

Titolo: PC da Zero - Guida facile e pratica per usare il computer - Autore: Gianni Crestani

Passo 8.8 - Inviare una semplice email

INVIARE UNA SEMPLICE EMAIL CON OUTLOOK EXPRESS

Sei finalmente giunto al traguardo !

Outlook Express è pronto per inviare e ricevere le "sospirate" email.

Tutte le istruzioni delle lezioni precedenti le puoi anche dimenticare !

Ti puoi ora concentrare sull'uso del programma.

Vediamo in questa lezione come poter inviare delle semplici email.

1 - Apri il programma Outlook Express

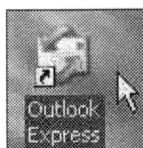

2 - clicca sul primo pulsante in alto a sinistra "Crea messaggio".

Verrà aperta una nuova finestra, nella quale potrai comporre il tuo messaggio.

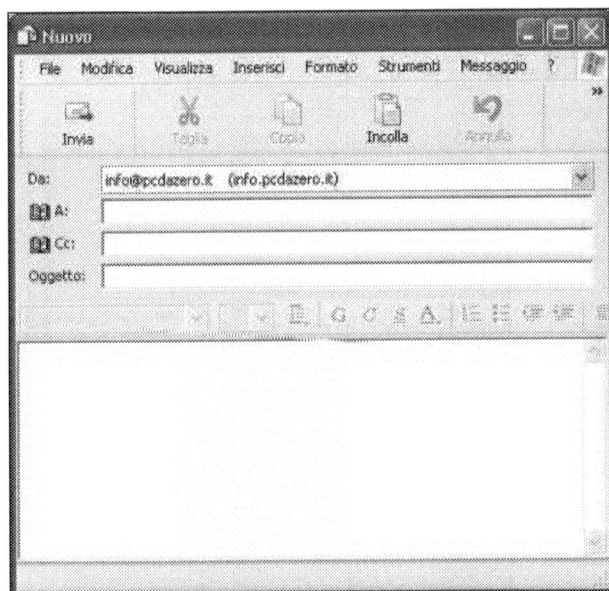

3 - Nella casella a destra di "A:" digita l'indirizzo esatto a cui dovrai spedire il messaggio (nell'esempio: info@pcdazero.it)

301

📖 A:	info@pcdazero.it

4 - nella casella a destra di "Oggetto:" digita un titolo che riassuma il contenuto del messaggio (nell'esempio: `Prova di invio`)

Oggetto:	Prova di invio

5 - nel corpo del messaggio (la parte sottostante) **digita il contenuto del messaggio** (nell'esempio: `Ti invio questo messaggio come prova. Rispondimi al più presto. Ciao. Mionome`)

6 - terminata la stesura del messaggio, clicca sul pulsante "Invia" (in alto a sinistra).

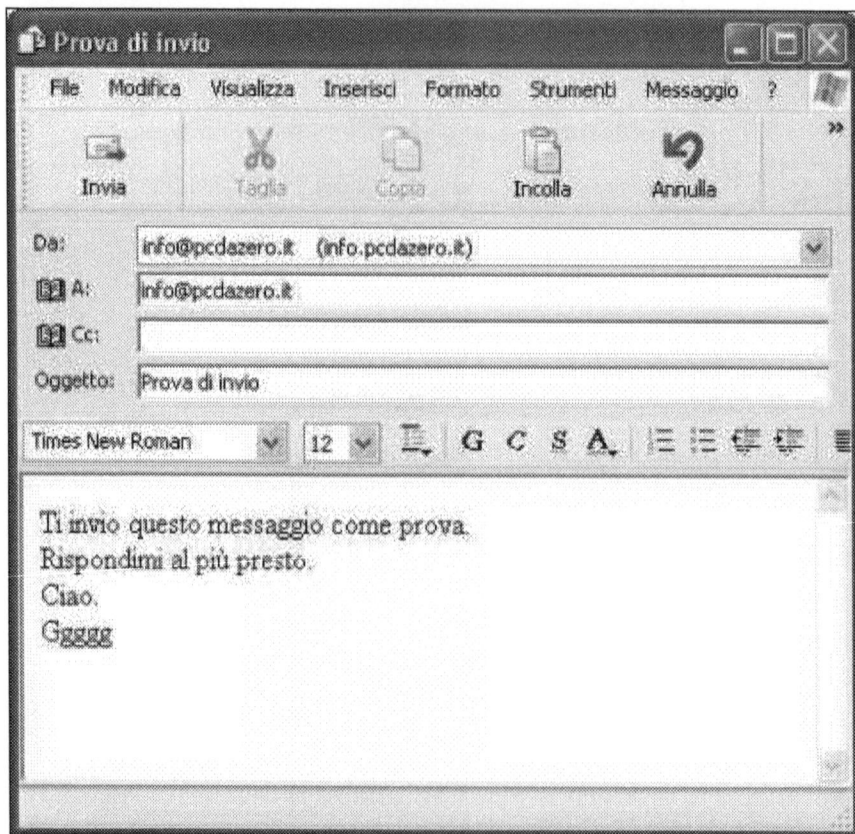

Se hai personalizzato Outlook Express come ti ho descritto all'inizio di questa lezione,

il messaggio verrà temporaneamente collocato nella cartella "Posta in Uscita", e quindi non subito inviato.

Titolo: PC da Zero - Guida facile e pratica per usare il computer - Autore: Gianni Crestani

Per inviare il messaggio,

7 - *collegati ad Internet*

8 - *clicca sul pulsante "Invia/Ricevi"* posto sulla barra degli strumenti.

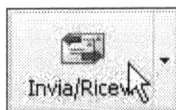

COME E' STRUTTURATA LA FINESTRA DI OUTLOOK EXPRESS

Ora che hai assaporato l'invio di una email, facciamo un passo indietro e vediamo come è disposto il layout (vedi il Passo 8.7 precedente per sapere cosa significa layout).

La finestra del programma è divisa in 3 finestre (4 se non hai cambiato le impostazioni iniziali).

In alto a sinistra c'è la finestra delle cartelle dove vengono visualizzate.

In basso a sinistra c'è la finestra dei contatti dove vengono visualizzati i nomi di persone, enti o altro, e dove memorizzerai il loro indirizzo di posta elettronica.

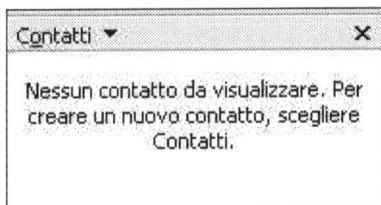

A destra, la finestra più grande visualizza l'elenco dei messaggi.

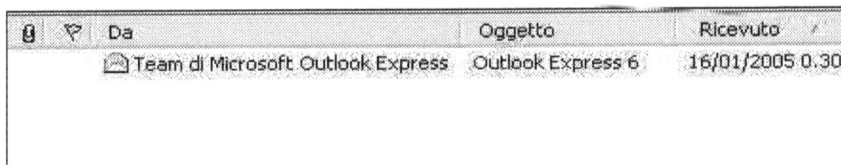

Titolo: PC da Zero - Guida facile e pratica per usare il computer - Autore: Gianni Crestani

NAVIGARE TRA LE CARTELLE DI POSTA

1 - Clicca su "Posta in arrivo".

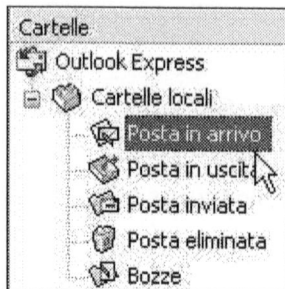

Sulla finestra destra appare l'elenco dei messaggi ricevuti.

2 - Clicca su "Posta in uscita".

Sulla finestra destra appare l'elenco dei messaggi che sono in attesa di essere inviati.

3 - Clicca su "Posta inviata".

Sulla finestra destra appare l'elenco delle copie dei messaggi che tu hai inviato.

4 - Clicca su "Posta eliminata".

Sulla finestra destra appare l'elenco dei messaggi eliminati ma ancora recuperabili.

5 - Clicca su "Bozze".

Sulla finestra destra appare l'elenco dei messaggi in fase di elaborazione, ovvero quei messaggi che hai iniziato a scrivere, ma che non sono ancora pronti da inviare.

Titolo: PC da Zero - Guida facile e pratica per usare il computer - Autore: Gianni Crestani

Passo 8.9 - Leggere, rispondere, eliminare

LEGGERE LE EMAIL RICEVUTE

Dopo aver cliccato sul comando "Invia/Ricevi", le eventuali email che hai ricevuto verranno depositate nella cartella "Posta in Arrivo".

Per leggerle,

1 - clicca sulla cartella "Posta in arrivo" (se è necessario).

Nella finestra di destra vedrai un elenco delle email ricevute.

!	0	▽	Da	Oggetto	Ricevuto
			☑miosito	Invio email da: giancarlo	29/01/2005 1.02
	0		☑pcdazero	Fwd:Benvenuto in Libero	15/01/2005 16.13
			☑ZoneAlarm Security	Thank You for Installing ...	03/01/2005 14.35
			☑miosito	Invio email da: Gianni	29/10/2004 23.08

Ogni riga corrisponde ad una email con i seguenti importanti dettagli:

"*Da*" = descrizione del mittente

"*Oggetto*" = oggetto del messaggio, ovvero titolo che il mittente ha dato al messaggio

"*Ricevuto*" = giorno e orario di spedizione del messaggio.

"*clip*" = se viene visualizzata una clip, il messaggio riferito a quella riga contiene uno o più allegati.

I messaggi evidenziati in grassetto vengono intesi come non ancora letti.

2 - Fai doppio clic sulla riga del messaggio che vuoi leggere.

Verrà così aperta una nuova finestra dalla quale potrai leggere il contenuto del messaggio.

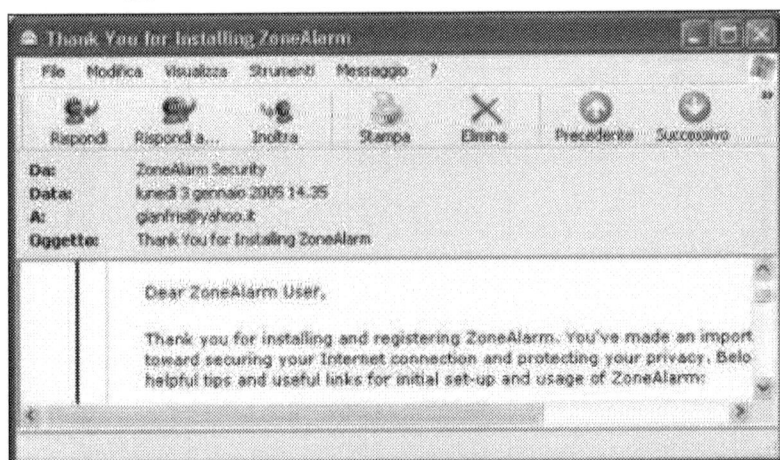

305

Per leggere gli altri messaggi,

3 - senza chiudere la finestra del messaggio, clicca sul comando successivo

4 - clicca sul comando precedente per tornare a rivedere il messaggio appena visto.

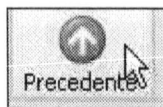

COME RISPONDERE AD UNA EMAIL

C'è un modo molto semplice per rispondere ad una email ricevuta.

1 - Apri il messaggio a cui vuoi rispondere (doppio clic sulla riga)

2 - clicca sul comando "Rispondi" (prima icona a sinistra della barra degli strumenti).

Cosa è successo ?

E' stato creato un nuovo messaggio con già compilata la casella del destinatario (campo "A:"), la casella dell'oggetto e copia del messaggio ricevuto.

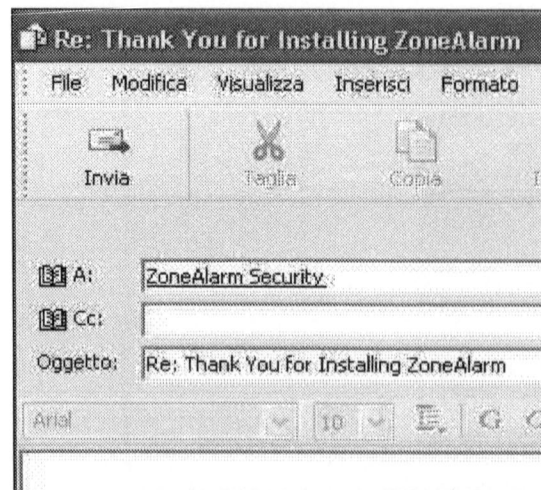

Titolo: PC da Zero - Guida facile e pratica per usare il computer - Autore: Gianni Crestani

A te non rimane altro che scrivere la tua risposta.

3 - Scrivi nel corpo del messaggio la tua risposta

4 - clicca sul comando "Invia".

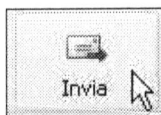

Anche in questo caso il messaggio verrà depositato temporaneamente nella cartella "Posta in uscita".

Verrà realmente inviato dopo la connessione ad internet e dopo aver cliccato sul comando "Invia/Ricevi" .

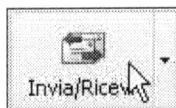

ELIMINARE UNA EMAIL

Per eliminare una email hai l'imbarazzo della scelta!

1 - Seleziona la riga del messaggio da eliminare (con un clic)

2 - clicca su comando "Elimina" dalla barra degli strumenti.

Oppure,

2a - premi il tasto "CANC" da tastiera.

Oppure,

2b - clicca con il tasto destro e dal menu contestuale clicca cu elimina.

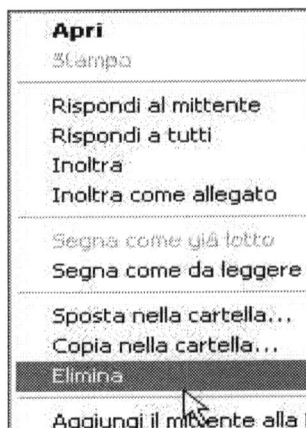

307

Oppure,

2c - trascina il messaggio sulla cartella "Posta eliminata".

Infine, per cancellare velocemente i messaggi dalla "Posta eliminata",

1 - clicca con il tasto destro sulla cartella "Posta eliminata"

2 - dal menu contestuale clicca su "svuota cartella posta eliminata".

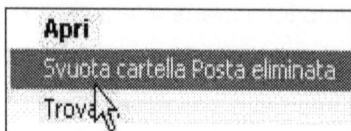

Apri

Svuota cartella Posta eliminata

Trova

Dalla finestra di dialogo apertasi,

3 - clicca su "Si" per confermare la scelta.

Titolo: PC da Zero - Guida facile e pratica per usare il computer - Autore: Gianni Crestani

INSERIRE UN'IMMAGINE

Per inserire un'immagine in una email (con il programma Outlook Express),

1 – dopo aver cliccato su "Crea messaggio"

2 – clicca nel corpo del messaggio (un clic al centro della finestra)

3 – dalla barra dei menu clicca su "Inserisci" > "Immagine"

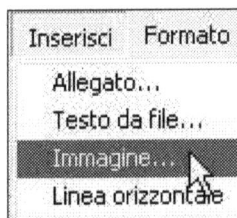

4 – dalla finestra di dialogo "Immagine" clicca sul pulsante "Sfoglia"

5 – fai doppio clic sulla cartella dove risiede l'immagine che vuoi

inserire (ad esempio la cartella "Immagini")

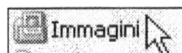

6 – fai doppio clic sull'immagine da inserire

7 – clicca su OK per confermare.

L'immagine è stata inserita!

Per inserire più immagini, ripeti le operazioni sopra

descritte, partendo dal punto 3.

Un'avvertenza. nel caso in cui, hai cliccato

sull'immagine già inserita, prima di inserire l'immagine successiva,

deseleziona l'immagine già inserita.

Titolo: PC da Zero - Guida facile e pratica per usare il computer - Autore: Gianni Crestani

INSERIRE UN ALLEGATO

Tramite email, puoi inviare qualsiasi tipo di file:

un documento word, un foglio di excel, una foto, eccetera.

Per inviare un file tramite email,

1a – clicca su "Inserisci" > "Allegato"

1b – oppure, clicca sull'icona "Allega"

2 – fai doppio clic sulla cartella contenente il file da inviare

3 – fai doppio clic sul file da allegare.

Sotto l'oggetto del messaggio, verrà inserita una nuova riga "Allega:", dove verranno visualizzati tutti i file allegati.

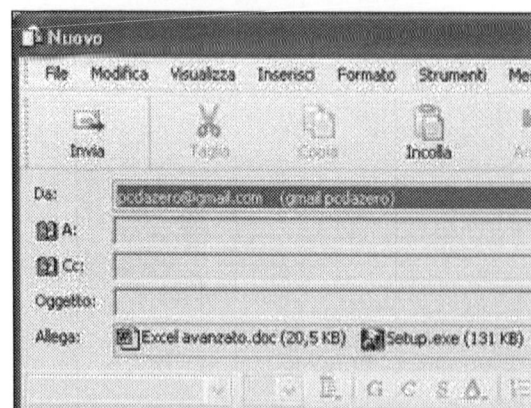

Per inserire ulteriori allegati, ripeti l'operazione, partendo dal punto 1.

Titolo: PC da Zero - Guida facile e pratica per usare il computer - Autore: Gianni Crestani

Passo 8.11 - La rubrica di Outlook Express

LA RUBRICA

Outlook Express ti permette di creare una rubrica di indirizzi di posta elettronica.

In questo modo non dovrai digitare ogni volta gli indirizzi email, quando devi inviare un messaggio.

FAR APPARIRE IL RIQUADRO CONTATTI (RUBRICA)

Dopo aver aperto Outlook Express, osserva in basso a sinistra.

Dovresti vedere il riquadro Contatti (che rappresenta la rubrica).

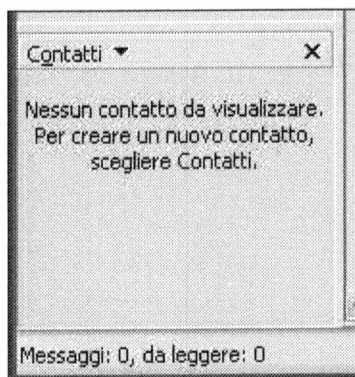

Se non lo vedi, segui questa procedura per poterlo visualizzare.

1 – Dalla barra dei menu clicca su "Visualizza" > "Layout"

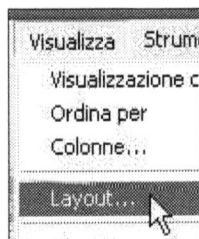

2 – clicca sulla casella di controllo "Contatti"

Titolo: PC da Zero - Guida facile e pratica per usare il computer - Autore: Gianni Crestani

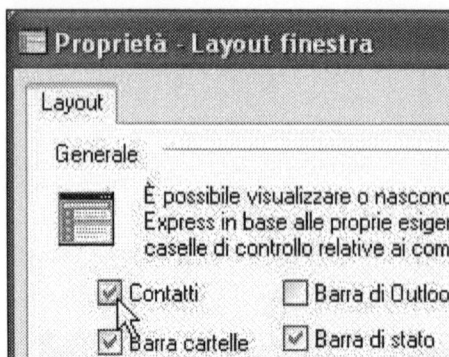

Proprietà - Layout finestra

Layout

Generale

È possibile visualizzare o nascond
Express in base alle proprie esiger
caselle di controllo relative ai com

☑ Contatti   ☐ Barra di Outloo
☑ Barra cartelle   ☑ Barra di stato

3 – clicca su OK.

INSERIRE INDIRIZZI EMAIL NELLA RUBRICA

Per inserire un indirizzo di posta elettronica nella rubrica,

1 – dal riquadro Contatti, clicca su "Contatti" (si apre un menu a discesa)

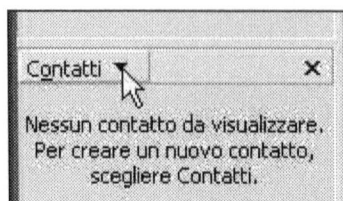

Contatti ▼   ✕

Nessun contatto da visualizzare.
Per creare un nuovo contatto,
scegliere Contatti.

2 – clicca su "Nuovo contatto"

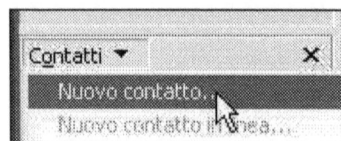

Contatti ▼   ✕
Nuovo contatto...
Nuovo contatto in linea...

3 – nella casella nome digita un nome o soprannome o società

Proprietà - Caio

Nome   Abitazione   Ufficio

Immettere le informazio

Nome: Caio

Titolo: Visualizza co

4 - nella casella "indirizzi posta elettronica" digita l'email
corrispondente

312

| Nome: | Caio | | Secondo nome: | |
| Titolo: | | Visualizza come: | Caio | |

Indirizzi posta elettronica: caio@tiscali.it

5 – clicca su OK.

INVIARE UN MESSAGGIO AD UN CONTATTO INSERITO IN RUBRICA

Per inviare un messaggio ad un indirizzo inserito nella rubrica,

1 – dal riquadro Contatti in basso a sinistra

2 - fai doppio clic sul contatto desiderato.

Verrà così aperto un nuovo messaggio da inviare, con l'indirizzo di posta elettronica già inserito.

Vedrai il nome, ma è l'indirizzo email che viene memorizzato!

Ti basterà a questo punto,

3 - inserire l'oggetto del messaggio

4 - digitare il testo del messaggio e

5 - cliccare su invia.

INSERIRE UN CONTATTO CON UN SEMPLICE CLICK

Esiste un piccolo trucco per inserire un contatto nella rubrica, in modo veloce ed esente da errori.

1 – Quando ti arriva un messaggio da qualcuno che vorresti avere in rubrica

2 – senza aprire il messaggio, clicca con il tasto destro sulla riga del messaggio

3 – dal menu contestuale clicca su "Aggiungi il mittente alla rubrica".

Titolo: PC da Zero - Guida facile e pratica per usare il computer - Autore: Gianni Crestani

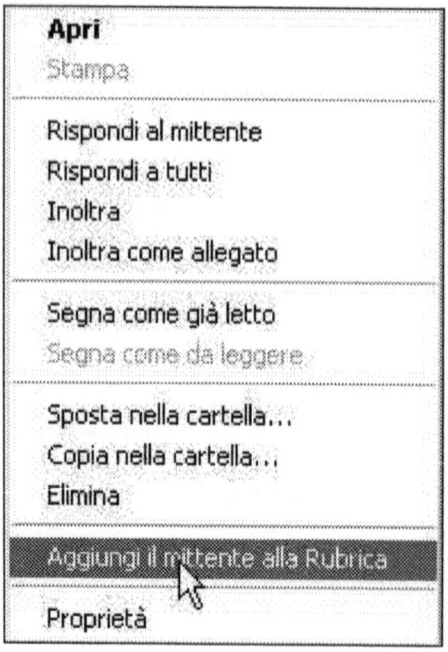

Apri
Stampa

Rispondi al mittente
Rispondi a tutti
Inoltra
Inoltra come allegato

Segna come già letto
Segna come da leggere

Sposta nella cartella...
Copia nella cartella...
Elimina

Aggiungi il mittente alla Rubrica

Proprietà

... Ed il gioco è fatto!

Titolo: PC da Zero - Guida facile e pratica per usare il computer - Autore: Gianni Crestani

Passo 8.12 - Inviare un messaggio a più indirizzi

INVIARE UN MESSAGGIO A PIU' INDIRIZZI

Per inviare un messaggio a più indirizzi email contemporaneamente, ti consiglio prima di tutto di inserirli nella rubrica.

Per farlo, vedi il Passo 8.11 precedente.

Segui poi questi passi.

1 – Apri un nuovo messaggio cliccando su "Crea messaggio"

2 – clicca sul pulsante "A:" (a prima vista non sembra un pulsante!).

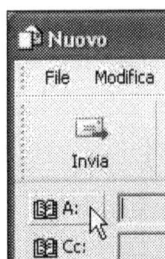

Viene aperta la finestra di dialogo "Seleziona destinatari".

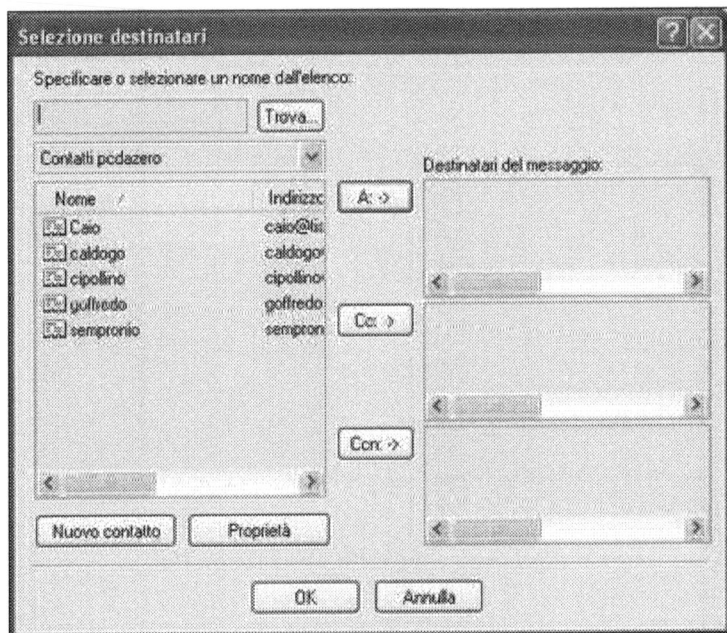

Titolo: PC da Zero - Guida facile e pratica per usare il computer - Autore: Gianni Crestani

3 – Seleziona con un clic il contatto scelto

4 – clicca sul pulsante "A:->" oppure "CC->" oppure "CCN->".

5 – Ripeti. Seleziona con un clic il secondo contatto scelto

6 - clicca sul pulsante "A:->" oppure "CC->" oppure "CCN->"

... e cosi via, per il terzo, quarto, quinto, ennesimo contatto.

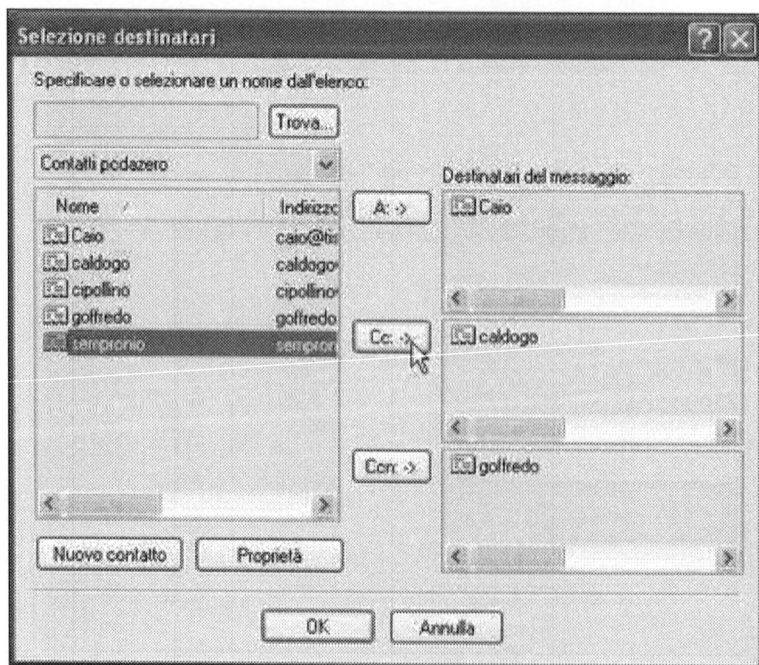

7 – Clicca su OK

8 – completa il messaggio digitando l'oggetto ed il corpo del messaggio e

9 – clicca su "Invia".

Titolo: PC da Zero - Guida facile e pratica per usare il computer - Autore: Gianni Crestani

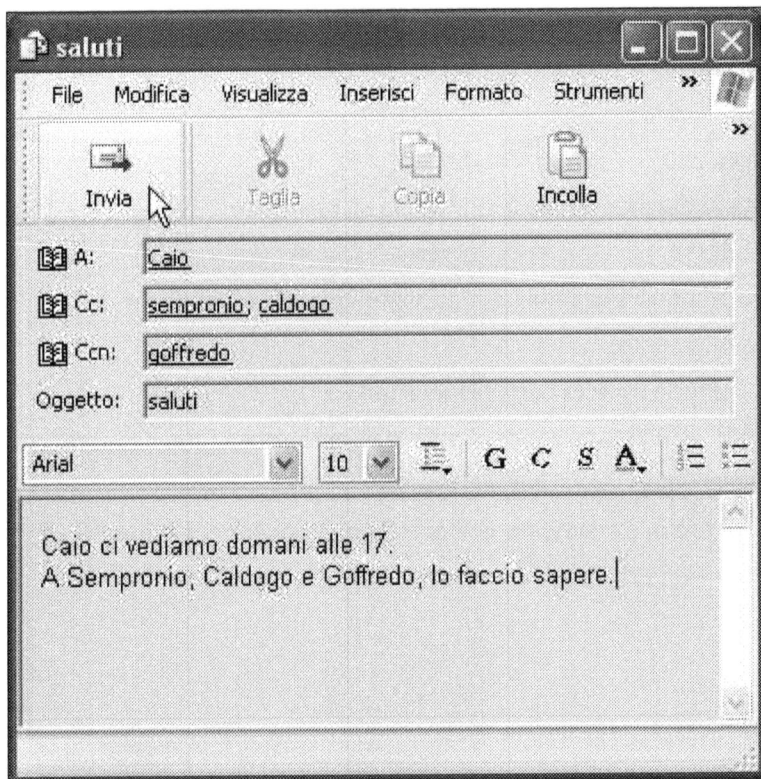

COSA SIGNIFICA - A: - CC: - CCN:

La finestra di dialogo "Seleziona destinatari" è sostanzialmente divisa in quattro riquadri.

Nel riquadro di sinistra c'è l'elenco dei contatti della tua rubrica.

Nei tre riquadri di destra dall'alto in basso, potranno essere inseriti, rispettivamente:

- gli indirizzi dei destinatari dei messaggi (A:)

- gli indirizzi ai quall porti a conoscenza il messaggio (CC = copia carbone)

- gli indirizzi ai quali porti a conoscenza il messaggio, ma che vuoi tenere nascosto il loro indirizzo a tutti gli altri destinatari del messaggio (CCN = copia carbone nascosta).

Facciamo un esempio per rendere comprensibile il tutto.

Nella figura precedente, puoi osservare che, è stato:

- inviato un messaggio a Caio [A:]

Titolo: PC da Zero - Guida facile e pratica per usare il computer - Autore: Gianni Crestani

- inviato per copia carbone a Sempronio e Caldogo [Cc:]
- inviato per copia carbone nascosta a Goffredo [Ccn:].

Questo significa che,

1 – il destinatario del messaggio è Caio (solo lui ho invitato all'appuntamento)

2 – ho portato a conoscenza del fatto, Sempronio e Caldogo (non sono invitati all'appuntamento)

3 – anche a Goffredo ho solo comunicato il fatto

4 – tutti, quando riceveranno il messaggio, potranno sapere che il messaggio è stato spedito a Caio, Sempronio e Caldogo

5 – nessuno, (a parte, ovviamente Goffredo), potrà sapere che il messaggio è stato inviato a Goffredo (inserito in Ccn:).

Titolo: PC da Zero - Guida facile e pratica per usare il computer - Autore: Gianni Crestani

Lightning Source UK Ltd.
Milton Keynes UK
UKHW011238191120
373690UK00001B/34